Schubiger

Lehren und Lernen

Herausgeberschaft der Reihe *praxis*
im hep verlag

Prof. Dr. Esther Kamm
Abteilungsleiterin Sekundarstufe I
Pädagogische Hochschule Zürich (PH Zürich)

Willy Obrist
Vorsteher der Abteilung für Gewerbe-, Dienstleistungs- und Laborberufe (gdl)
Gewerblich-Industrielle Berufsschule Bern (gibb)

Prof. Dr. Manfred Pfiffner
Studienleiter Allgemeinbildender Unterricht an Berufsfachschulen an der Pädagogischen Hochschule St. Gallen (PHSG)
Dozent und Modulleiter in Erziehungswissenschaften an der PHSG

Dr. phil. Andreas Schubiger
Rektor, stv. Direktor, Leiter Kompetenzzentrum für angewandte Berufspädagogik, Zentrum für berufliche Weiterbildung (ZbW), St. Gallen

Prof. Dr. Christoph Städeli
Abteilungsleiter Sekundarstufe II / Berufsbildung
Pädagogische Hochschule Zürich (PH Zürich)

Dr. phil. Thomas Zellweger
Dozent Bildungs- und Sozialwissenschaften, Mentor Berufsbildung
Pädagogische Hochschule Zentralschweiz (PHZ), Luzern

Prof. Claudio Zingg
Prorektor Weiterbildung und Dienstleistungen
Pädagogische Hochschule Thurgau (PHTG)

Andreas Schubiger

Lehren und Lernen

Ressourcen aktivieren
Informationen verarbeiten
Transfer anbahnen
Auswerten

hep der bildungsverlag

der bildungsverlag
www.hep-verlag.com

Andreas Schubiger
Lehren und Lernen
Ressourcen aktivieren|Informationen verarbeiten|Transfer anbahnen|
Auswerten

ISBN Print: 978-3-03905-953-9
ISBN E-Book: 978-3-03905-960-7

Layout & Gestaltung: pooldesign.ch

Bibliografische Information der Deutschen Nationalbibliothek:
Die Deutsche Nationalbibliothek verzeichnet diese Publikation
in der Deutschen Nationalbibliografie; detaillierte bibliografische
Daten sind im Internet über http://dnb.dnb.de abrufbar.

1. Auflage 2013

www.hep-verlag.ch

Zusatzmaterialien und -angebote zu diesem Buch:
http://mehr.hep-verlag.com/lehren-lernen

Inhaltsverzeichnis

Vorwort

Die ganze Welt des Lehrens und Lernens in einem einzigen Würfel? – Andreas Schubiger macht es möglich. Ausgehend von jahrelangen positiven Erfahrungen am Zentrum für berufliche Weiterbildung in Sankt Gallen mit Lehr-Lern-Prozessen waren ihm zwei Dinge wichtig. Einmal wollte er sein erfolgreich praktiziertes Lernverständnis in einer gut lesbaren Form offenlegen. Zum anderen wollte er aber auch allen Lehrenden eine übersichtliche Handreichung für die Planung, Durchführung und Auswertung von Unterricht zur Verfügung stellen.

Dass daraus keine «Dienstanweisung für Unterteufel» geworden ist, wie der Schöpfer der Chroniken von Narnia C.S. Lewis 1941 eines seiner Bücher betitelt hat, liegt ganz einfach am hohen Reflexionsniveau dieses Buches. Lehren und Lernen sind für Andreas Schubiger auf den Kompetenzzuwachs ausgerichtete, komplexe Prozesse. Um diese handhabbar zu machen, giesst er sie in einen Würfel, den er als RITA-Modell bezeichnet. RITA ist ein Akronym und steht für die Kompetenzentwicklung in vier Schritten: R = Ressourcen aktivieren, I = Informationen verarbeiten, T = Transfer anbahnen und A = Auswerten. Diese vier Schritte werden der Planung von Unterricht zugrunde gelegt. Mehr noch. Alle gängigen Unterrichtsmethoden, seien es Grossformen wie die Projektmethode oder kleine Einschübe wie die Murmelphase, werden stimmig in dieses Modell eingeordnet, so dass die Lehrenden eine Prüfgrösse für die Angemessenheit des eigenen Handelns erhalten.

Die vielfältigen Unterrichtsmethoden werden darüber hinaus einzeln zu einer umfangreichen Methodensammlung zusammengestellt und in einer Zwölffeldertafel sowohl auf die vier Elemente von RITA als auch auf die drei Basiselemente Wissen, Können und Wollen bezogen. War der Zauberwürfel des Ungarn Erno Rubik (1975) noch ein mechanisches Geduldsspiel, so ist der Zauberwürfel von Andreas Schubiger eine Aufforderung zur nachhaltigen Reflexion über das eigene unterrichtliche Handeln.

Dabei ist es keineswegs einfach, Anhaltspunkte für «guten Unterricht» zu finden. Hilbert Meyer hat dies in seinem gleichnamigen Buch (2004) versucht, indem er teils allgemein akzeptierte Forschungsergebnisse zusammengetragen hat, wie etwa Strukturiertheit und Verständlichkeit, teils aber auch subjektive Erfahrungswerte, wie etwa Methodenvielfalt oder intelligentes Üben. In der Lehrerbildung haben Meyers zehn Merkmale längst die biblischen Zehn Gebote abgelöst. John Hattie ging 2009 in seinem Buch «Visible Learning» noch fundierter vor. In fünfzehn Jahren neuseeländischer Fleissarbeit, die jedem Appenzeller Bergbauern zur Ehre gereicht hätten, führte er die Ergebnisse aus 800 Meta-Analysen zusammen, die ihrerseits wiederum auf über 50 000 empirischen Einzelstudien beruhen. Dabei kommt er zuweilen zu überraschenden Ergebnissen (z. B.: offener Unterricht schadet nicht, nützt aber auch nichts), zuweilen bestätigt er die bislang gewonnenen Einsichten (hohe Bedeutung von Lernzeitnutzung und Klarheit). Hattie zieht in seinem zweiten Buch (2012) daraus die Konsequenzen, die sich aber nicht so anhören, als hätte er, wie The Times Educational Supplement meinte, den «Heiligen Gral» des Lehrens und Lernens gefunden. Hattie (2012, S. 18 f.) fasst zusammen:

1. Lehrpersonen gehören zu den wichtigsten Einflussfaktoren.
2. Lehrpersonen sollten direktiv, einflussreich, fürsorglich und engagiert unterrichten.
3. Lehrpersonen sollten erkennen, was die Lernenden denken und wissen, damit sie den Lernprozess darauf abstimmen können.
4. Lehrenden wie Lernenden sollte klar sein, wie sie die Kluft zwischen dem vorhandenen Lernstand und dem angezielten Lernstand überwinden können.
5. Lehrpersonen sollten von einer einzigen Idee zu zahlreichen Ideen kommen, wie man Lernende bei der Wissenskonstruktion unterstützen kann.
6. Schulleiter wie Lehrpersonen sollten Schulen schaffen, in denen Fehler willkommen sind.

Derartige Aussagen regen sicherlich zum Nachdenken an, doch sie verbessern nicht unbedingt die Welt. So konnte beispielsweise Anton Haas (1998) in seiner bemerkenswerten Studie über die alltägliche Unterrichtsvorbereitung von Lehrkräften zeigen, dass sich diese in der Regel nicht an den studierten fachdidaktischen Theorien orientieren, sondern Unterricht in einer erschreckend unprofessionellen Weise planen, durchführen und auswerten.

Vielleicht schafft es Andreas Schubiger mit diesem Buch, vor allem aber mit der durchgängig an seiner Institution gelebten Lehr-Lern-Kultur, einen Impuls in Richtung besseren Unterrichtens zu geben. Sicher ist dies nicht. Denn wie er selbst schreibt, führt der Weg vom Wissen über Können und Wollen. Und ein Buch ist eben ein Buch und damit zunächst einmal nur Wissen. Können und Wollen müssen in der Folge erst noch entstehen.

Dennoch bin ich der Meinung, dass dieses ausserordentlich hilfreiche Buch ganz sicherlich in die Chroniken von St. Gallen Eingang finden wird.

Prof. Dr. Diethelm Wahl, Psychologie und Erwachsenenbildung

Im Juli 2012

Vorwort des Autors

Dieses Buch basiert auf einer mehr als zehnjährigen Erfahrung in der Ausbildung von Ausbildenden am Zentrum für berufliche Weiterbildung St. Gallen, wo Bildungsverantwortliche verschiedenster Lernorte aus- und weitergebildet werden. Es richtet sich sowohl an Lehrende in Betrieben, überbetrieblichen Kursen, Berufsfachschulen als auch an Lehrpersonen der höheren Berufsbildung. Sicher finden aber auch Lehrpersonen allgemein bildender Schulen der Sekundarstufe II und der Erwachsenenbildung wertvolle Hinweise.

Ursprüngliche Absicht war es, ein Methodenhandbuch zu schreiben. Ich habe mich aber nach verschiedensten Erfahrungen in der Lehrpraxis entschieden, ein umfassendes Lehrbuch mit integriertem Lernprozessmodell und umfassender Methodensammlung zu schreiben. Denn jede Methode zeigt ihre Wirkung erst, wenn sie im Lernprozess begründet, zieladäquat und geplant eingesetzt wird.

Deshalb habe ich die Didaktik des Lehrens und Lernens zu Beginn meiner Ausführungen gestellt. Das Lernverständnis, eine Zusammenfassung empirisch belegter Faktoren «guten Lehrens und Lernens» sowie die Klärung des Kompetenzbegriffs bilden das Fundament. In der beruflichen Grundbildung und höheren Berufsbildung hat sich curricular die Kompetenzorientierung etabliert. Kompetenz, verstanden als Disposition zur Praxisbewältigung, wird inzwischen in der berufspädagogischen Fachwelt weitgehend akzeptiert. Weniger klar ist, wie sich Kompetenzen entwickeln lassen und wie ihre Umsetzung in der Praxis (Performanz) realisiert wird. Die Berufsbildung mit ihrer dualen und trialen Lernortstruktur bietet diesbezüglich aber beste Rahmenbedingungen.

Basierend auf aktuellen wissenschaftlichen Erkenntnissen habe ich das Lernprozessmodell RITA entwickelt (Ressourcen aktivieren, Informationen verarbeiten, Transfer anbahnen, Auswerten). Es vereint bekannte didaktische Modelle wie die Lernzielorientierung mit neueren Modellen der Ressourcenorientierung, Kompetenzentwicklung und der Transferdidaktik.

Das Lernprozessmodell RITA dient sowohl der Planung als auch der Analyse von Lernveranstaltungen. Konsequenterweise folgt also ein Kapitel über die Planung, in dem der Grundstein für einen wirkungsvollen Methodeneinsatz gelegt wird. Insbesondere die **R**essourcenorientierung bedarf der genauen Analyse der Lernervoraussetzungen, dem Vorwissen, den Vorerfahrungen, Einstellungen und Haltungen der Lernenden.

Vielleicht überrascht es Sie, dass ich im methodischen Teil mit drei konservativen Schwerpunkten beginne: Frontalunterricht – Instruktion – Üben. Gut eingesetzt und mit den neuesten Erkenntnissen angereichert sind diese Lehrformen für die **I**nformationsverarbeitung und den Wissensaufbau insbesondere für das Unterrichten von Novizen und fortgeschrittenen Anfängern unentbehrlich.

Gruppenarbeiten, in der Vergangenheit kaum hinterfragt, zeigen ihre Wirkung nur unter bestimmten Voraussetzungen. In diesem Kapitel fasse ich die wichtigsten Wirkfaktoren zusammen und beschreibe neuere Formen kooperativen Lernens.

Sowohl in der Grundbildung als auch in der höheren Berufsbildung sind die Lehrpläne auf die Ausbildung von Handlungskompetenzen im Sinne eines **T**ransfers in die Praxis ausgerichtet. Das Kapitel über handlungsorientierte Methoden wird diesem Anspruch gerecht. Dabei wirken handlungsorientierte Methoden auf zwei Ebenen. Einerseits wird handelnd gelernt und andererseits bereiten sie auf das Handeln in der Praxis vor.

Mit dem **A**uswerten von Lernergebnissen schliesse ich den Hauptteil des Buches ab. Prüfen will gelernt sein und das kompetenzorientierte Lehren und Lernen verlangt nach entsprechenden Methoden.

Im hinteren Teil des Buches finden Sie eine umfassende Methodensammlung. Jede Methode wird konsequenterweise zum Lernprozessmodell RITA referenziert. Alle Methoden sind in der Praxis mehrfach erprobt, nichtsdestotrotz müssen sie von den Ausbildenden den eigenen Gegebenheiten angepasst und entsprechend modifiziert werden.

Viele Erkenntnisse und praktischen Beispiele in diesem Buch haben ihren Ursprung in Gesprächen mit Lehrenden und Lernenden. Ich bedanke mich bei allen für Anregungen und kritische Einwände. Ein ganz besonderer Dank gebührt meinem Team des Kompetenzzentrums für angewandte Berufspädagogik, speziell Harry Graschi, Joe Gerig und Susan Rosen, die mich mit Fragen und Hinweisen unterstützten und zur Niederschrift meiner bald 30-jährigen Lehr- und Lernerfahrungen motivierten. Joe Gerig gebührt besonderer Dank, weil er mir insbesondere in der Schlussphase unterstützend und in aller Hartnäckigkeit zur Seite stand.

Dieses Werk läge schliesslich nicht vor, wenn nicht meine Frau Brigitte Riedmann sich immer wieder kritisch mit meinen Gedankenmodellen auseinandergesetzt hätte.

Dr. Andreas Schubiger

1 Lernverständnis

Wie lernen wir? Ein Buch über das Lehren und Lernen kommt nicht daran vorbei, sich ernsthaft damit zu beschäftigen. Unser Lernverständnis ist die wesentliche und nicht immer explizite Voraussetzung dessen, was in den folgenden Kapiteln in Form von didaktischen Prinzipien und methodischen Umsetzungen beschrieben wird.

Am Kompetenzzentrum für angewandte Berufspädagogik des ZbW hat sich ein Lernverständnis entwickelt, welches wir hiermit offenlegen. Dieses beruht auf vielfältigen Erfahrungen aus der Durchführung von Lehrgängen der höheren Berufsbildung und der Aus- und Weiterbildung von Berufsbildungsverantwortlichen verschiedenster Lernorte.

Wir verstehen das Lehren und Lernen als ein Wechselspiel zwischen Instruktion und Konstruktion, als Balanceakt zwischen einer anleitenden und orientierenden Hilfestellung durch die Lehrenden und selbstgesteuerter Aktivitäten der Lernenden. Lehren und Lernen verstehen wir als partnerschaftliches Zusammenspiel zwischen Lehrenden und Lernenden. Voraussetzung für ein gelingendes Lernergebnis ist daher eine hohe Leistungsbereitschaft der Lehrenden und Lernenden.

Handlungswissen allein führt aber noch nicht zu professionellem Handeln, vielmehr muss die Umsetzung durch verschiedene Begleitmassnahmen unter Einbezug der Praxis, durch handlungsorientierte Lehr- und Lernformen, intelligente Übungsmöglichkeiten und transferorientierte Übungen angeleitet und unterstützt werden.

Lernen ist ein aktiver, selbstgesteuerter Prozess

Lernen bedeutet, sich aktiv mit Lerninhalten zu beschäftigen. Dies verhindert die Entstehung von trägem Wissen. Die Lernenden erhalten Gelegenheit, sich mit den Lerngegenständen handelnd auseinanderzusetzen und dieses Handeln zu reflektieren. Lehrende ermöglichen den Lernenden durch die Gestaltung der Lernumgebung einen aktiven und selbstgesteuerten Umgang mit den Lerngegenständen. Ihnen kommt die Aufgabe zu, so viel Selbststeuerung wie möglich zu initiieren und so wenig Fremdsteuerung wie nötig zu leisten. Dies weckt das Interesse und fördert die Offenheit, sich auf Lernangebote einzulassen, sich fragend mit Theorien auseinanderzusetzen, handelnd neue Erfahrungen zu sammeln und neue Erkenntnisse zu reflektieren.

Lernen ist ein konstruktiver Prozess

Die Lernumgebung wird so gestaltet, dass die Lernenden Phänomenen fragend begegnen und sich ihre eigenen Antworten konstruieren können. Lernen verstehen wir konstruktivistisch als individuellen Aufbau von Wissensstrukturen, die mit verschiedenen Situationen und sozialen Zusammenhängen verbunden werden.

Lernen ist ein kumulativer Prozess

Lernen ist ein Anknüpfen an Vorwissen und Erfahrungen. In Lerngruppen bestehen diesbezüglich unweigerlich unterschiedliche Voraussetzungen. Die Lehrenden nehmen auf diese Unterschiede Rücksicht und ermöglichen den Austausch der Erfahrungen und das Anknüpfen an individuellem Vorwissen.

Lernen ist ein zielorientierter Prozess

Ausbildungen ermöglichen das Erreichen bestimmter Lernziele. Es ist die Aufgabe von Lehrenden, diese Ziele transparent zu kommunizieren und den Lernenden die Möglichkeit zu geben, sich daran zu messen. Ziele dienen der Planung, Durchführung und Überprüfung von Handlungen. Offene Lernumgebungen ermöglichen den Lernenden unter Berücksichtigung der generellen Zielsetzungen, auch individuelle Lernziele zu verfolgen.

Lernen ist ein sozialer Prozess

Auch wenn die Konstruktion der Wirklichkeit ein individueller Prozess ist, geschieht das Lernen in der Interaktion zwischen Lernenden und den Lehrenden. Die Gruppe wird als Lernfeld zur Erweiterung der personalen und sozialen Kompetenzen genutzt. Dieser soziale Austausch wird durch die Gestaltung der Lernumgebung unterstützt und gefördert.

Lernen ist ein situativer Prozess

Kompetenzen sollten in Situationen erworben werden, die der zukünftigen Praxis entsprechen. Deshalb empfiehlt es sich, Beispiele aus der Praxis als Lerngegenstände zu wählen. Anwendungen erfolgen nach Möglichkeit in der eigenen Praxis.

Lernen ist die Transformation von Wissen in kompetentes Handeln

Wissen allein genügt nicht, um in der Praxis kompetent zu handeln. Der Weg vom Wissen zum kompetenten Handeln ist weit. Er muss erst durch geeignete Lernumgebungen und entsprechend günstige Bedingungen angebahnt und geschaffen werden. Professionelle Handlungskompetenz bei den Lernenden und Studierenden erreichen wir durch die Gestaltung von handlungswirksamen Lernumgebungen. Das vermittelte Wissen leitet zunächst nur zum Handeln an. In Übungen können dann praktische und kognitive Fertigkeiten erlangt werden. Durch angeleitetes Selbststudium wird schliesslich der Praxistransfer gefordert und gefördert.

2

Was wir über gutes Lehren und Lernen wissen

Weder die richtige Methode noch das eine universelle didaktische Konzept garantieren «gutes Lehren und Lernen». Selbst die Forschungsergebnisse über die Wirkung von handlungsorientiertem Unterricht sind äusserst widersprüchlich (Nickolaus, 2008). Weniger die Methoden selbst als vielmehr die Qualität des Unterrichts haben einen Einfluss auf den Lernerfolg bei den Lernenden (Nickolaus, 2008, Helmke, 2004, Meyer, 2004). Methoden helfen uns allerdings bei der Umsetzung. Folgende übergeordnete Faktoren werden von der aktuellen Forschung für das Gelingen von Lernprozessen herausgestellt:

Faktor	Was ist damit gemeint?	Methodische Beispiele
Inhaltliche Klarheit Transparenz Struktur	◦ Das Ziel der Lernveranstaltung ist den Lernenden bekannt. Aufgabenstellungen sind den Fähigkeiten der Lernenden angepasst. Der inhaltliche Ablauf ist den Lernenden jederzeit bewusst. Der Inhalt ist in zusammenhängende Abschnitte unterteilt. Die Lernenden können einen persönlichen Bezug durch Reaktivierung der Erfahrungen und der Vorkenntnisse herstellen. Der Unterrichtsverlauf orientiert sich an einem roten Faden und an der Zielerreichung. ◦ Die Unterrichtsschritte folgen einer inneren Logik und sind nicht beliebig aneinandergereiht. Der Unterricht wird mit einem klaren und beabsichtigten Lernprozessmodell geplant. Er zielt auf den Erwerb konkreter Kompetenzen und verfolgt entsprechende Lernziele. Lehrende und Lernende wissen immer, in welcher Phase sie sich befinden. Die methodischen Schritte sind folgerichtig und den Kompetenzen und Lernzielen angepasst. Es ist ein grundlegendes Prinzip erkennbar wie: – Vom Konkreten zum Abstrakten – Vom Abstrakten zum Konkreten – Von der Fremdsteuerung zur Selbststeuerung – Vom Einfachen zum Komplexen – Von der Distanziertheit zur Nähe ◦ Der methodische Grundrhythmus ist in voneinander abgegrenzte Phasen gegliedert. Die Lernenden wissen immer, was sie zu tun haben. Die Aufgaben sind eindeutig formuliert. Es besteht Regelklarheit und den Akteuren ist bewusst, welche Rolle sie einzunehmen haben.	– Partnerinterview mit Leitfragen – Agenda – Informierender Einstieg – Advance Organizer – Lernzielkontrollen – Sandwich – Gelenkstellen – Methodenwechsel (in Abstimmung mit Zielen) – Schriftliche Aufträge – Zurückhaltendes Verhalten während individueller und kooperativer Phasen
Sinnhaftigkeit	◦ Die Lehrperson zeigt auf, worauf die neue Lerneinheit aufbaut und wo sie hinführt. Die Lernenden haben die Möglichkeit, eigene Bezüge herzustellen. Die Einführung ins neue Thema ermöglicht den Lernenden, ihre eigenen Interessen zu entwickeln. Die Lernenden können sich mit eigenen Impulsen und Fragestellungen einbringen.	– Advance Organizer – Planungsbeteiligung – Problemspeicher – Reflexionsmethoden – Portfolioarbeiten – Lernjournal – Feedbackmethoden

Faktor	Was ist damit gemeint?	Methodische Beispiele
Methodenvielfalt	◦ Lehrende verwenden eine Vielfalt von Methoden. Die methodischen Kleinformen werden den Lernzielen entsprechend eingesetzt. Zwischen ihnen werden die Übergänge fliessend und sinnstiftend gestaltet (keine Aneinanderreihung beliebiger Methoden). Die Lehrenden können auch ausserhalb der Planung zusätzliche Methodenentscheidungen fällen.	– Sandwich – Kleinformen von Methoden – Handlungsorientierte Methoden
Klima Interaktion	◦ Unter den Lernenden und zwischen Lernenden und Lehrenden herrscht gegenseitiger Respekt. Es halten sich alle an die gemeinsam erstellten Regeln. Regelverletzungen werden wahrgenommen und geahndet, ohne aber die Störung überzubewerten.	– Kriterienbasierte Bewertung von Lernleistungen – Sachbezogene und wertschätzende Rückmeldungen – Kooperative Lernformen ermöglichen und unterstützen
Adaptivität Passung	◦ Die Lehrperson ist in der Lage, auf Abweichungen zwischen Planung und aktueller Lernsituation zu reagieren. Das heisst, sie kann ihr Interaktionshandeln der aktuellen Situation der Lerngruppe wie auch einzelner Lernenden anpassen.	– Prozesshafte Rückmeldungen – Formative Lernzielkontrollen – Didaktische Weichen
Nutzung der Unterrichtszeit (time on task)	◦ Die durch den Stundenplan vorgegebene Unterrichtszeit wird optimal für das eigentliche Lernen genutzt.	– Organisatorisches und Störungsanfälliges zu Beginn oder am Ende des Unterrichts klären – Rhythmisierung mit klaren Gelenkstellen – Schriftliche Aufträge mit Verständnissicherung
Üben Selbststeuerung und Unterstützung	◦ Dem Üben wird genügend Zeit eingeräumt. Dies nicht nur in der Form von Hausaufgaben, sondern auch während des Unterrichts. Die Übungen sind gut erklärt und dem Leistungsvermögen der Lernenden angepasst. Die Lernenden haben die Möglichkeit, ihrem Leistungsvermögen entsprechend Übungen auszuwählen. Während der Übungsphasen wird eine ungestörte Lernatmosphäre eingefordert. Die Lernenden erhalten auch Anleitung bezüglich Arbeits- und Lernstrategien.	– Rhythmisierung – Schriftliche Aufträge – Übungen zur Auswahl mit deklarierten Kriterien – Klare Signale für ruhiges Arbeiten – Auch Lehrperson kommuniziert nur im Flüsterton – Modelling von schwierigen Übungen
Lernumgebung Organisation	◦ Es wird darauf geachtet, dass das Lernmaterial bereitsteht und den Lernenden ohne grössere Umstände zugänglich ist. ◦ Die Infrastruktur ist zweckmässig vorbereitet.	– Unterrichtsunterlagen – Lehrperson nutzt individuelle Phasen dazu, die nächsten vorzubereiten
Leistungserwartung	◦ Die Lehrperson orientiert sich an den Vorgaben von Lehrplänen und strebt die Erreichung der Lernziele an. Die Erreichung der Lernziele wird kontinuierlich überprüft und im Sinne einer steten Verbesserung den Lernenden zurückgemeldet. Die Lernenden werden weder über- noch unterfordert, sondern gemäss der «Zone der nächsten Entwicklung» (Vigotzki, 1978) gefordert und gefördert.	– Individuelles Lerntempo zur Zielerreichung ermöglichen – Repetitionen einbauen – Abfragen und Sichtbarmachen der Ressourcen – Formative Lernleistungskontrollen – Individuelle Beratung und Förderung
Situierung	◦ Zwischen der Lernsituation und dem Berufsalltag, aber auch dem persönlichen Alltag besteht ein direkter Bezug. Bei der Annäherung an das Thema, beim Erarbeiten neuen Wissens, beim Üben und Anwenden in Transfersituationen sollen wenn möglich Beispiele aus der Praxis herangezogen werden.	– Problembasiertes Lernen – Fallbeispiele – Fallstudien – Umsetzungsaufgaben – Portfolioarbeiten – Projekte

3

Wie Kompetenz entsteht – Lernprozessmodell RITA

Kompetenzorientierte Lehrpläne sind heute insbesondere in der Berufsbildung Standard. Das vorliegende Kapitel beschreibt in einem ersten Schritt die Arbeitsdefinition von Kompetenz, die diesem Buch zugrunde liegt. Nicht nur Wissen, sondern auch Können und Wollen bestimmen eine Kompetenzausprägung. Auf dieser Annahme wird das Lernprozessmodell RITA aufgebaut.

Der Begriff Kompetenz wird zurzeit sehr unterschiedlich und kontrovers diskutiert. Kompetenz kann einerseits als Voraussetzung resp. Potenzial für das Handeln gesehen werden. Umgekehrt wird Kompetenz erst durch Handlung sichtbar. Im Sinne von Le Boterf (1998) werden Kompetenzen aus Ressourcen wie Wissen, Fertigkeiten, Haltungen, Erfahrungen etc. generiert und in konkreten Situationen in der Praxis unter Beweis gestellt. Dieses sichtbare Handeln, welches auf bestimmte Kompetenzen zurückschliessen lässt, nennen wir Performanz. Kompetenz ist das Potenzial zur Praxisbewältigung, dessen Grundlage neben Wissen, Fertigkeiten, Erfahrungen, Haltungen auch soziale Ressourcen sein können. So verstanden zeigt sich Kompetenz darin, dass bestimmte Situationen (Situationsprototypen) adäquat bewältigt werden können, indem auf entsprechende Ressourcen zurückgegriffen wird.

Kompetenz ist ein Potenzial, bestimmte Alltags- und Arbeitssituationen mit Hilfe von Ressourcen in der Praxis bewältigen zu können.

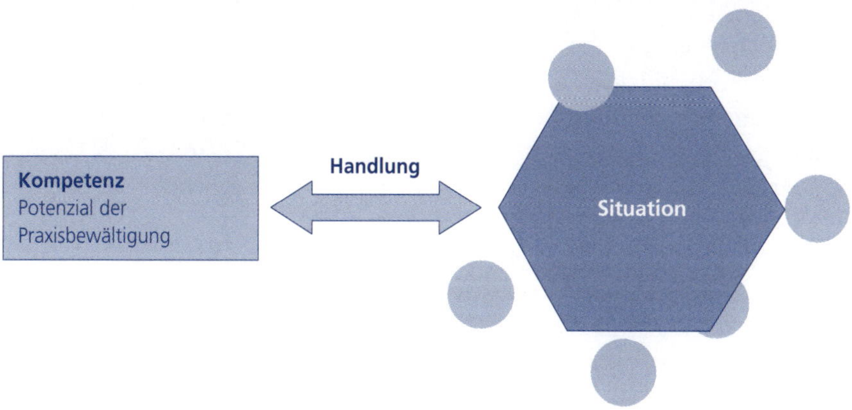

Abbildung 1
Kompetenz

Kompetenzen werden üblicherweise in Fachkompetenzen und überfachliche Kompetenzen wie Sozial-, Selbst- und Methodenkompetenz unterteilt.

Einzelne Kompetenzen werden durch das Erschliessen von Ressourcen wie Wissen, Erfahrungen, Fertigkeiten, Fähigkeiten und Haltungen erworben. Mehrere Kompetenzen zusammen wie Fachkompetenzen, Sozial-, Methoden- und Selbstkompetenzen, bilden das Potenzial, um eine Situation im Alltag oder Beruf zu bewältigen.

Abbildung 2
Kompetenzmodell nach Le Boterf (1998)

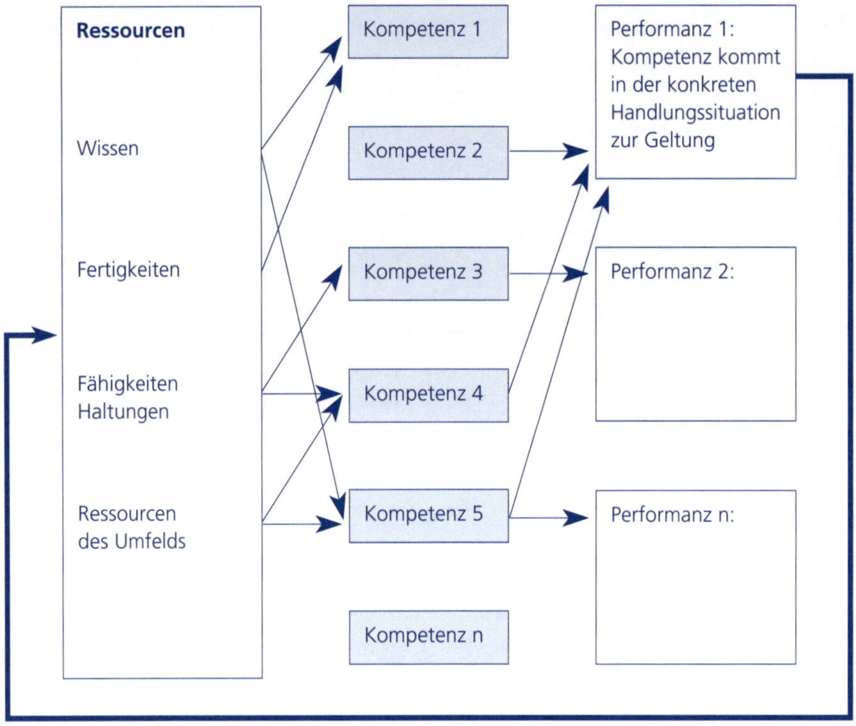

Kompetenzerwerb wird aus didaktischer Sicht als ein individueller und von der jeweiligen Situation abhängiger Prozess betrachtet. Dieser doppelte Bezug kann u. a. durch folgende didaktische Entscheidungen gefördert werden:

- Anknüpfen an die praktischen Erfahrungen der Lernenden
- hohe Eigenaktivität der Lernenden
- Lernen aus möglichst verschiedenen Perspektiven (Kontexten)
- Lernen an konkreten, realistischen Problemen und Aufgaben

Die vorhergehende Beschreibung von Kompetenzen orientiert sich an folgendem dispositionalen Kompetenzmodell (Schubiger, 2010):

Allgemein				
Ressourcen	➡	**Kompetenzen**	➡	**Performanz**
◦ Wissen ◦ Erfahrungen ◦ Fertigkeiten ◦ Fähigkeiten ◦ Haltungen ◦ Ressourcen des Umfeldes		◦ Potenziale zur Handlung im Kontext		◦ Beobachtbares Verhalten; effektive Leistung
Beispiele für eine Didaktiklektion				
◦ Sandwichmodell ◦ Konstruktion einer Sandwicharchitektur ◦ Selbst erlebte Sandwicharchitekturen ◦ Positive Haltung gegenüber selbstständigem Lernen ◦ Etc.		◦ Ich kann eine eigene Lernveranstaltung mit dem Sandwichmodell planen und durchführen.		Beobachtbare Indikatoren: ◦ Jede kollektive Phase wechselt mit einer individuellen Phase ab. ◦ Kollektive Phasen dauern höchstens 15–20 Minuten.
Qualifikation				
◦ Kognitive Rekonstruktion der Ressourcen ◦ Überprüfung der kognitiven Lernziele (theoretische Prüfung)		◦ Kognitive Simulation einer Arbeitssituation ◦ Überprüfung des stellvertretenden Handelns (Fallbearbeitung)		◦ Prüfung der Handlungsfähigkeit in der Praxis ◦ Praktische Prüfung ◦ Beobachtbares Handeln und Verhalten

Abbildung 3
Dispositionales Kompetenzmodell

Im Kompetenzmodell gehen wir davon aus, dass über die Kombination und Verbindung verschiedener Ressourcen das Potenzial gebildet wird, eine bestimmte Anforderung zu erfüllen. Die Bewältigung der Anforderungssituation zeigt sich im Verhalten und Handeln, der sogenannten Performanz. Von aussen betrachtet gehen wir davon aus, dass sich hinter der Performanz eine bestimmte Kompetenz verbirgt.

Qualifikationen können im Gegensatz zu Ressourcen, Kompetenzen und Performanzen als extern anerkannte und legitimierte Sets derselben betrachtet werden. Qualifikationen beinhalten meist eine gemischte Anerkennung verschiedener Performanzen, Kompetenzen und Ressourcen. So setzt sich zum Beispiel das Qualifikationsverfahren am Schluss der Berufslehre aus einer praktischen Arbeit (Überprüfung von Kompetenzen mittels Messung der gezeigten Performanz) und schriftlichen Schulprüfungen (Messung der Ressourcen) zusammen. Insbesondere in der Schweiz finden wir aktuell die dreigliedrige Unterteilung in Ressourcen, Kompetenzen und Performanz.

Kompetenzentwicklung geschieht einerseits über bewusste Lernprozesse (formales, institutionalisiertes Lernen) und andererseits über eine eher unbewusste Sozialisation. Das folgende Kompetenzprozessmodell soll die vorwiegend beschreibenden Kompetenztheorien ergänzen. Es soll helfen, den Lernprozess mit entsprechenden Methoden zu optimieren und Lernveranstaltungen auf ihre Kompetenzorientierung hin zu prüfen.

3.1 Kompetenz = Wissen × Können × Wollen

Zuwachs an Kompetenz entwickelt sich nicht zufällig und unabhängig von den Ressourcen. Die Gleichung «Kompetenz = Wissen × Können × Wollen» veranschaulicht, dass die Ausbildung der Kompetenz von drei Dimensionen, nämlich dem Wissen, Können und Wollen abhängt. Wissen allein genügt genauso wenig wie das alleinige Wollen, um eine Kompetenz auszubilden. Die Gleichung zeigt, dass die Kompetenz aus dem Produkt aller drei Faktoren entsteht. Fehlt eine Ausprägung, führt dies zur ungenügenden Ausbildung von Kompetenz.

Abbildung 4
Kompetenzwürfel

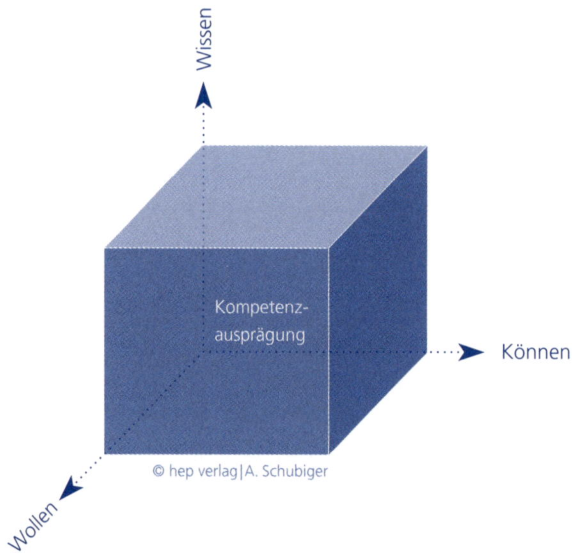

3.1.1 Wissen

Wissen kann drei Auswirkungen auf unser Handeln haben. Im positiven Fall steuert und beeinflusst es unser Handeln, ja macht Handeln überhaupt möglich. Im neutralen Sinne beeinflusst neues Wissen unser Handeln nicht, es ist sogenannt träges Wissen Es ist wohl in Prüfungen abrufbar, aber hat keinen Einfluss auf die Praxissituation. Im negativen Fall kann das neue Wissen unser Handeln sogar stören oder behindern.

Eine langjährige Ausbildung mit entsprechendem Wissenserwerb kann wenig bis keine Auswirkung auf das professionelle Handeln der Ausgebildeten haben. Dieses ernüchternde Bild zeigt sich in diversen empirischen Untersuchungen (Schubiger, 2010). Darin unterscheiden sich 14-jährige Schüler bei der Lösung eines pädagogischen Fallbeispiels weder signifikant von Studenten der Lehrerbildung im 1. Semester oder Prüfungskandidaten noch von Lehrpersonen mit mehrjähriger Erfahrung (Wahl, 2005).

Studierende der Wirtschaftswissenschaften schnitten in einer Computersimulation einer Jeansfabrik nicht besser oder gar schlechter ab als

Studierende wirtschaftsfremder Fakultäten. Den Wirtschaftsstudenten gelang es also nicht, ihr umfangreiches ‚Expertenwissen' in einer realitätsnahen Simulation wirksam umzusetzen (Gruber, Mandl & Renkl, 2000).

Weitere Untersuchungen bei Lehrpersonen zeigen, dass trotz jahrelangen didaktischen Studiums alltägliches Planungshandeln in keiner Weise von didaktischen Prinzipien und Theorien geleitet wurde. Der Planungsprozess war meist routiniert und beschränkte sich im Wesentlichen auf die Stoffaufarbeitung und deren zeitliche Verteilung (Haas, 1998).

Selbst wenn problemlösende Veränderungen für die Praxis in Weiterbildungsveranstaltungen erarbeitet wurden, beobachteten andere Untersuchungen eine nur unbedeutende Umsetzung in konkretes Handeln. Anscheinend genügte dafür die alleinige Absicht nicht (Mutzeck, 1988).

Selbst in einer Domäne wie der schweizerischen Pflegeausbildung, wo dem Theorie-Praxis-Transfer besondere Beachtung geschenkt wird, stellte man fest, dass nach vierjähriger Ausbildung die erlernten theoretischen Konzepte in der Praxis nicht herangezogen wurden (Schwarz-Goevers, 2005).

Allen untersuchten Ausbildungen lag letztlich das alte Wissensmodell des Nürnberger Trichters zugrunde. Sie erzeugten lediglich träges Wissen, welches in der Hoffnung vermittelt wurde, dass daraus eine kompetente Handlung resultiert. Vieles deutet darauf hin, dass handlungswirksames Wissen nur dann entsteht, wenn dieses situiert und mit Übungen im Bereich der angestrebten Handlung vermittelt wird.

Damit neues Wissen einen wirkungsvollen Beitrag zur Ausprägung der Kompetenz leistet, sollte bei seinem Aufbau auf folgende Aspekte geachtet werden:

- Neues Wissen soll an vorhandenes Wissen und gesammelte Erfahrungen geknüpft werden.
- Es soll handlungsanleitend sein und Erklärungen geben, Voraussagen machen und klare Anweisungen (Methoden) für den Umgang mit der realen Praxis geben.
- Es soll auf unterschiedlichste Art erfahrbar gemacht werden (Visualisierung, Erleben, Erzählen, Konstruieren etc.).
- Es soll in unterschiedlichen Kontexten angewandt und reflektiert werden.
- Es soll anhand konkreter Situationen und Problemstellungen aufgebaut werden.
- Neues exemplarisches Wissen soll immer wieder verallgemeinert und damit in verschiedenen Situationen angewandt werden können.
- Neues Wissen soll durch häufiges Üben automatisiert werden.

3.1.2 Können

Unter Können verstehen wir das mehr oder weniger geplante Handeln in der Praxis. Das Sprichwort «Es ist noch kein Meister vom Himmel gefallen» sagt nichts anderes aus, als dass wir unser professionelles Können nur über den vielfach beschwerlichen Weg des Übens erlangen. Es wird heute davon ausgegangen, dass wir vom Anfänger bis zum Experten verschiedene Stufen durchlaufen.

Dreyfus und Dreyfus (1986) haben ein Stufenmodell des Kompetenzerwerbs bis zum Expertentum entwickelt, das für die Didaktik der Lehr-Lern-Prozesse fruchtbar genutzt werden kann.

- Die Lernenden durchlaufen im Lernprozess Stufe um Stufe, diese können nicht übersprungen werden.
- Die Stufen können nicht von allen Lernenden in jeder Domäne erreicht werden.
- Pro Stufe bestehen qualitative Unterschiede zwischen den Individuen mit unterschiedlichen Begabungen.
- Auf einer Stufe angelangt, können Lernende entweder bereits die nächsthöhere Stufe imitieren oder auf die nächstniedrigere zurückfallen.
- Die besten Leistungen erreichen Lernende auf der jeweils aktuell angemessenen Stufe.

Die unten stehende Grafik fasst die fünf Kompetenzstufen nach Dreyfuss und Dreyfuss (1986) zusammen: Novizenstadium – Stadium des fortgeschrittenen Anfängers – Kompetenzstadium – Stadium des gewandten Könners – Expertenstadium.

Abbildung 5
Kompetenzstufen nach Dreyfuss & Dreyfuss (1986)

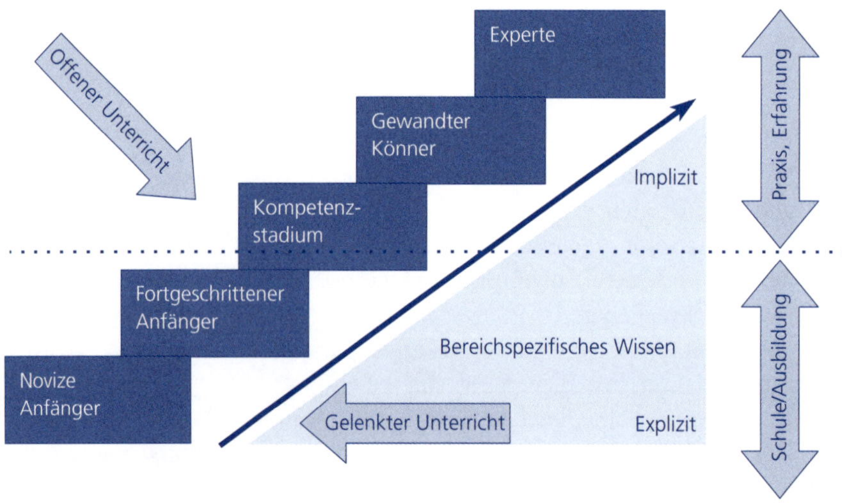

Folgende Differenzen zwischen Novizen und Experten sind bekannt:

- Experten können mehr und Anfänger weniger als sie explizit wissen. Experten haben meist Schwierigkeiten zu erklären, was sie tun und warum sie es tun.
- Experten nehmen Situationen ganzheitlich wahr und interpretieren, wogegen Novizen lediglich beschreiben.
- Experten sehen in der Situation bereits die Lösung, respektive die Handlungsalternative. Sie verfügen über lösungsrelevantes Wissen, das die Relation zwischen Problemstellung und Lösungsvariante als Inhalt hat.

- Experten verfolgen situationsangemessene konkrete Ziele. Das heisst, sie verfolgen konkrete Handlungsziele und passen diese der speziellen Situation an.
- Experten verfolgen mehrere unterschiedliche Ziele gleichzeitig.
- Experten nehmen die relevanten Daten zur Problemlösung selektiv wahr.
- Experten wissen, wo sie sich im Problemlösungsprozess aktuell befinden.
- Experten verfügen über mehr bereichsspezifisches Wissen, das sich u.a. in der Qualität ihrer Wahrnehmung von Problemsituationen und relevanten Daten zeigt.

Der Weg vom Novizen zum Experten ist weit und mit grosser Anstrengung verbunden. Es ist wahrscheinlich eine Illusion, dass wir mit ein- bis dreijährigen schulischen Ausbildungen das Expertentum erreichen. Aber wir können den Prozess anbahnen, indem wir Lernumgebungen anbieten, die ein zielgerichtetes Üben, praktische Anwendungen, soziale Unterstützung und Kontrolle, Lernarrangements mit Experten sowie Reflexionen ermöglichen.

Es stellt sich grundsätzlich die Frage, ob schulische Bildung in der Lage ist, Experten heranzubilden. Vielmehr gehen wir davon aus, dass dies eher im Praxisfeld geschieht. Schulische Bildung bereitet diese Entwicklung vor, indem sie die Lernenden mit ihren Ressourcen abholt, neues Wissen aufbaut und den Transfer in die Praxis anbahnt. Lernortkonzepte der beruflichen Bildung und der höheren Berufsbildung begünstigen die Entwicklung zur Expertin oder zum Experten, indem sie die Verzahnung von Praxis, Theorie und Reflexion curricular unterstützen.

Novizenstadium

In diesem Stadium findet einfaches, kontextunabhängiges Regellernen statt, das den Novizen Orientierungshilfe gibt. Das Wissen ist meist beschreibend oder erklärend, und wird nach und nach in konkreten Situationen in Prozesswissen übergeführt. Novizen sind noch nicht fähig, Expertenhandeln zu imitieren, weil die Problemsituation zu komplex ist. Deshalb sind Regelwerke, Checklisten, Anleitungen und Rezepte geeignete komplexitätsreduzierende und strukturierende Hilfsmittel. Novizen soll dabei bewusst gemacht werden, dass damit das Ausbildungsziel noch nicht erreicht ist, sondern lediglich eine Vorstufe. Für die Ausbildenden, meist Experten, ist es äusserst schwierig, solches Rezeptvorgehen didaktisch zu gestalten. Sie sind sich ihres Handelns nicht mehr bewusst oder sind nicht bereit, solch simplifizierende Anleitungen zu produzieren, die aus ihrer Sicht weder der Theorie noch der Praxis entsprechen. Für Novizen sind vorstrukturierende Hilfen jedoch eine wichtige Stütze und Hilfestellung.

Stadium des fortgeschrittenen Anfängers

In diesem Stadium kommen ausgedehnte Erfahrungen durch Übung im Handlungsfeld dazu. Fortgeschrittene Anfänger lernen, verschiedene Aspekte einer Situation wahrzunehmen und zu unterscheiden. Sie verbinden das in Regelwerken Gelernte mit ihrer Praxis und entwickeln offenere und flexiblere

Richtlinien, die der Variation der Praxis entsprechen. Das rein beschreibende Wissen wird allmählich durch kontextgebundenes Wissen ergänzt und ersetzt. Die Wahrnehmung der Gesamtsituation erfolgt jedoch analytisch, das heisst, fortgeschrittene Anfänger verlieren sich noch gerne im Detail und haben keinen Blick für das Wesentliche. Die Lernumgebung muss in dieser Phase eine hohe Dichte an wiederholten Übungen mit praktischen Beispielen und reflexiven Lerngefässen enthalten. Von Vorteil ist, wenn Ausbildungen ab diesem Stadium mit der Praxis verbunden werden. Es ist nicht verwunderlich, wenn mehrjährige Ausbildungen ohne Praxisbezug nicht über das Novizenstadium hinauskommen. Sie sind meist analytisch angelegt und bezüglich beschreibendem Wissen auf hohem Niveau. Studienabgänger können aber Praxisprobleme weder erkennen noch Lösungen generieren. Auch gut gemeinte, einmalige oder hochkomplexe Fallstudien sind in diesem Stadium überfordernd. Das Herausschälen typischer Aspekte bestimmter Situationen wird vor allem durch wiederholtes und variierendes Üben erreicht.

Kompetenzstadium

Im Kompetenzstadium erreichen Lernende den Sinn für das Wesentliche und verlassen langsam das Stadium des Anfängers, der pflichtgetreu nach Rezepten arbeitet. In diesem Stadium sind Lernende in der Lage, die Situation einzuschätzen, einen Plan zu erstellen und eine analytische, regelgeleitete Handlungsentscheidung zu fällen. Die Lernenden sind emotional beteiligt, da sie persönliche Entscheidungen fällen und deren Wirkungen evaluieren. Für dieses Stadium schlagen Dreyfuss und Dreyfuss (1986) den Einsatz von Fallstudien vor. Sie stellen des Weiteren fest, dass dies das letzte Stadium ist, das noch in der Schule resp. im Unterricht erreicht werden kann.

Auf den folgenden zwei Stufen muss zwingend Praxiserfahrung hinzukommen.

Stadium des gewandten Könners

Gewandte Könner erfassen die Problemsituation unmittelbar und ohne bewusste Anstrengung. Sie haben gewissermassen den Könner- und Kennerblick. Die Handlungsplanung erfolgt allerdings noch bewusst. Durch ihre breite Erfahrung in verschiedensten Situationen lernen sie allmählich, die Situationen ganzheitlich zu erfassen. Diese werden unmittelbar und ohne bewusste analytische Leistung erkannt. Gewandte Könner wählen bewusst Lösungsstrategien aus, die sich in der Vergangenheit in ähnlichen Situationen bewährt haben. Dreyfus und Dreyfus schlagen für diese Phase möglichst Realsituationen oder realitätsnahe Fallbearbeitungen vor. Kontraproduktiv wären jetzt Lehrstrategien aus den ersten zwei Stadien.

Expertenstadium

Im Gegensatz zum gewandten Könner erkennen Experten nicht nur die Situation intuitiv, sondern handeln auch entsprechend. Das heisst, der Experte sieht in der Situationsauffassung gleichzeitig auch die Handlungsalternative.

Das Stufenmodell suggeriert, dass der Lernprozess mit diesem fünften Stadium abgeschlossen ist. Weil sich aber Umweltbedingungen verändern, müssen auch Experten stetig weiterlernen. Über die Reflexion ihres Expertenhandelns können sie sich den verändernden Bedingungen anpassen.

Bei der Unterrichtsplanung müssen die jeweiligen Kompetenzstufen der Lernenden unbedingt berücksichtigt werden, damit sie nicht unter- resp. überfordert werden.

Im Europäischen Qualifikationsrahmen spiegeln sich diese Kompetenzstufen in einem Acht-Stufen-Modell wider, das zur Niveauklassifizierung von Kompetenzen herangezogen werden kann. Für die Dimension des Könnens ergeben sich folgende acht Stufen:

Stufe 1	Unter direkter Anleitung in vorstrukturiertem Kontext
Stufe 2	Unter Anleitung mit einem gewissen Mass an Selbstständigkeit
Stufe 3	Verantwortung für Arbeits- und Lernaufgaben übernehmen. Verhaltensanpassung auf die jeweiligen Umstände
Stufe 4	Selbstständige Tätigkeit, wobei sich die Umstände ändern können. Beaufsichtigung der Routinearbeit anderer
Stufe 5	Leiten und Beaufsichtigen bei unvorhersehbaren Veränderungen
Stufe 6	Leitung komplexer fachlicher und beruflicher Tätigkeiten oder Projekte mit Entscheidungsübernahme in unvorhersehbaren Kontexten; Übernahme von Verantwortung
Stufe 7	Zusätzlich strategische Verantwortungsübernahme
Stufe 8	Fachliche Autorität; Einleitung von Innovationen; Entwicklungsverantwortung

Abbildung 6
Kompetenzstufen nach Europäischem Qualifikationsrahmen

Für die schulische Kompetenzniveaubestimmung und Selbsteinschätzung lässt sich auch folgendes Stufenmodell gut einsetzen. Lernende können mit Hilfe dieser Einstufung ihren Kompetenzgrad selbstständig einschätzen.

Stufe 1	Ich kann es unter Anleitung durch eine andere Person oder mit Hilfe einer Checkliste tun.
Stufe 2	Ich kann es selbstständig unter ähnlichen Bedingungen tun.
Stufe 3	Ich kann es selbstständig in einem anderen Kontext tun.
Stufe 4	Ich kann es selbstständig in einem anderen Kontext tun, kann es erläutern und vormachen und bei Bedarf weiterentwickeln.

Abbildung 7
Schulische Kompetenzniveaustufen

3.1.3 Wollen

Das Wollen, die dritte Dimension von Kompetenzentwicklung, wird häufig unterschätzt. Der Faktor Wollen hat aber auf dem Weg vom Wissen zum kompetenten Handeln eine wichtige Funktion. Für diesen Weg hat Gollwitzer (1996, S. 533) nach Storch und Krause (2007) das «Rubikonmodell» entwickelt:

Abbildung 8
Rubikonmodell

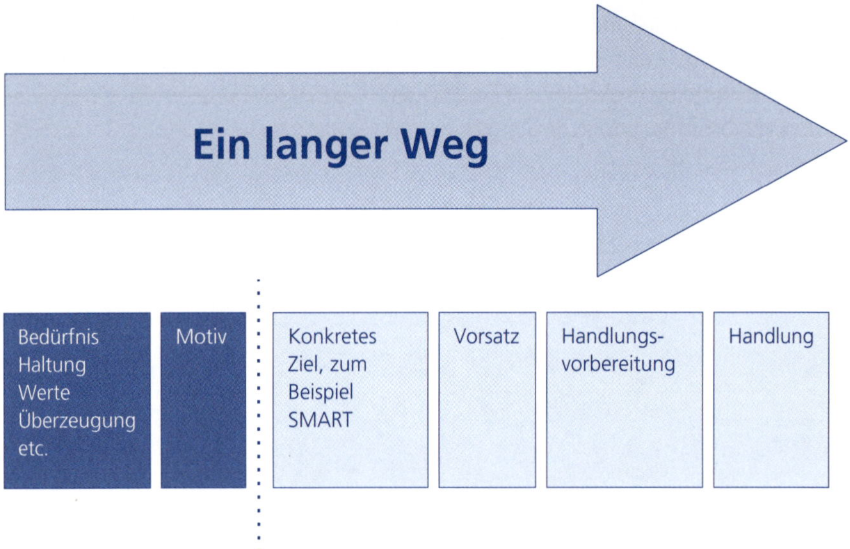

Der Begriff Rubikon weist auf den Übergang vom Motiv zur Intention hin, dem Auslöser einer Zielsetzung und Handlung. Er geht zurück auf Julius Caesar, der den gleichnamigen Fluss überquerte und damit den römischen Bürgerkrieg entfachte.

Bedürfnisse, Haltungen, Werte, Überzeugungen

Menschen streben nach Sicherheit, Status, Autonomie, Verbundenheit und Anerkennung. Diese Bedürfnisse liegen ihrem Handeln zugrunde, sind aber meist nicht bewusst. Abweichungen vom Soll werden durch entsprechendes Handeln wieder ins Gleichgewicht gebracht. Durch die Gestaltung von Lernumgebungen können Lehrende diese Grundbedürfnisse für das Lernen nutzbar machen (schrittweises Vorgehen bei Anfängern mit unmittelbaren Erfolgserlebnissen, Lernen in kleinen symmetrischen Sozialformen, Erfolgserlebnisse gebührend mit Wertschätzung belohnen, die Lernenden eigene Wege gehen lassen und eine Fehlerkultur aufbauen).

Durch Erfahrungen mit Mitmenschen in der Familie, im Freundeskreis und in der Berufswelt bilden sich Haltungen, Werte und persönliche Überzeugungen wie zum Beispiel:

- Als Lehrperson muss ich alles wissen und immer einen Schritt voraus sein.
- Ich muss fehlerlos sein.
- Ich bleibe lieber passiv, dann mache ich keine Fehler.
- …

In Veränderungsprozessen soll daher in einer ersten Phase des «Bearbeitbarmachens», wie das zum Beispiel Wahl (2005, S. 41 ff.) vorschlägt, den mehr oder weniger bewussten Gefühlen, Erwartungen, Einstellungen und Wünschen besondere Beachtung geschenkt werden. Darunter fallen beispielsweise:

- Angst vor dem Scheitern
- Gefühl, dass die bisherige Arbeit nicht in Ordnung war
- Respekt vor Mehraufwand
- Antipathie gegenüber Lehrenden
- Angst vor Gesichtsverlust
- Angst, der Aufgabe nicht gewachsen zu sein
- …

Motive

Bedürfnisse sind meist wenig bewusst, während sich Motive durch ihre bewusste Verfügbarkeit auszeichnen. Die Vielfalt der Bedürfnisse bringt eine Vielfalt von Motiven hervor, die sich teilweise widersprechen. Motive sind Antreiber von Handlungsabsichten und Handlungen. Sie werden reflektiert und gegeneinander abgewogen. Vor einer bewussten Zielbildung muss daher zwischen solchen sich widersprechenden Motiven abgewogen und der Entscheid für die situationsadäquate und vermutlich erfolgreichste Lösung gefällt werden. Dann setzt sich im günstigen Fall ein Motiv durch und es entsteht eine Absicht (Intention).

Motive sind zum Beispiel das Interesse an einer Sache, Funktionslust oder Neugierde, aber auch Ängstlichkeit. Motive wie Machtstreben, persönliche Bereicherung, Misserfolgsvermeidung oder Erfolgsstreben haben aber genauso ihre Wirkung.

Mit der Gestaltung der Lernumgebung wird die Motivwahl der Lernenden unterstützt. Damit können aus den Motiven situationsabhängige Motivationen entstehen, die zielgerichtetes Handeln erzeugen.

Bedürfnisse und Motive sind das Ressourcenpotenzial links des Rubikons. Lehrende können dieses Potenzial mit dem Einsatz gezielter Methoden nutzbar machen und den Lernprozess entsprechend konstruktiv gestalten wie beispielsweise durch

- das Sichtbarmachen des Vorwissens und der Erfahrung (Selbstwirksamkeitsgefühl)
- das Formulieren eigener Ziele (Autonomie)
- wertschätzende Rückmeldungen (Belohnung der Leistung)
- die Ermöglichung des Einbringens von eigenen Problemstellungen (Autonomie)
- das Anbieten von Problemstellungen aus dem Alltag der Lernenden (Sinnhaftigkeit)
- die Akzeptanz von Störungen und deren Bearbeitung (Wertschätzung)

- die Ermöglichung von Experimenten (Funktionslust und Neugierde)
- die Möglichkeit der kollegialen Zusammenarbeit (soziale Einbindung)
- das Schaffen von kleinen Lernerfolgen (Selbstwirksamkeitserleben).

Zusammenfassung

Bedürfnisse	◦ Orientierungen, deren Befriedigung angestrebt wird ◦ Beispiel: Bedürfnis nach Status und Anerkennung
Motive	◦ Latente Persönlichkeitsvariablen, die über weite Teile des Lebens konstant sind. Sie werden wirksam, wenn bestimmte Umweltbedingungen vorhanden sind. ◦ Beispiel: Motiv Erfolgsstreben
Absicht	◦ Konkrete motivationale Entscheidungen, die ein entsprechendes Handeln steuern und aufrechterhalten ◦ Beispiel: Ziel einer beruflichen Zusatzqualifikation in Form einer höheren Ausbildung
Vorsatz	◦ Konkrete Vorwegnahme des zukünftigen Handelns ◦ Beispiel: Wenn ich das nötige Kleingeld auf der Seite habe und ich die Voraussetzungen (Berufspraxis) erfülle, melde ich mich für die höhere Ausbildung an.

Der Rubikon

Mit dem Überschreiten des Rubikons wird die eindeutige Entscheidung für ein Motiv gefasst und die Handlung realisiert. Aus dem Abwägen und Wählen wird ein Wollen (Motivation). Die Absicht bleibt auch erhalten, wenn Handlungen unterbrochen werden. Je grösser die Selbstverpflichtung, desto ausgeprägter scheint die Wiederaufnahmebereitschaft nach einer Unterbrechung zu sein.

Zielabsicht

Gollwitzer und Malzacher (1996, S. 432) gehen davon aus, dass die Absicht (Zielformulierung) eine funktionale Bedeutung für das Erreichen erwünschten Handelns und Verhaltens hat. Für die Formulierung solcher Zielabsichten hat sich die SMART-Regel bewährt. Sie besagt, dass konkrete Ziele folgende Eigenschaften besitzen:

- spezifisch (konkret)
- messbar (beobachtbar)
- attraktiv (von Bedeutung)
- realisierbar (erreichbar)
- terminierbar (zeitlich begrenzt)

Eine Zielabsicht allein garantiert noch lange nicht erwünschtes Handeln. Erfahrungen zeigen, dass die aktive und bewusste Bildung eines Vorsatzes ein wesentlicher Schritt in Richtung Realisierung einer Handlung ist.

Vorsatz

Vorsätze haben die Aufgabe, die Realisierung einer Handlung – auch bei inneren und äusseren Störungen – voranzutreiben. Sie unterstützen in diesem Sinne das Erreichen des Zieles. Zielabsichten beinhalten im Wesentlichen das

«Was will ich erreichen». Vorsätze beantworten das «Wie will ich es erreichen». Ein Vorsatz definiert die Gelegenheiten und Mittel zur Zielerreichung, um mögliche Handlungskonflikte zu vermeiden. Brandstätter (1992, zit. in Gollwitzer & Malzacher, 1996, S. 453 ff.) konnte experimentell zeigen, dass eine Vorsatzbildung beabsichtigtes Handeln deutlich fördert. Das Erstaunliche an ihren Ergebnissen ist, dass dieses Handeln mit automatisiertem Handeln, das üblicherweise nur durch mehrmaliges Üben erreicht wird, vergleichbar ist. Die Wirkung blieb auch bei Doppelbelastung erhalten. Das heisst, dass mit einer einmaligen geistigen Aktion in Form eines Vorsatzes ein wirkungsvolles automatisiertes Handeln in der gewünschten Situation erreicht werden kann. Auf ähnliche Ergebnisse kommt Bamberger (1999, zit. in Storch & Krause, 2007, S. 77), wonach Vorsatzbildungen zu einer dreimal so hohen Handlungsumsetzung führen wie bei reinen Zielabsichten. Erklärbar ist diese Handlungswirksamkeit dadurch, dass bereits im Voraus mental eine Verknüpfung zwischen einer möglichen zukünftigen Situation und einer Handlungsreaktion gemacht wird. Durch diese mentale Verknüpfung wird die Wahrscheinlichkeit erhöht, dass wir in der tatsächlichen Situation in gewünschter Form handeln. Die wahrgenommene Situation kann dann als Auslöser der Handlungssteuerung verstanden werden (Storch & Krause, 2007, S. 77). Übertragen auf Veränderungsprozesse und Lernprozesse sollten in Lernveranstaltungen nicht nur Selbstverpflichtungen im Sinne von Absichten, sondern auch konkrete Vorsätze gebildet werden. Statt zum Beispiel nur das Ziel «Ich werde zukünftig zielorientiert planen und unterrichten» formulieren zu lassen, könnte der Vorsatz «Das nächste Mal, wenn ich ein neues Fach unterrichten muss, werde ich mich zuerst um die im Rahmenlehrplan formulierten Kompetenzen kümmern und diese in eine sinnvolle Reihenfolge von Lektionen bringen» eine ergänzende handlungsunterstützende Funktion übernehmen. Solche Vorsätze können in einem Seminar unter Anleitung oder in kollegialen Beratungssettings als Abschluss einer Sequenz formuliert werden. Vorsatzbildungen sind bereits planende kognitive Vorwegnahmen der eigentlichen Handlungen.

Handlungsplanung

Die Phase nach der Vorsatzbildung besteht hauptsächlich aus Planungshandeln. Vielfach können Absichten und Vorsätze nicht unmittelbar in Handlungen umgesetzt werden oder begonnene Handlungen müssen unterbrochen werden. In dieser Phase werden Überlegungen gemacht, wie das gesetzte Ziel am besten erreicht werden kann. In dieser Phase werden das «Wann», «Wo», «Wie» und «Wie lange» eines Handlungsablaufs thematisiert (Gollwitzer, 1996).

Handlungsausführung

Abhängig von einer günstigen bzw. planbaren Situation und der individuellen Willensstärke kommt es zur Handlungsausführung.

Aus den obigen handlungspsychologischen Überlegungen leiten wir folgende didaktische Konsequenzen ab:

- Bedürfnisse und sich widersprechende Motive werden zu Beginn des Veränderungsprozesses ernst genommen und bewusst gemacht.
- Der Zielbildung wird im didaktischen Design Rechnung getragen.
- Die Lernenden werden in der Vorsatzbildung unterstützt und angeleitet.
- Die Lernenden werden in ihrer Vorsatzbildung und Selbstverpflichtung in kollegialen Tandems und Gruppen unterstützt. Dabei wird einerseits die Vorsatzbildung aufrechterhalten und andererseits gegen konkurrierende Absichten und Handlungen verteidigt.

Folgende Bedingungen begünstigen das Wollen der Lernenden:
- Ängste und Wünsche werden ernst genommen.
- Erfahrungen und Vorwissen werden gewürdigt, aufgenommen und anschlussfähig gemacht.
- Durch aktuelle Problemstellungen, die einen Bezug zur Alltagswelt resp. Praxis haben, werden Interesse und Anschlussfähigkeit erzeugt.
- Lernende werden an den Vorhaben des gemeinsamen Lernens beteiligt und haben ein Mitspracherecht.
- Die Lernziele sind für die Lernenden realistisch und realisierbar.
- Die Lernenden wissen, was sie zu tun haben, und sie erhalten viele sinnvolle und abwechslungsreiche Übungsmöglichkeiten.
- Die Aufgabenstellungen sind dem aktuellen Können angepasst, sie über- und unterfordern nicht.
- Die Lernenden erhalten durch kleine kontinuierliche Erfolge das Gefühl, es zu schaffen (Selbstwirksamkeit).
- Die Lernenden werden in der Arbeitswelt in der Umsetzung neuer Kompetenzen unterstützt.

Abbildung 9
Rubikonmodell und unterstützende Faktoren einer Lernumgebung

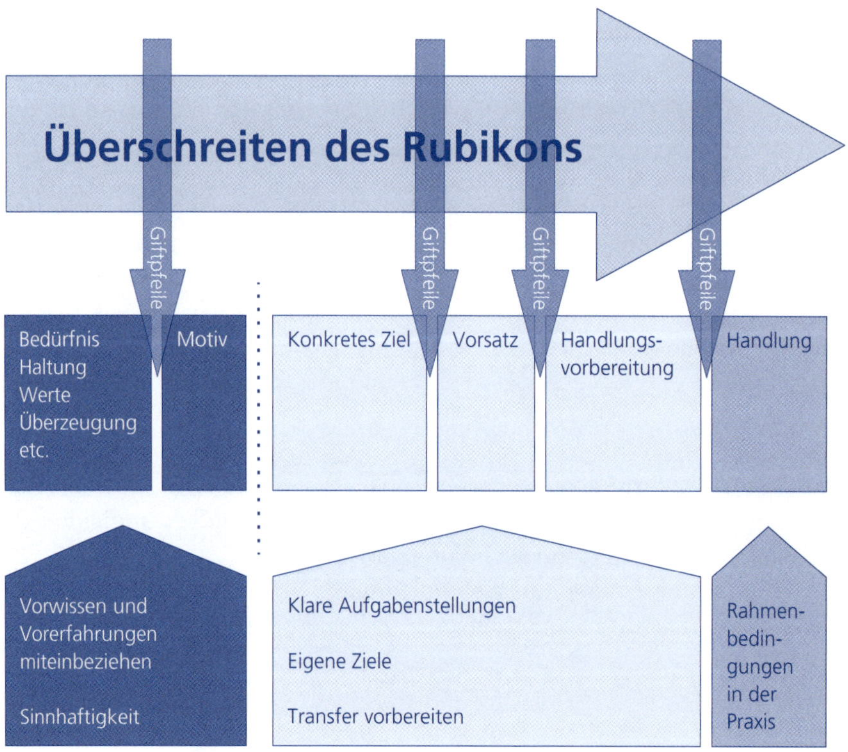

Diesen weiten Weg vom Wissen zum Handeln können wir durch verschiedene didaktische Arrangements unterstützen, aber nicht garantieren. Vielmehr müssen wir auch damit rechnen, dass Störungen wie «Giftpfeile» diesen Weg behindern. Solche Störungen sind u. a. Ablenkungen, andere Prioritäten, Frustrationen oder Veränderungen der Umweltbedingungen.

3.2 RITA – die Kubatur der Kompetenz

Das folgende Modell – wir nennen es nach den Anfangsbuchstaben seiner Ebenen RITA – versucht, die Erkenntnisse über das Wissen, Wollen und Können mit den Erkenntnissen über das Lernen in einem Stufen- und Lernprozessmodell zu vereinen.

Kompetenzentwicklung im Rahmen organisierter und institutioneller Bildung kann grob als ein Lernprozess in vier Schritten betrachtet werden:

- **R**essourcen aktivieren:
  Vorwissen, Interesse, Vorerfahrungen und aktuelle Problemstellungen werden aktiviert.
- **I**nformationen verarbeiten:
  Neues Wissen wird an vorhandenes angeknüpft, in die eigenen kognitiven Strukturen integriert, d. h. «verstanden», und in Übungen und auf aktuelle Problemstellungen angewandt.
- **T**ransfer anbahnen:
  Know-how wird mit Transferaufgaben, Vorsatzbildungen und eigentlicher Praxisumsetzung aufgebaut.
- **A**uswerten:
  Ressourcen werden klassisch geprüft, eine Kompetenzbilanz wird erstellt, es wird zur Reflexion angeregt, kontinuierliche Verbesserungsprozesse werden angebahnt und die Performanz wird beurteilt (Erfolg in der Praxis).

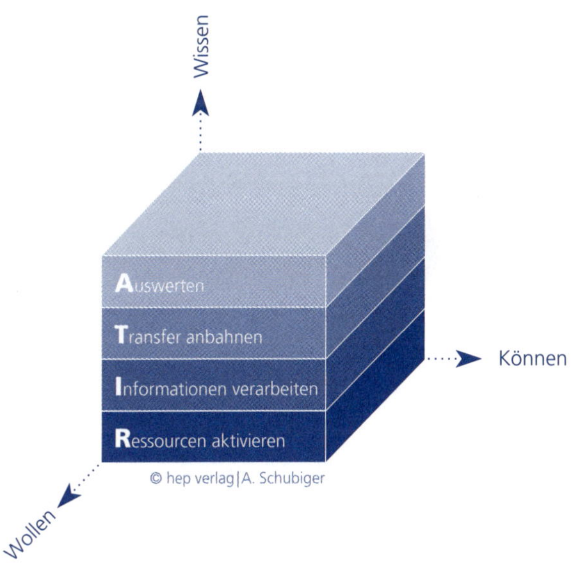

Abbildung 10
RITA Modell

Es gelten folgende Gesetzmässigkeiten:

- Ein vollständiger Lernprozess durchläuft alle Stufen von RITA.
- Auf jeder Stufe werden, wenn möglich, Wissen, Wollen und Können aktiviert.
- Der Königsweg auf allen Stufen ist die Orientierung an einer Problemstellung.
- Die nächsthöhere Stufe kann umso erfolgreicher bewältigt werden, je besser die unteren Stufen aus- und aufgebaut sind.

Wissen ist immer auch an konkrete Erfahrungen gebunden. Weil bereits auf Vorwissen und Vorerfahrungen aufgebaut werden kann, entsteht ein Selbstwirksamkeitsgefühl: «Ich kann und weiss schon etwas.» Die Problemorientierung stellt den Bezug zur Praxis her und leitet zur nächsthöheren Ebene über. Es entstehen Betroffenheit und Sinnhaftigkeit (Wollen), die zu individuellen Absichten und Vorsätzen führen.

Jeder Schritt im Lernprozess kann folglich in vier Bereiche eingeteilt werden, die ihrerseits in Abhängigkeit zueinander stehen:

Wissen (Wi)	**Können (Kö)**
Wollen (Wo)	**Problemorientierung (Pr)**

In folgenden Abschnitten werden die vier Ebenen des Lernprozessmodells RITA im Detail beschrieben.

3.2.1 Ressourcen aktivieren

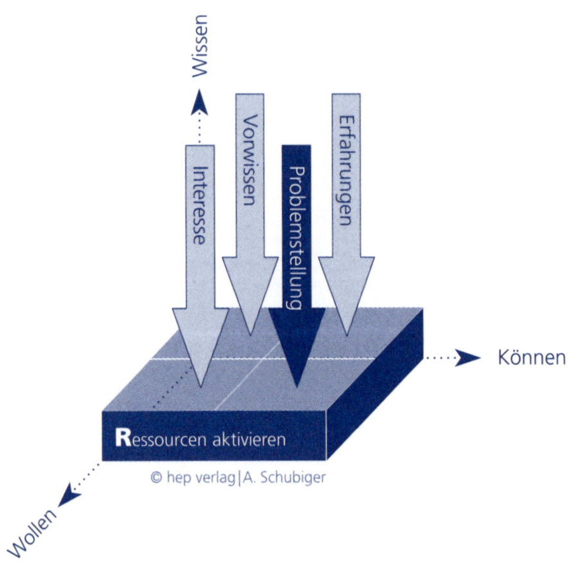

Wi – Vorwissen der Lernenden aktivieren
Kö – Erfahrungen der Lernenden integrieren
Wo – Interesse für die Thematik wecken
Pr – Eigene oder konstruierte Problemstellungen thematisieren

Vorwissen (Wi)
Sowohl Lernende der Grundbildung wie auch Studierende der höheren Berufsbildung verfügen über ein mehr oder weniger grosses Vorwissen. Dieses kann aus Vorbildungen, beruflichen Situationen wie auch aus dem Alltag stammen. Wissen, das an vorhandenes Wissen anknüpft, wird schneller und nachhaltiger gespeichert. Es kann daher im Nachhinein besser darauf zurückgegriffen werden. Darüber hinaus vermittelt die Reaktivierung der Ressourcen das Gefühl, bereits etwas zu wissen. Es ermöglicht den Lernenden ein erstes Kompetenzerlebnis, das sich wiederum auf ihr persönliches Interesse auswirkt.

Erfahrungen (Kö)
In beruflichen Aus- und Weiterbildungen bringen die Teilnehmenden bereits einen reichen Schatz an Erfahrungen mit. Diese Erfahrungen basieren auf direkten und indirekten Beobachtungen oder auf eigenem professionellem Handeln. Es kann auch sein, dass sie bereits Verhaltensroutinen entwickelt haben, die sich ihrem Bewusstsein entziehen. Die Beachtung dieser Vorerfahrungen hat zwei wesentliche Bedeutungen:

Erstens werden vorhandene Ressourcen im Bereich des Know-how, der Fertigkeiten und Haltungen sichtbar und anschlussfähig gemacht. Zweitens werden bereits vorhandene Verhaltensroutinen bewusst und bearbeitbar gemacht. Das heisst, es wird überprüft, ob sie funktional sind und inwiefern es von Interesse ist, sie weiterzuentwickeln.

Interesse (Wo)
Die Erfahrung des Lernenden, bereits Kompetenzen zu besitzen, lässt ihn Selbstwirksamkeit erleben und steigert Wollen und Interesse an der Weiterentwicklung und Optimierung dieser Kompetenzen. Selbstwirksamkeit bedeutet die Erfahrung von Autonomie, sozialer Eingebundenheit und Kompetenz.

Problemstellung (Pr)
Gute Problemstellungen zu Beginn eines Lernprozesses können als Königsweg für einen wirkungsvollen Ressourcenaufbau identifiziert werden, wenn sie

- aus der Erfahrungswelt der Lernenden stammen
- die Reaktivierung von Erfahrungen und Vorwissen ermöglichen
- für die Lernenden realistisch und lösbar sind
- einen Beitrag zur Alltags- und Berufsbewältigung leisten
- Widerstände und aversive Haltungen der Lernenden aufnehmen.

3.2.2 Informationsverarbeitung

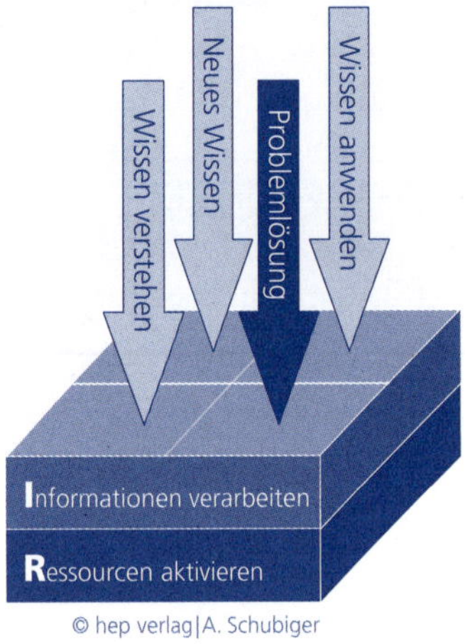

Wi	–	Neues Wissen aufbauen und mit dem Vorwissen verknüpfen
Kö	–	Neues Wissen in Aufgaben anwenden
Wo	–	Neues Wissen verstehen und in individuelle Wissensstrukturen integrieren
Pr	–	Neues Wissen bei der Lösung von Problemen einsetzen

Dieser zweite Schritt im Lernprozess ist am besten bekannt und wurde in den letzten Jahrzehnten durch die Lernzielorientierung in den Fokus des schulischen Lernens gestellt. Bei genauerer Beobachtung von Lernveranstaltungen ist aber auch dieser Schritt noch häufig unvollständig.

Neues Wissen (Wi)
Neues Wissen soll zunächst an das vorhandene anknüpfen. Die Erarbeitung des neuen Wissens kann sowohl durch Instruktion als auch durch Konstruktion erfolgen.

Wissen anwenden (Kö)
Mit guten Übungen wird Lernenden die Gelegenheit geboten, das neu erworbene Wissen in konkreten Aufgaben anzuwenden. Mit gezielten Übungen werden Fertigkeiten entwickelt, die in späteren Praxissituationen wieder zur Verfügung stehen.

Wissen verstehen (Wo)
Der Schein, dass das neu erworbene Wissen auch gleich verstanden wird, trügt. Wissen verstehen heisst neues Wissen in die kognitiven Strukturen einbauen. Die Lernenden müssen in der Lage sein, das neue Wissen in ihrer eigenen Sprache zu rekonstruieren und nicht einfach nur zu reproduzieren. Durch die Erfahrung, dass das neue Wissen verstanden wird, erhöht sich das Interesse an der Thematik und die persönliche Betroffenheit. Verstehen ist im weitesten Sinne auch ein Willensakt – die Lernenden integrieren das neue Wissen in ihre individuellen Erfahrungs- und Wissensstrukturen.

Problemlösung (Pr)
Mit der Problemlösung wird die Stufe der Informationsverarbeitung abgeschlossen. Der Prozess erfolgt in der Regel in drei Schritten. Zuerst werden

nach einer sorgfältigen Analyse Hypothesen gebildet und geprüft. Dann werden Lösungen generiert, welche anschliessend bewertet und priorisiert werden.

3.2.3 Transfer anbahnen

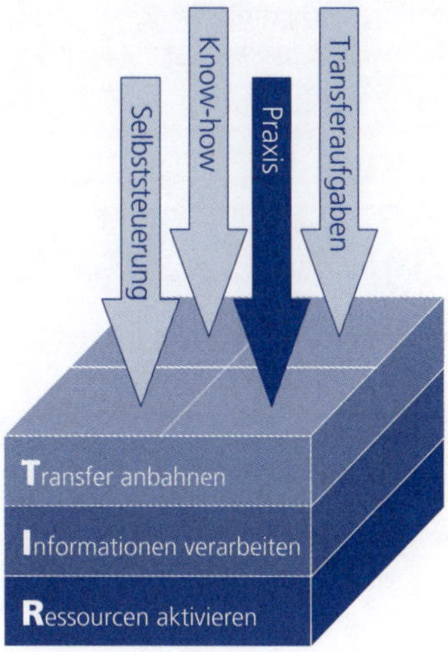

© hep verlag | A. Schubiger

Wi – Know-how, d. h. Transferwissen und situatives Wissen aufbauen
Kö – Transferaufgaben zur Übung in der Praxis stellen
Wo – Verbindliche Vorsätze zur Umsetzung in der Praxis bilden; selbstgesteuertes Lernen unterstützen
Pr – Praxiserfahrungen zur Ausbildung von Kompetenzen sammeln

Know-how (Wi)
Laien sind meist kaum in der Lage, unmittelbar nach der Erarbeitung neuen Wissens komplexe Praxisprobleme allein zu lösen. Deshalb ist es sehr wichtig, konkrete Anleitungen (Know-how) zur Praxisbewältigung zur Verfügung zu stellen.

Transferaufgaben (Kö)
Transferaufgaben bahnen den Praxistransfer an. Mit ihnen sollen die angestrebten Fertigkeiten eingeübt und Kompetenzen entwickelt werden.

Selbststeuerung (Wo)
Die motivationale Unterstützung durch Vorsatzbildung ist wirkungsvoll. Aufgabenstellungen auf dieser Ebene sind mit hoher Selbst- und Fremdverpflichtung verbunden. Lernende und Studierende werden in ihrem selbstgesteuerten Lernen unterstützt.

Praxis (Pr)
Die Ausbildung von Kompetenzen erfolgt primär in der Praxis. Aktuelle Bildungspläne der beruflichen Grundbildung berücksichtigen diese Tatsache. In der höheren Berufsbildung hingegen ist der Praxistransfer nicht immer gegeben. Deshalb sind höhere Fachschulen gefordert, kompensatorisch praxisnahe und praxissimulierende Lernumgebungen zu schaffen wie z. B. Skillslabs, Labors, Simulationen oder Projekte.

3.2.4 Auswerten

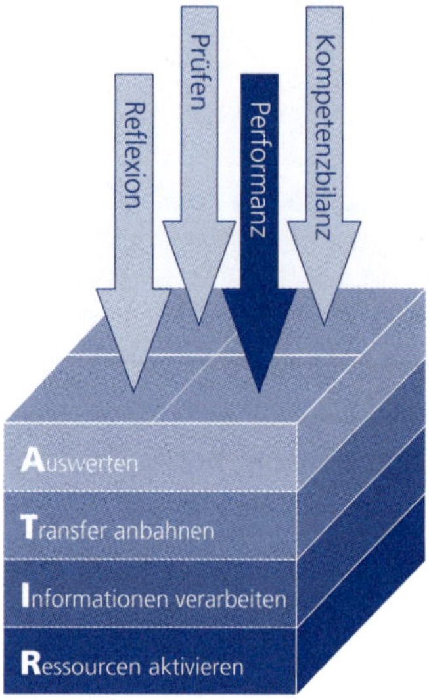

© hep verlag | A. Schubiger

Wi – Wissen mit klassischen Prüfungen abfragen
Kö – Kompetenzbilanz mit Erreichungsgrad erstellen
Wo – Durch Reflexion einen kontinuierlichen Verbesserungsprozess anstossen
Pr – Mit der Performanz die Umsetzung in der Praxis bestätigen

Prüfen (Wi)
Das Erreichen der Lernziele (Wissen, Fertigkeiten, Haltungen etc.) wird mit klassischen Testarbeiten überprüft.

Kompetenzbilanz (Kö)
Das Überprüfen der Kompetenzen erfolgt mittels Kompetenzbilanzen, welche noch weniger bekannt sind. Die Lernenden schätzen ihr Können mit Hilfe von Rastern ein und entwickeln Verbesserungsstrategien.

Reflexion (Wo)
Lernende denken über ihren eigenen Lern- und Entwicklungsprozesse nach. Sie erstellen beispielsweise Lern- und Leistungsdokumentationen oder Lernjournale mit Lernstandreflexionen. Diese werden im Gegensatz zur höheren Berufsbildung in der Grundbildung häufig eingesetzt.

Performanz (Pr)
Das beabsichtigte Ergebnis lässt sich letztlich nur über die Performanz in der Praxis überprüfen. Neuere Prüfungen wie Realprojekte und integrierte produktive Arbeiten berücksichtigen diesen Aspekt. Dabei handelt es sich um valide Prüfungsformen, die aber nicht beliebig vergleichbar sind.

3.3 RITA in der Praxis

Das vorliegende Modell veranschaulicht, wie sich Kompetenzen prozesshaft entwickeln. Idealerweise entsteht Zuwachs an Wissen und Kompetenzen durch die Ausformung aller vier Quadranten pro Ebene (Wissen, Können, Wollen, Problemorientierung), bevor die jeweils nächste Entwicklungsstufe erreicht wird. So wäre beispielsweise der Wissensaufbau ohne eine entsprechende Ressourcenaktivierung auf der Basisebene wie der Bau eines Luftschlosses und würde den Aufbau von trägem Wissen fördern.

Unter kontinuierlicher Einbeziehung von Praxis und der entsprechenden Erfahrung entwickelt sich die erwünschte Performanz. Im Grunde «durchläuft» ein Novize 16 Quadranten, um die erwünschte Kompetenz und Performanz zu erreichen. Daher wird zu Recht von einem «weiten Weg vom Wissen zum Handeln» gesprochen.

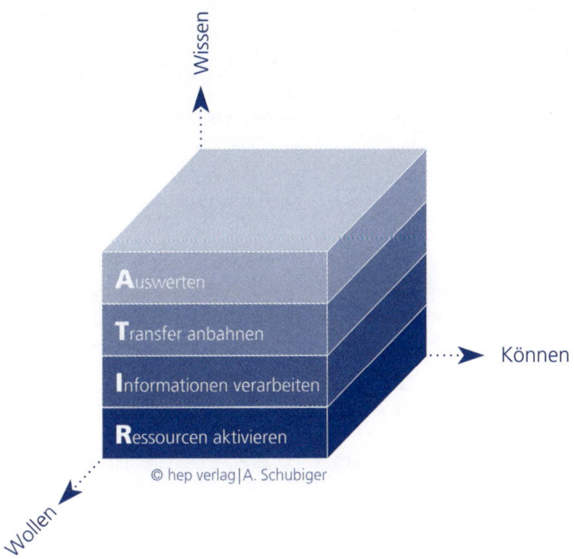

Gerade in der Lehrerbildung besteht eine grosse Kluft zwischen dem Wissen über richtiges Handeln und dem tatsächlichen Handeln im Unterricht. Das folgende Beispiel zeigt die Anwendung des RITA-Modells in einem Ausschnitt des Moduls «Unterrichtsführung» für angehende Berufsfachschullehrpersonen. Das Lernprozessmodell kann sowohl für die Planung wie auch für die Analyse von Lernveranstaltungen herangezogen werden.

Kontext

Kompetenzen:
- Ich nehme meine Führungsaufgabe bewusst wahr, reflektiere meinen Führungsstil und entwickle ihn weiter.
- Ich plane kognitive und soziale Lernprozesse so, dass die Partizipation der Lernenden am Schulgeschehen initiiert, gefördert und gefestigt wird.
- Ich reagiere auf Störungen und Konflikte in der Klasse angemessen.
- Ich fördere die konstruktive und selbstständige Lösung von Konflikten.

Drehbuch Teil 1: Störungen im Unterricht und Unterrichtsführung

RITA	Absicht	Beschreibung	Methode/Material
R	Transparenz Interesse Interesse wecken (Wo) Eigene Erfahrungen (Kö)	◦ Begrüssung mit Programm über den Tag und Ausblick ◦ Advance Organizer zum Thema Unterrichtsführung **Einstieg: Anno 1904** ◦ Eigene Geschichten wahr oder falsch in Partnerarbeit erzählen ◦ Zwei bis drei Beispiele im Plenum	Agenda an Wandtafel Advance Organizer zum Modul Aktualisierte Beispiele aus dem Amtsblatt 1904 Eigene Beispiele
R	Eigene Erfahrungen (Kö)	**Störungen:** ◦ Sammlung von Störungen: Mit welchen Störungen muss ich mich im Unterricht auseinandersetzen? ◦ Lernende sammeln auf Moderationskarten Störungen. ◦ In vier Gruppen einen Cluster legen lassen nach Arten von Störungen (Klassifikation)	Moderationskarten Bodenanker
R	Interesse (Wo)	**Priorisierung:** ◦ Individuelle Priorisierung der Störungen ◦ Bewertung auf Flipchart übertragen ◦ Im Plenum kommentieren	Einzelarbeit mit Arbeitsblatt Flipchart Unterrichtsgespräch
R	Interesse (Wo)	**Reflexion der zu erreichenden Kompetenzen:** ◦ Ein Bild der Unterrichtsführung entwickeln ◦ Annahme, dass ich die Kompetenzen erreicht habe: Wie sieht die Klassensituation aus? Woran erkenne ich die Zielerreichung? (möglichst visuell darstellen)	A3-Blatt mit Kompetenzen Farbkreiden (Neocolor) Partnerinterview (Lerntempo)
R	Erfahrungen (Kö) Subjektives Wissen (Wi)	**Ressourcenarbeit:** ◦ Was funktioniert/klappt? ◦ Lernende sammeln Beispiele von wirksamen Unterrichtsführungsstilen sowie Unterrichtsinterventionen und reflektieren diese: – Vorfall/Situation – Wie habe ich gehandelt? – Wie hat es gewirkt?/ Wie hat es sich gezeigt? – Warum hat es wahrscheinlich gewirkt? (Theorie) – Wie könnte ich mein Handeln noch ausbauen?	Partnerarbeit Austausch mit anderen Gruppen (Eintrag Spurenbuch)
R	Problemstellung (Pr)	**Szene Stopp/WAL (Weingartner Appraisal Legetechnik):** ◦ 2–3 Szenen Stopp, Beispiele aus Berufsfachschule	Zwei Beispielschilderungen aus dem Alltag: Szene Stopp
I	Neues Wissen aufbauen (Wi)	**Handeln unter Druck in Störungssituationen:** ◦ Theorieinput: Mitspieler ◦ Subjektive Theorien; somatische Marker (Emotion), Gefühle, Stress	Vortrag

RITA	Absicht	Beschreibung	Methode/Material
I	Wissen verstehen (Wo)	**Anschliesssend ein eigenes Beispiel wählen und WAL durchführen (dialogischer Konsens), Vorgehen:** ◦ Sammeln von Praxisstörungssituationen ◦ Wie habe ich reagiert? (Verhalten) ◦ Was ging bei mir im Inneren vor? (Gefühle; Empfindungen) ◦ Situationen werden dem Partner berichtet. ◦ Situationen und Reaktionen werden geordnet. ◦ Cluster werden gelegt und aufgeklebt. ◦ Situation und Reaktion werden verbunden. ◦ Handlungssteuernde Gedanken und Gefühle werden hinzugefügt. ◦ Austausch in PA ◦ Gemeinsame Suche nach dem grossen Plan/Skript/Glaubenssatz (z. B.: Ich bin der Chef; ich dulde kein Abweichen; ich darf niemandem wehtun.) ◦ Was möchte ich ändern?	Weingartner Appraisal Legetechnik Karten und A3-Blätter Anleitung Einzelarbeit und Partnerarbeit
I	Neues Wissen aufbauen (Wi) Wissen anwenden (Kö)	**Rahmentheorie: Makrostrategien** ◦ Proaktiv – reaktiv ◦ Verschiedene Interventionsebenen ◦ Matrix ausfüllen lassen gemäss Leseauftrag ◦ Nr. 7, zu zweit	Vortrag Partnerarbeit
I	Wissen verstehen (Wo)	**Leseauftrag:** ◦ Aufgabe 1: im Multiinterview (zwei Gruppen mit Thesen 1–12) ◦ Aufgabe 2–6: im Plenum	
I	Problemlösung (Pr)	**Szene Beispiele werden gelöst:** ◦ Mit proaktiven und reaktiven Strategien	Gruppenarbeit
T	Transferaufgabe (Pr) Know-how (Wi) Praxis (Kö) Vorsätze bilden (Wo)	**Auftrag kollegiale Beratung:** ◦ Störungssituationsfälle werden mit der Methode der kollegialen Beratung analysiert und stellvertretend gelöst. Mit Tandemunterstützung werden die Lösungen in die Praxis umgesetzt und reflektiert.	Authentische Fälle aus der Schulpraxis werden in der kollegialen Beratung bearbeitet.
A	Kompetenzbilanz Performanz Reflexion	**Auftrag für Kompetenznachweis**	Auftrag

Auftrag Kompetenznachweis
Erarbeiten Sie ein eigenes theoriebasiertes Konzept zur Führung einer Klasse und zur Prävention bzw. Intervention bei Konflikten und Störungen im Unterricht im Umfang von maximal vier Seiten. Das Führungskonzept soll auf Ihre aktuelle Berufspraxis ausgerichtet sein. Als Grundlagen dienen Ihnen die im Seminar besprochenen Inhalte, Seminarunterlagen sowie einschlägige Literatur. Das Konzept muss sowohl proaktive wie auch reaktive Strategien auf allen Ebenen (Beziehung; Disziplinmanagement; Unterricht) berücksichtigen. Das Konzept soll auch zeigen, wie Sie Störungen systematisch erkennen. Es sollten mindestens vier Schwerpunkte ersichtlich sein.

Teil 2
Im Anschluss an die Erprobung des Konzepts im Unterricht verfassen Sie eine wiederum maximal vier Seiten umfassende Reflexion, in der Sie zunächst das Konzept und darauf aufbauend die Erfahrungen des Unterrichts kritisch beleuchten. Ergebnisse aus kollegialen Beratungen sowie Tandemgesprächen sind unbedingt miteinzubeziehen.

4 Unterrichtsplanung

Lehrpersonen wissen aus Erfahrung, dass guter Unterricht geplant werden muss. Doch eine perfekte Unterrichtsplanung allein garantiert nicht, dass der Unterricht erfolgreich verläuft.

Die Unterrichtsplanung und -vorbereitung kann mit der Planung einer Bergwanderung verglichen werden.

Nehmen Sie an, Sie sind im Vorstand Ihres lokalen Turnvereins und zuständig für die Freizeitveranstaltungen:

Planung einer Bergwanderung	Unterrichtsplanung
Im Turnverein ist es seit Jahren Tradition, dass am zweiten Septemberwochenende eine zweitägige Wanderung mit Übernachtung durchgeführt wird.	Hier liegt eine übergeordnete Grobplanung vor. Ziel, Datum und Zeitressourcen sind bekannt. Erste Voraussetzungen werden geklärt. Das Leitziel (die Situation) ist bekannt.
Als OK-Mitglied müssen Sie im Vorfeld einiges abklären: – Wie viele Mitglieder nehmen teil? – In welcher körperlichen Verfassung sind die Mitglieder? – Welche Routen wurden schon in der Vergangenheit gewählt? – Welche finanziellen Mittel stehen zur Verfügung?	Sie nehmen eine klassische «Klärung der Voraussetzungen» vor. Insbesondere die Teilnehmervoraussetzungen entscheiden über das mögliche Ziel und die Vorgehensweise.
Im Ausschuss haben Sie sich für das diesjährige Ziel, den Säntis, entschieden. Mit einer Übernachtung auf der Meglisalp ist auch der gesellschaftliche Teil abgedeckt.	Es werden zwei Grobziele festgelegt. Nun gilt es, diese in Teilschritten zu planen, d. h., es folgt die eigentliche Grobplanung.
Sie machen sich an die Teilplanung der Wanderung. Anreise, Zeiten, Teilabschnitte mit den bekannten Alpsteinhütten werden definiert.	Sie nehmen die Feinplanung mit Feinzielen vor.
Bekanntlich könnte man den Säntis auf direktem Weg von der Schwägalp aus besteigen oder gar die Seilbahn benützen. Sie wählen einen möglichst abwechslungsreichen, landschaftlich interessanten Weg. Dabei werden Pausen, spezielle Aussichtspunkte und kulinarische Höhepunkte eingeplant.	Aufgrund der gesteckten Ziele und der Teilnehmervoraussetzungen suchen Sie einen attraktiven Lernweg. In der Didaktik sprechen wir von Rhythmisierung. Sie lernen in diesem Buch verschiedene mehr oder weniger geeignete Rhythmisierungsmöglichkeiten kennen.
Damit möglichst alle Vereinsmitglieder am gesellschaftlichen Anlass teilnehmen können, haben Sie für Wanderuntaugliche einen einfachen Auf- und Abstieg zur Meglisalp geplant.	Sie nehmen Rücksicht auf alle Lernenden und nehmen deshalb methodisch eine innere Differenzierung vor.
Als erfahrener Wanderleiter und Berggänger wissen Sie, was in den Rucksack gepackt werden muss. Sie erstellen eine Packliste und weisen auch darauf hin, dass zu viel Ballast die Wanderfreuden trübt.	Sie machen eine Stoffanalyse und eine entsprechende Stoffreduktion.
Nachdem alles geklärt ist, erstellen Sie ein schriftliches Programm, welches die wesentlichen Eckpfeiler der Wanderung wie Zeiten, Routen, Besonderheiten, Alternativen, Gepäckliste etc. beinhaltet. Zusätzlich machen Sie sich als Wanderleiter persönliche Notizen zum Programm, zu den Teilnehmenden, Notfallnummern etc.	In der Ausbildungspraxis erstellen Sie ein Drehbuch und die Unterrichtsunterlagen.

4.1 Planung in zwei Schritten

Die Anwendung eines Lernprozessmodells wie RITA erfordert eine sorgfältige Unterrichtsplanung. Langjährige Erfahrungen in der Begleitung von Lehrpersonen zeigen, dass diese dazu neigen, Medien zu erstellen und Unterrichtsunterlagen zu erarbeiten, ohne sich vorher mit den Zielen und Rahmenbedingungen genauer auseinandergesetzt zu haben. Endloser Frontalunterricht und unzufriedene Lernende oder Studierende sind das Ergebnis.

Bei der Planung von Unterricht empfiehlt es sich, in zwei Schritten vorzugehen:

Grobplanung
In der Grobplanung werden die Voraussetzungen, die zu erreichenden Kompetenzen, die Lerninhalte und Lernziele sowie der Transfer in die Praxis geklärt.

Feinplanung
In der Feinplanung werden die Ergebnisse aus der Grobplanung methodisch umgesetzt und in einem detaillierten Drehbuch festgehalten.

In der Grobplanung werden vor allem die Fragen «Was?», «Wozu?», «Wohin?» «Wieso?», «Mit wem?» und «Wie viel?» beantwortet, während in der Feinplanung das Wie und Womit und damit die konkrete Umsetzung mit passenden Methoden und Medien im Fokus stehen.

Abbildung 11
Planungsmodell

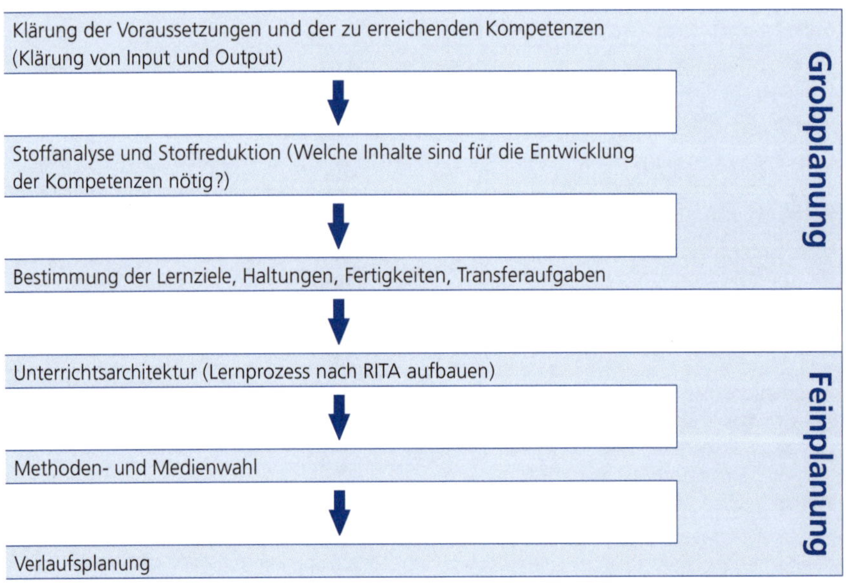

4.2 Grobplanung

In der Grobplanung werden die Voraussetzungen geklärt; der Stoffumfang, die anzustrebenden Kompetenzen und Lernziele. Je nachdem, ob Lehrpläne vorliegen, ist eine solche Grobplanung mehr oder weniger vorbestimmt. In den nächsten Jahren sind sowohl Berufsfachschulen wie auch Schulen der höheren Berufsbildung aufgefordert, eigene Schullehrpläne in Abstimmung mit den Rahmenvorgaben (Bildungspläne resp. Rahmenlehrpläne) zu erstellen. Die Grobplanung umfasst:

- Klärung der Voraussetzungen der Lernenden wie der Lehrenden
- Kompetenzen, welche die Lernenden erlangen sollen
- Stoffanalyse und -reduktion
- Lernzielbestimmung
- Bestimmung von Lern- und Transferaufgaben
- Verteilung der Lernsequenzen auf die vorhandenen Zeitressourcen

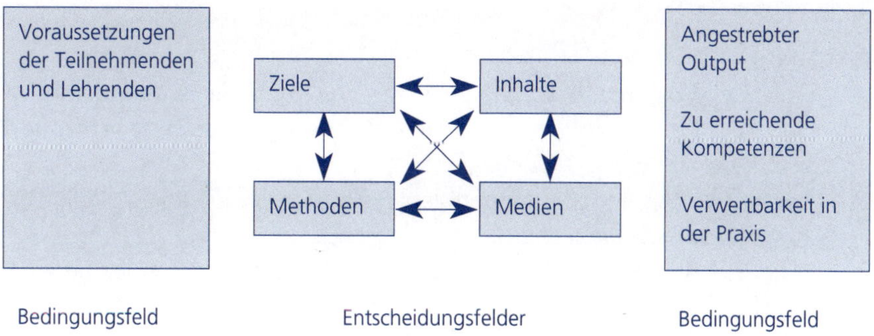

Abbildung 12
Planungsmodell in Anlehnung an die Berliner und Hamburger Didaktik (Jank & Meyer, 2003)

Das oben dargestellte Modell beschreibt auf eine einfache Art, welche Faktoren für die Grobplanung von Lernveranstaltungen relevant sind und in welcher Wechselwirkung sie zueinander stehen. Das Modell unterscheidet zwischen Bedingungsfeldern und Entscheidungsfeldern. Zu den Bedingungsfeldern von Unterricht gehören die Voraussetzungen der Lernenden und Lehrenden. Anderseits beeinflussen auch die erwünschten Auswirkungen und deren Verwertbarkeit in der Praxis die Gestaltung der Lernprozesse.

Der Unterricht entwickelt sich aus der Wechselwirkung der Entscheidungsfelder «Ziele», «Inhalte», «Methoden» und «Medien». Ziele beschreiben nebst dem erwünschten Endverhalten auch den Inhalt des dazugehörenden Wissens. Die Ziele können ihrerseits unterschiedlich anspruchsvoll sein. So kann das eine Ziel nur das Reproduzieren von Fakten verlangen, wogegen ein anderes Ziel die Analyse einer anspruchsvollen Praxissituation anstrebt. Solche unterschiedlichen Lernziele werden mit verschiedenen Methoden erreicht. Medien bieten eine lernfördernde Unterstützung in diesem Zielerreichungsprozess.

Die Wechselwirkung zwischen Zielen, Inhalten, Methoden und Medien ist nicht beliebig. Die Ziele sind übergeordnet, weil mit ihnen Inhalte, Methoden, Medien begründet ausgewählt werden können. Entscheidend für die Planung von Unterricht ist die gegenseitige Abhängigkeit der Entscheidungsfelder. Diese müssen in einer widerspruchsfreien Wechselwirkung stehen. Wenig sinnvoll wäre es daher zum Beispiel, ein Lernziel auf der Stufe Anwendung oder gar Analyse methodisch nur mit einem Vortrag umzusetzen. Das Modell zeigt, dass jeder Unterricht einen Ausgangspunkt mit entsprechenden Bedingungen hat. Unterricht verändert die Situation, die wiederum Ausgangspunkt weiteren Unterrichts sein kann.

4.2.1 Klärung der Voraussetzungen

Um Lernveranstaltungen zielgerichtet planen zu können, müssen Voraussetzungen und Rahmenbedingungen geklärt sein. Die Bestimmung dieser Voraussetzungen und Rahmenbedingungen wird als didaktische Analyse bezeichnet. Sie besteht aus einer Sach- und Umfeldanalyse. Folgende Fragen können dabei hilfreich sein:

Sachanalyse

1. Welchen grösseren bzw. allgemeinen Sinn- und Sachzusammenhang (z. B. Berufsprofil; Allgemeinbildung, fachliche Bedeutung) vertritt und erschliesst der geplante Unterricht?
2. Auf welche Referenzdokumente ist zu achten? (Rahmenlehrpläne, Bildungspläne, Schullehrpläne)
3. Welche Bedeutung hat der betreffende Inhalt bei den Lernenden bereits?
4. Welches Vorwissen bringen die Lernenden mit?
5. Worin liegt die Bedeutung des Themas für die Zukunft der Lernenden? Welche Arbeits- und Alltagssituationen müssen bewältigt werden?
6. Welchen Bezug hat die Lehrperson zum Inhalt?
7. Welches ist die Struktur des Inhalts? Welche Zusammenhänge inhaltlicher Art bestehen? Auf welche wissenschaftlichen Erkenntnisse (Theorien, Modelle, Forschungsergebnisse, Best Practice etc.) kann Bezug genommen werden?
8. Welches sind die Fälle, Phänomene und Situationen, in resp. an denen die Struktur des Inhaltes interessant, zugänglich, begreiflich und anschaulich gemacht werden kann?
9. Welche Problemstellungen eignen sich, um Vorwissen, Vorerfahrungen und das Interesse zu reaktivieren?

Umfeldanalyse

Für die konkrete Planung und die zu berücksichtigenden Rahmenbedingungen stellen sich zusätzlich folgende Fragestellungen:

- Ist die Struktur, Kultur und Ideologie der Bildungsinstitution bekannt? Wie wird in dieser Institution zusammengearbeitet?
- In welchem Rahmen steht die Lernveranstaltung? Ist sie Teil einer ganzen Ausbildung mit speziellem Lehrplan oder wird sie isoliert angeboten? Sind Folgeveranstaltungen geplant?

- Was sind die zeitlichen und materiellen Rahmenbedingungen für die Lernveranstaltung?
- Welche Infrastruktur steht zur Verfügung?
- Was sind meine persönlichen Stärken, Ziele und Bedingungen für den erhaltenen Bildungsauftrag?
- Sind die Erwartungen der Lernenden bekannt?
- Welche beruflichen Qualifikationen und welche überfachlichen Kompetenzen (Problemlösestrategien, Lerntechniken, Methodik) bringen die Lernenden mit?
- Sind die sozialen Voraussetzungen (Alter; Berufsrolle; Status im Betrieb der Lernenden) bekannt?
- Sind die Zusammensetzung und die Geschichte der Lerngruppe bekannt?

Einen Überblick über die zu beantwortenden Fragen gibt folgendes Analyseraster:

Rahmenbedingungen	Fachliche Vorkenntnisse	Fachinterne Weiterführung	Fächerverbindende Bedeutung	Fächerübergreifende Bedeutung	Exemplarische Problemstellung
◦ Lernende ◦ Stundenplan ◦ Zeitbudget ◦ Ausbildungsgang ◦ Hilfsmittel ◦ Lehrmittel	◦ Auf welchen fachlichen Voraussetzungen baut die Lernveranstaltung auf? ◦ Welche fachlichen Voraussetzungen bringen die Lernenden mit?	◦ Wo wird der Inhalt im selben Fach weitergeführt oder wieder vorausgesetzt?	◦ In welchen Fächern wird der Inhalt weiterverwendet oder als Voraussetzung benötigt?	◦ Werden Fähigkeiten, Methoden, Konzepte vermittelt, die auch in anderen Fächern von Bedeutung sind?	◦ Gibt es ein Beispiel oder eine Problemstellung, die den Lerninhalt mit seinen Zielen abbildet?

Abbildung 13
Didaktische Analyse

Selbstverständlich ist es unmöglich, all diese Voraussetzungen vor Beginn der Lernveranstaltungen zu klären. Laufender Kontakt mit den Kursverantwortlichen, mit Kollegen, Vorgängern und der Fachgruppe sowie das Studium der Teilnehmerliste können dabei eine wertvolle Hilfestellung geben.

Die Klärung der Voraussetzungen über die Sach- und Umfeldanalyse ist eine zwingende Voraussetzung für die Gestaltung der Lernprozessphase der Ressourcenaktivierung.

Erst in einer zweiten Phase findet die methodische Vorbereitung statt. Dabei werden die Fragen nach der Gliederung des Unterrichts, der Wahl von Unterrichtsarbeitsformen, dem Einsatz von Hilfsmitteln und der Sicherung organisatorischer Voraussetzungen des Unterrichts beantwortet.

4.2.2 Stoffanalyse und Stoffreduktion

Goethe hat einmal geschrieben: «Da ich keine Zeit habe, dir einen kurzen Brief zu schreiben, schreibe ich dir einen langen.» Dieser Satz drückt das Paradoxon aus, das auch in Lernprozessen zur Geltung kommt. Stoffumfang und Qualität des Lernprozesses stehen zueinander in umgekehrtem Verhältnis. Die gute Reduktion des Stoffumfangs verlangt aber eine intensive intellektuelle Auseinandersetzung mit den Inhalten.

Den Lehrpersonen ist vielfach ein Stoffplan mit einem bestimmten Zeitbudget vorgegeben, evtl. sind noch Richt- und Grobziele formuliert. In der Lehrpraxis fällt auf, dass der Stoffplan meist vollumfänglich übernommen, ja sogar noch ausgebaut wird. Damit bleibt wenig Zeit für den Lernprozess und die Wahl der Methode fällt auf den zeitsparenden Lehrvortrag. Wird diese Methode über mehrere Lektionen eingesetzt, ist das für Lehrende wie Lernende anstrengend und ermüdend. Ein solches Vorgehen ist weder lernfördernd noch kompetenzentwickelnd. Die didaktische Stoffreduktion hat also im Hinblick auf das Erreichen der Lernziele, das Zeitbudget und den Lernerfolg (Lernprozessstufe der Informationsverarbeitung) höchste Priorität.

4.2.2.1 Formen der Stoffanalyse

Bevor der Lehrstoff reduziert werden kann, ist eine klare Vorstellung der Inhalte mit all den Ausprägungen und Eigenheiten notwendig. Um diese Übersicht zu gewinnen, bietet sich eine Analysematrix an, mit welcher der Stoff nach dem Inhalts- oder Situationsprimat sequenziell-analytisch bzw. ganzheitlich betrachtet wird.

Abbildung 14
Stoffanalyse

	Sequenziell-analytisch	Ganzheitlich
Inhaltsprimat	◦ Dezimalklassifikation ◦ Lehrmittelaufbau ◦ Innere Logik des Faches	◦ Fachlandkarte ◦ Mindmap ◦ Cluster
Situationsprimat	◦ Kompetenzen und die dazu nötigen Ressourcen (Wissen, Fertigkeiten etc.) ◦ Kompetenzstufen ◦ Kompetenzaufbau (Kubatur der Kompetenz)	◦ Prototypenbildung ◦ Typische Situationen und Handlungsabläufe ◦ Orientierung an Arbeitsprozessen ◦ Beispielhafte Problemstellungen

1) Beispiel einer Analysetechnik mit inhaltlicher Perspektive und sequenziell-analytischem Blickwinkel

Dezimalklassifikation

Das zu vermittelnde Wissen wird in einer Übersicht mit Über- und Unterordnung und einer logischen Abfolge zusammengefasst. Eine praktikable Möglichkeit ist zum Beispiel die Erstellung eines Inhaltsverzeichnisses mit Dezimalklassifikation:

1 Dezimales Zahlensystem
1.1 Stellenwertigkeit
1.1.1 Absolute Stellenwertigkeit
1.1.2 Stellenwertigkeit als Potenz
1.2 Basiszahl
1.2.1 Basiszahl aus der Stellenwertigkeit als Potenz
1.2.2 Notwendige Anzahl Ziffern in Abhängigkeit von der Basis
1.3 Zusammensetzung von Dezimalzahlen

2 Duales Zahlensystem
2.1 Stellenwertigkeit
2.1.1 Absolute Stellenwertigkeit
2.1.2 Stellenwertigkeit als Potenz
2.2 Basiszahl
2.2.1 Basiszahl aus der Stellenwertigkeit als Potenz
2.2.2 Notwendige Anzahl Ziffern in Abhängigkeit von der Basis
2.3 Zusammensetzung von Dualzahlen
2.4 Umrechnungen
2.4.1 Umrechnungen vom dezimalen ins duale Zahlensystem
2.4.2 Umrechnungen vom dualen ins dezimale Zahlensystem
2.5 Negative Zahlen im dualen Zahlensystem (Zweierkomplement)
2.5.1 Vorzeichenbit
2.5.2 Bildung des Zweierkomplements

Abbildung 15
Dezimalklassifikation

2) Beispiel einer Analysetechnik mit inhaltlicher Perspektive und ganzheitlichem Blickwinkel

Fachlandkarte

Auf einer Fachlandkarte werden Schwerpunkte, Zusammenhänge und Nebensächlichkeiten überblicksartig dargestellt.

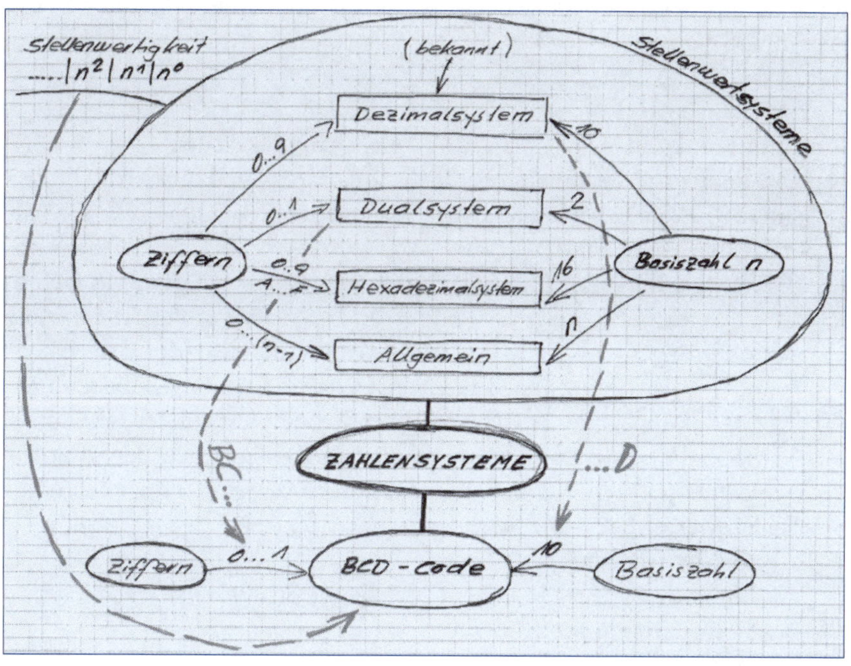

Abbildung 16
Fachlandkarte

3) Beispiel einer Analysetechnik mit Situationsprimat und analytischem Blickwinkel

Kompetenzaufbau

Hier wird der Blick auf die Situation gerichtet, die bewältigt werden muss, die benötigten Kompetenzen und die dazu gehörenden Ressourcen wie Wissen, Fertigkeit, Haltung etc.

Abbildung 17
Primat der Situation

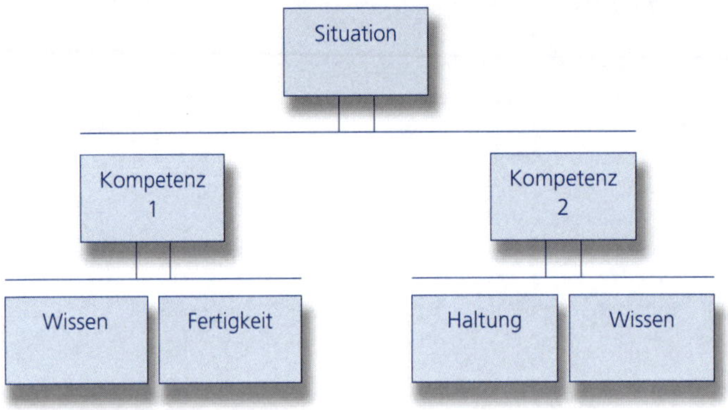

4) Beispiel einer Analysetechnik nach dem Situationsprinzip und unter ganzheitlichem Blickwinkel

Prototypenbildung

Bei der Prototypenbildung geht es um die direkte Konkretisierung am typischen, möglichst exemplarischen Einzelfall. Fallbeispiele sollen übergreifend sowohl das gesamte Themenfeld als auch einzelne Fachinseln repräsentieren. Beispiel: Von Beginn an wird mit einer praktischen Problemstellung (Musterfirma) gearbeitet, auf die je nach Lernprozessstufe unterschiedlich Bezug genommen wird.

4.2.2.2 Stoffreduktion

Eine Stoffreduktion lässt sich aus drei Perspektiven herleiten.

(1) Die Reduktion aus inhaltlicher Sicht (quantitativ und qualitativ) basiert auf der Erkenntnis, dass im Unterricht nie das vollständiges Wissen vermittelt werden kann.

(2) Die Reduktion aus der Lehrplanoptik orientiert sich daran, was fachintern oder fachübergreifend benötigt wird. Es werden in erster Linie die Anforderungen des Lehrplans erfüllt. Vervollständigende oder persönlich als relevant betrachtete Ergänzungen haben nachrangige Bedeutung.

(3) Die Reduktion aus lernpsychologischer Sicht basiert auf der Erkenntnis aktueller Forschungen zum menschlichen Lernen, nach der es unterschiedlich günstige Verläufe von Lernprozessen gibt. Prinzipien empfehlenswerter Lernverläufe sind:
- von der Übersicht zum Detail
- Einbindung neuer Inhalte in bestehende Strukturen
- Stoffgerüst vor Stofffülle
- Lernen am Exemplarischen etc.

Die entscheidenden Fragen lauten somit: Welche Inhalte, welche Strukturen und welche Hilfestellungen benötigen Lernende, damit neues Wissen erfolgreich verarbeitet und integriert werden kann?

Die Stoffreduktion muss gleichwohl der Komplexität des Stoffes Rechnung tragen. Die Herausforderung ist es, Inhalte wegzulassen, ohne dabei Wesentliches zu vernachlässigen und Zielvorgaben zu missachten.

Folgende Reduktionstechniken haben sich in der Praxis bewährt:

Technik	Beschreibung	Perspektive
Reduktion nach Zielen, Zeit und Zielgruppe	Hilfreiche Fragen, die den Rahmen abstecken und den Stoffumfang begrenzen: Welches sind die zu erreichenden Ziele? Welche Zeit steht zur Verfügung und welche Voraussetzungen bringen die Lernenden mit?	(2)
Rundflug mit anschliessender Tiefenbohrung	Mit exemplarischen Tiefenbohrungen wird eine Thematik oder Problematik in ihrer ganzen Tiefe angegangen. Die Beispiele sind so angelegt, dass sie auf andere Situationen der Thematik adaptierbar sind. Ich gebe zuerst eine Übersicht mit dem zentralen Orientierungswissen, verorte die Thematik im Gesamtzusammenhang und lasse durch die Lernenden einen Bezug zu ihrer Realität herstellen.	(3)
In + out	Neue Ziele und Inhalte werden nur dann integriert, wenn andere in vergleichbarem Umfang ausgesondert werden.	(1)
Streichkonzert	Eine Mindmap erfasst alle möglichen Lerninhalte zu einem Ziel. Streichen aller Inhalte, die nicht zwingend für die Zielerreichung notwendig sind.	(1)
Auf den Punkt bringen	Ein Satz formuliert, was die Lernenden am Schluss der Veranstaltung können und nicht nur wissen müssen. Diesem Satz wird alles untergeordnet.	(3)
Siebreduktion	Festlegung der Themen für dasselbe Lernziel mit abnehmender Zeit: (1) 2 Tage (2) 60 Minuten (3) 20 Minuten	(1)
Substanzcheck: Überprüfung des Stoffes auf handlungswirksames Wissen	Leitfrage: Welches Wissen wird wirklich benötigt, um in der Praxis kompetent handeln zu können? Diese Fragestellung verhindert, dass «der Vollständigkeit halber» unnötiges Wissen vermittelt wird.	(2)

4.2.3 Von den Lernzielen bis zur Lernveranstaltung

Es gibt zwei wesentliche Gründe, die für die konsequente Lernzielorientierung sprechen. Einerseits unterstützt die sorgfältige Lernzielanalyse die Vorbereitungsarbeit und verhindert ein zielloses, von Zufälligkeiten und Vorlieben geprägtes Vorgehen. Andererseits gibt eine anschauliche Zielformulierung den Lernenden zu Beginn einer Lernveranstaltung Übersicht und weckt Erwartungen. Beides sind wichtige Voraussetzungen für einen erfolgreichen Unterricht.

Hinweise zu den Lernzielen:

- keine Unterrichtsplanung ohne Lernziele
- Lernziele präzise und anschaulich formulieren
- Lernziele nach bestimmten Graden der Allgemeinheit zuordnen
- Lernziele nach Intensitätsstufen (Schwierigkeitsgrade/Taxonomie) präzisieren

Grade der Allgemeinheit

Es werden drei Zielarten mit unterschiedlichem Allgemeinheitsgrad unterschieden:

1) **Leitziel/Richtziel (Situation, Performanz):** Leitziele weisen auf die zu bewältigenden Arbeitssituationen oder Fachbereiche hin. Sie geben die Richtung an, die in den Lernveranstaltungen eingeschlagen werden soll. In neuen kompetenzorientierten Lehrplänen definieren Leitziele die in der Praxis zu bewältigenden Situationen und Arbeitsprozesse.
2) **Grobziel/Dispositionsziel (Kompetenz):** Grobziele sind bedeutend konkreter und beschreiben das zur Bewältigung der Arbeitssituation notwendige Können. Heute wird dafür der Begriff Kompetenz (Fachkompetenzen wie auch überfachliche Kompetenzen) verwendet.
3) **Lernziel/Leistungsziel:** Lernziele sind konkret und eindeutig. Sie beschreiben sowohl den Inhalt als auch das erwünschte Verhalten der Lernenden.

Die meisten Einteilungen von Lernzielen nach dem Intensitätsgrad beziehen sich auf die Lernzieltaxonomie von Bloom (1956) oder Krathwohl und Anderson (2000). Nachfolgend werden die kognitiven Stufen im Sinne beider Autoren beschrieben:

Taxonomie kognitiver Lernziele (K1–K6):

K1: Wissen reproduzieren und nennen können

Das Gelernte auf dieser Stufe kann wiedergegeben werden, nachdem es auswendig gelernt wurde. Hierbei handelt es sich vorwiegend um Kenntnisse von Begriffen, Einzelheiten, Mitteln und Wegen. Lernziele der Stufe K1 sollten in Lehrplänen übertroffen werden, weil erfahrungsgemäss auswendig gelerntes Wissen für die Praxis nicht ausreicht.
Beschreibungen des Endverhaltens sind zum Beispiel:
Aufzählen, Nennen, Beschreiben, Darstellen, Kennen von Zusammenhängen, Gesetzmässigkeiten und Anwendungen (Abfragen von Begriffen, Definitionen,

Fakten, Daten, Namen, Abläufen, Verfahrensweisen, Regeln, Theorien, Darstellungen etc.)

K2: Wissen verstehen und in der eigenen Sprache rekonstruieren können

Auf der Stufe K2 wird das Gelernte verstanden und kann in eigenen Worten wiedergegeben werden. Es können Beispiele für einen bestimmten Sachverhalt genannt und wesentliche Inhalte in eigenen Worten zusammengefasst werden. Das Wissen wird sowohl mit vorhandenem Wissen als auch mit der Praxis verknüpft.
Beschreibungen des Endverhaltens sind zum Beispiel:
begründen, beschreiben, deuten, einordnen, erklären, erläutern, interpretieren, ordnen, präzisieren, schildern, übersetzen, übertragen, umschreiben, unterscheiden, verdeutlichen, vergleichen, wiedergeben

K3: Wissen auf einfache Aufgaben anwenden können

Auf der Stufe K3 kann das neue Wissen in einzelnen und konkreten Situationen angewendet werden. Lernaufgaben fordern dazu auf, das neue Wissen auf neue Situationen und Aufgabenstellungen zu übertragen und anzuwenden.
Beschreibungen des Endverhaltens sind zum Beispiel:
abschätzen, anknüpfen, anwenden, aufstellen, ausführen, begründen, berechnen, bestimmen, beweisen, durchführen, einordnen, erstellen, entwickeln, interpretieren, formulieren, lösen, modifizieren, quantifizieren, realisieren, übersetzen, unterscheiden, umschreiben, verdeutlichen

K4: Mit dem Wissen Situationen analysieren können

Eine Problemlösung beginnt immer mit der Analyse der Situation resp. Problemstellung selbst. Auf dieser Stufe werden Sachverhalte in Teile gegliedert, Kriterien ermittelt, Wesentliches von Unwesentlichem und Fakten von Meinungen unterschieden, Vergleiche angestellt und Folgerungen gezogen etc. Diese Stufe wird vor allem durch die Analyse von angebotenen Problemstellungen erreicht.
Beschreibungen des Endverhaltens sind zum Beispiel:
ableiten, analysieren, auflösen, beschreiben, darlegen, einkreisen, erkennen, gegenüberstellen, gliedern, identifizieren, isolieren, klassifizieren, nachweisen, untersuchen, vergleichen, zerlegen, zuordnen

K5: Mit dem Wissen Lösungen und Vorschläge entwickeln können

Auf der Basis der Situationsanalyse bzw. Problemanalyse werden Lösungswege vorgeschlagen und ausgearbeitet. Es werden Pläne, Strukturen, Gliederungen und Schemata entworfen, Hypothesen entwickelt, Vermutungen angestellt, Annahmen getroffen und Verallgemeinerungen vorgenommen.
Beschreibungen des Endverhaltens sind zum Beispiel:
abfassen, aufbauen, aufstellen, ausarbeiten, definieren, entwerfen, entwickeln, erläutern, gestalten, kombinieren, konstruieren, lösen, optimieren, organisieren, planen, verfassen, zusammenstellen

K6: Mit dem Wissen Lösungen und Vorschläge evaluieren und beurteilen – sich für die eine oder andere Lösung begründet entscheiden können

Auf der Stufe K6 werden die Lösungen zur Problembewältigung verglichen und beurteilt. Die Beurteilung erfolgt nach Kriterien innerer Klarheit und äusserer Vorgaben. Es werden die inhaltliche und logische Richtigkeit überprüft sowie Normen, Werte und Ideen beurteilt.
Beschreibungen des Endverhaltens sind zum Beispiel:
äussern, auswählen, auswerten, beurteilen, bewerten, differenzieren, entscheiden, folgern, gewichten, messen, prüfen, qualifizieren, urteilen, vereinfachen, vergleichen, vertreten, werten, widerlegen

Vieles spricht dafür, die sechs Stufen in vier Taxonomiestufen einzuteilen, wobei die letzten drei Stufen zusammengefasst werden.

K1: Wissen
K2: Verstehen
K3: Anwenden
K4–K6: Probleme lösen (Analyse – Lösungsmöglichkeiten – Entscheidung)

4.2.4 Lehrplan als Produkt der Grobplanung

Der eigentliche Fachlehrplan zeigt in drei Schritten, wie Lernende die notwendigen Kompetenzen im Unterricht und im Selbststudium erreichen:

1. Wissen aufbauen
2. Fertigkeiten aufbauen
3. Transferaufgaben lösen

Wissen aufbauen

Wissen kann Theorien, Konzepte, Vorgehensweisen, Prinzipien und Begriffe beinhalten. Im Lehrplan wird definiert, auf welchem kognitiven Niveau dieses Wissen vermittelt wird. Mittels der Lernzieltaxonomie (K1–K6) wird jeweils die höchste Stufe angegeben, die in einer Unterrichtseinheit erreicht werden soll.

Fertigkeiten aufbauen

Fertigkeiten sind durch Übung erreichte Automatismen oder Routinen, die in der Anwendungssituation abgerufen werden. Sie können sowohl motorischer wie auch kognitiver Art sein. Fertigkeiten werden im schulischen Kontext meist nur angebahnt und anschliessend in der Praxis automatisiert.

Es bietet sich an, auch die Fertigkeiten nach ihrem Intensitätsgrad in eine Taxonomie einzuteilen:

- **Stufe 1:** Die kognitive oder sensomotorische Fertigkeit wird unter Anleitung einer Checkliste ausgeführt.
- **Stufe 2:** Die Fertigkeit wird in wiederkehrenden Aufgaben unter bewusster Steuerung ausgeführt.
- **Stufe 3:** Die Fertigkeit wird automatisch und ohne bewusste Steuerung ausgeführt (Internalisierung).

Das Erreichen der Stufen 2 und 3 bedingt regelmässiges Üben bzw. Anwendung in der Praxis. Im schulischen Kontext kann realistisch höchstens die Stufe 2 erreicht werden.

Transferaufgaben lösen

Wenn das Wissen aufgebaut und Fertigkeiten eingeübt wurden, kann der Transfer in die Praxis angebahnt werden. Die Lernenden erhalten Transferaufgaben, welche sie im Selbststudium lösen. Damit zeigen sie Performanz und dokumentieren, dass sie die in den Lehrplänen festgelegten Kompetenzen erreicht haben.

Komplexität	Einfach überschaubar	Unüberblickbar komplex
Vorhersehbarkeit	Berechenbar	Unberechenbar, offen
Zusammenarbeit	Einzelarbeit	Teamarbeit
Verantwortlichkeit	Klare Vorgaben (Lernaufgabe)	Eigenverantwortlich (Projektarbeit)

4.3 Feinplanung

Die Erstellung der Feinplanung ist der letzte Schritt vor der Durchführung der Lernveranstaltung. Dabei wird auf eine gut rhythmisierte, abwechslungsreiche und zielführende Gestaltung geachtet. Jede Lernveranstaltung hat eine bestimmte Architektur.

4.3.1 Unterrichtsarchitekturen

Jeder Unterricht zeichnet sich durch eine bestimmte Architektur aus. Welche Beschreibung trifft auf Ihre Lehrtätigkeit zu?

	Ich unterrichte meist im Plenum und präsentiere die wesentlichen Lerninhalte, weil die Zeit für ausgedehnte Übungen zu knapp bemessen ist. Zwischendurch führe ich mit den Lernenden fragend-entwickelnde Gespräche. Die Lernenden hören aufmerksam zu, machen sich Notizen, stellen Fragen und beteiligen sich aktiv an Diskussionen.
	Ich beginne vielfach mit einer ausgedehnten Plenumsphase (in der Regel länger als 20 Minuten und mehr als 50 % der Unterrichtszeit), wechsle danach aber zu einer ebenfalls ausgedehnten Einzel-, Partner- oder Gruppenarbeit.
	Ich unterrichte gerne im Plenum und baue zwischendurch immer wieder kurze individuelle Phasen ein (Lösen von Aufgaben, Partneraustausch etc.). Die einzelnen Plenumsphasen sind kürzer als 20 Minuten, die gesamte Zeit im Plenum beträgt aber mehr als 50 %.
	Ich beginne den Unterricht im Plenum. Diese Phase dauert so kurz wie möglich und so lang wie nötig. Jede weitere Plenumsphase wechselt mit einer intensiven individuellen Phase ab. Die einzelnen Plenumsphasen sind kürzer als 20 Minuten und die gesamte Zeit im Plenum beträgt weniger als 50 % des Gesamtunterrichts.

4.3.2 Typologien: Zwölf Unterrichtsarchitekturen

Eine Untersuchung bei Lehrpersonen der höheren Berufsbildung (Schubiger, 2010) hat gezeigt, dass der Unterricht vier typische Sequenzierungsstrukturen und drei typische Artikulationstiefen aufweist. Die vier Sequenzierungstypen sind:

I Klassischer Frontalunterricht
II Zweiphasenunterricht
III Unterbrochener Frontalunterricht
IV Sandwichunterricht

I Klassischer Frontalunterricht

Eine mögliche Sozialform im Unterricht ist das Plenum. Häufig wird in diesem Setting zwischen Vortrag und Gespräch gewechselt. Die Lernenden nehmen eine rezeptive Rolle ein: Sie hören zu oder schreiben mehr oder weniger instruiert mit. Am Unterrichtsgespräch, das fragend-entwickelnd angelegt ist, nehmen sie mit individuellen Beiträgen aktiv teil.

II Zweiphasenunterricht

Dieser Unterrichtstyp beginnt wie der klassische Frontalunterricht, leitet dann aber in eine andere Sozialform über, nämlich die der Einzelarbeit oder kooperativen Lernform. Die einzelnen Plenumsphasen dauern deutlich länger als 20 Minuten. Die Gesamtplenumszeit beträgt mehr als 50 % der Gesamtunterrichtszeit. Meistens endet der Unterricht im Plenum. Gelegentlich beobachtet man auch die Zweiphasigkeit in umgekehrter Reihenfolge.

III Unterbrochener Frontalunterricht

Die Grundstruktur des Gesamtunterrichts ist der klassische Frontalunterricht mit Vortrag und Unterrichtsgespräch. Dieser wird von zwei und mehr individuellen kurzen Phasen unterbrochen. Die Plenumsphasen dauern kürzer als 20 Minuten, während die Gesamtplenumszeit mehr als 50 % beträgt.

IV Sandwichunterricht

Der Unterricht beginnt im Plenum. Die Plenumsphasen sind so kurz wie möglich und so lang wie nötig, dauern jedoch maximal 20 Minuten. Jede Plenumsphase wechselt mit einer intensiven Individualphase ab. Die Gesamtplenumszeit beträgt weniger als 50 %.

Drei Artikulationstiefen

Bei den Lernprozessen konnten in der oben genannten Untersuchung (Schubiger, 2010) drei verschiedene Verlaufstypen in Bezug auf die Tiefe beobachtet werden.

1. Nürnberger Trichter: vorwiegend Wissensaufnahme (K1)
2. Zweistufenlernprozess: Wissensaufnahme mit Verständnissicherung (K1–K2)
3. Dreistufenlernprozess: von der Wissensaufnahme über die Verständnissicherung zur Übung oder Anwendung (K1–K3; K4–K6)

Die Kombination der Oberflächenstruktur mit der Artikulationstiefe ergibt eine 4 × 3-Felder-Matrix mit zwölf typischen Unterrichtsarchitekturen:

Artikulationstiefe					
	Dreistufenlernprozess (3)	I-3	II-3	III-3	IV-3
	Zweistufenlernprozess (2)	I-2	II-2	III-2	IV-2
	Nürnberger Trichter (1)	I-1	II-1	III-1	IV-1
		Frontalunterricht I	Zweiphasenunterricht II	Unterbrochener Frontalunterricht III	Sandwichunterricht IV
		Sequenzierungstypen			

Abbildung 18
Typologie der Unterrichtsarchitektur (Schubiger, 2010)

Beschreibung der Unterrichtsarchitekturtypen:

I-1 Frontalunterricht mit Vortrag und Unterrichtsgespräch zur Wissensaneignung. Die Lernenden haben eine rezeptive Rolle.

I-2 Frontalunterricht mit Vortrag und Unterrichtsgespräch, Verständnissicherung im Plenum: Die Lernenden nehmen eine rezeptive Rolle ein und nehmen aktiv am Unterrichtsgespräch teil.

I-3 Frontalunterricht, mit den drei Phasen «Aufbau von Wissen», «Verständnissicherung» (Kontrollfragen) und «Übung/Anwendung» (Beispiel, Problemaufgabe etc.) im Plenum.

II-1 Zweiphasenunterricht mit ein bis zwei Plenums- und Individualphasen (Einzelarbeit oder kooperative Arbeit): Die einzelnen Plenumsphasen dauern deutlich länger als 20 Minuten. Die Gesamtplenumszeit beträgt mehr als 50 % der Gesamtunterrichtszeit. In beiden Phasen erfolgt nur ein Wissensaufbau (z. B. Leseauftrag).

II-2 Zweiphasenunterricht mit ein bis zwei Plenums- und ein bis zwei Individualphasen (Einzelarbeit oder kooperative Arbeit): Die einzelnen Plenumsphasen dauern deutlich länger als 20 Minuten. Die Gesamtplenumszeit beträgt mehr als 50 % der Gesamtunterrichtszeit. In der zweiten Phase erfolgt eine Wissenssicherung mit Verständnisfragen und -aufgaben.

II-3 Zweiphasenunterricht mit ein bis zwei Plenums- und ein bis zwei Individualphasen (Einzelarbeit oder kooperative Arbeit): Die einzelnen Plenumsphasen dauern deutlich länger als 20 Minuten. Die Gesamtplenumszeit beträgt mehr als 50 % der Gesamtunterrichtszeit. In der zweiten Phase werden Verständnisfragen und -aufgaben sowie Übungs- und Anwendungsaufgaben angeboten.

III-1 Unterbrochener Frontalunterricht mit kurzen Individualphasen. Die Gesamtplenumszeit beträgt mehr als 50 % der Gesamtunterrichtszeit: Die einzelnen Plenumsphasen dauern nie länger als 20 Minuten. In den Individualphasen wird ebenfalls nur Wissen aufgebaut (Leseauftrag, Videosequenz etc.).

III-2 Unterbrochener Frontalunterricht mit kurzen Individualphasen: Die Gesamtplenumszeit beträgt mehr als 50 % der Gesamtunterrichtszeit. Die einzelnen Plenumsphasen dauern nie länger als 20 Minuten. Die Individualphasen werden für eine kurze Verständnissicherung in Einzel-, Partner- oder Gruppenarbeit eingesetzt.

III-3 Unterbrochener Frontalunterricht mit kurzen Individualphasen: Die Gesamtplenumszeit beträgt mehr als 50 % der Gesamtunterrichtszeit. Die einzelnen Plenumsphasen dauern nie länger als 20 Minuten. Die Individualphasen werden für eine kurze Verständnissicherung und Übungen/Anwendungen in Einzel-, Partner- oder Gruppenarbeit eingesetzt.

IV-1 Sandwichunterricht mit kurzen kollektiven Phasen, die immer mit individuellen Phasen abwechseln: Die kollektiven Phasen dauern höchstens 20 Minuten. Die individuellen Phasen werden ebenfalls zum Wissensaufbau eingesetzt (z. B. Leseauftrag).

IV-2 Sandwichunterricht mit kurzen kollektiven Phasen, die immer mit individuellen Phasen abwechseln. Die kollektiven Phasen dauern höchstens 20 Minuten. Die individuellen Phasen werden zur Verständnissicherung eingesetzt.

IV-3 Sandwichunterricht mit kurzen kollektiven Phasen, die immer mit individuellen Phasen abgewechselt werden. Die kollektiven Phasen dauern höchstens 20 Minuten. Der Aufbau von Wissen, die Verständnissicherung und Übungen/Anwendungen wechseln sich ab.

4.3.3 Die Sandwicharchitektur (Wahl, 2005)

Jede Unterrichtsstunde ist eine Abfolge von «Lehren im kollektiven Verfahren» und «Lernen im individuellen Prozess». Die beiden Elemente ergänzen sich und lassen sich sinnvoll kombinieren:

Einerseits verfügt die Lehrperson über umfangreiches Expertenwissen im Fachbereich und ist für die Vermittlung dieses Wissens pädagogisch, didaktisch und methodisch geschult. Andererseits bringt jede lernende Person ihre Individualität und Einzigartigkeit in Form von Vorkenntnissen, Lerntempo, Lernstrategien, Motivation, Interesse, Intelligenz und Fähigkeits- oder Selbstkonzept in den Unterricht ein. Sie strebt als autonomes Subjekt danach, den Lernprozess selbstverantwortlich zu organisieren und ihr Lernen selbst in die Hand zu nehmen.

Die Unterrichtsarchitektur «Sandwichprinzip» (Wahl, 2005, nach dem englischen Partizip ‹sandwiched› – dazwischengeschoben, dazwischengeklemmt) wird beiden Momenten gerecht. In einem nach ihr gestalteten Unterricht findet ein Wechsel zwischen kollektiven und individuellen Lernphasen statt, wobei die individuellen Lernphasen einen grösseren Anteil innerhalb des Sandwiches einnehmen. Sogenannte Gelenkstellen verbinden die beiden Phasen. Vereinfacht sieht die Struktur eines Sandwiches folgendermassen aus:

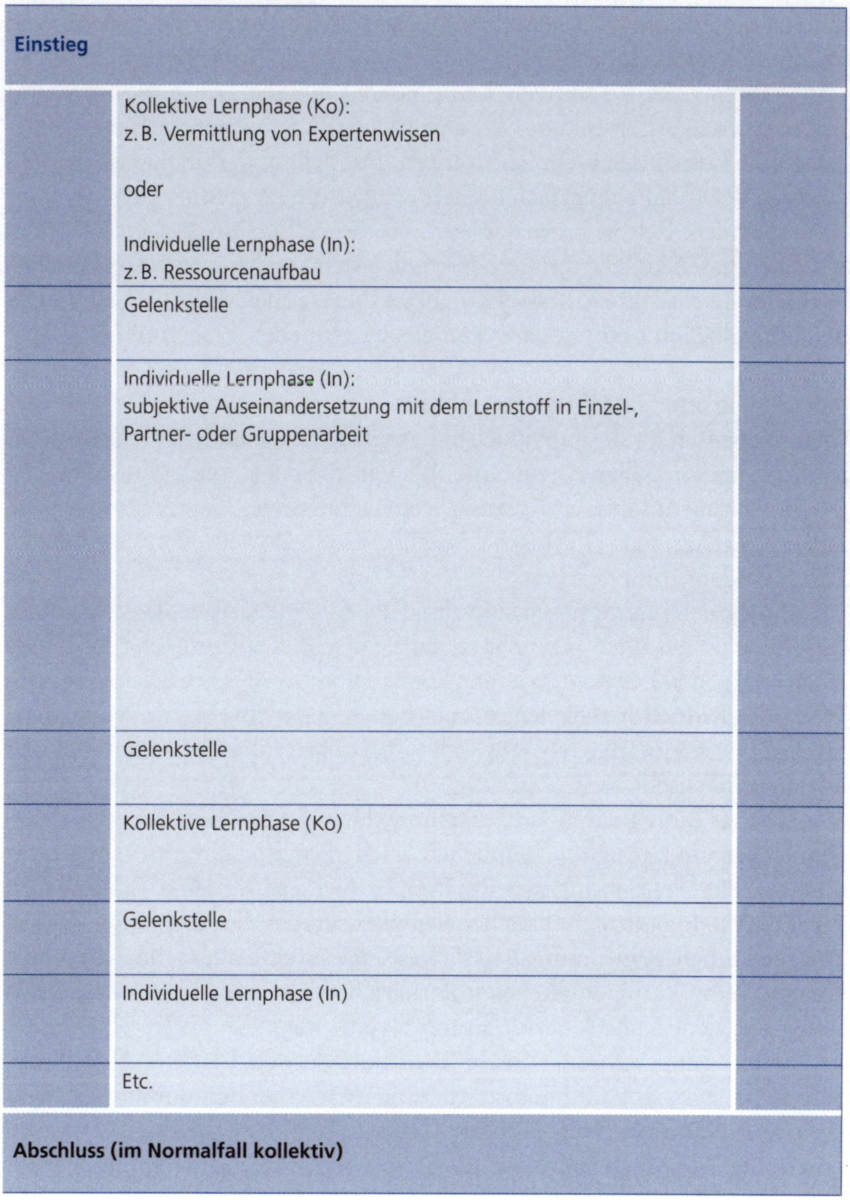

Abbildung 19
Sandwicharchitektur

Kollektive Lernphasen oder Plenumsphasen

Charakteristisch für die kollektiven Lernphasen ist, dass Lehrperson und Lernende im Gleichschritt einen gemeinsamen Lernweg gehen. Die Lehrperson gibt ein Lerntempo vor, dem sich alle Lernenden anpassen müssen. Typische Sozialformen bzw. Methoden sind der Frontalunterricht, das fragend-entwickelnde Unterrichtsgespräch oder Vorträge und Demonstrationen.

Kollektive Lernphasen sollten zeitlich stets eng begrenzt sein und nicht länger als 15–20 Minuten dauern, da Untersuchungen (Burns, 1990, Gerbig-Calcagni, 2009) zeigen, dass bei Präsentationen oder Vorträgen die Aufmerksamkeit der Zuhörer (Lernenden) bereits nach zehn, spätestens jedoch nach 15 Minuten deutlich nachlässt.

Während der kollektiven Lernphasen kann die Lehrperson z. B. ihr Expertenwissen (Lerninhalte) auf anspruchsvollem Niveau darbieten, sollte jedoch die Lernenden nicht überfordern. Das gelingt dadurch, dass die Vermittlung der Inhalte mehrfach kodiert erfolgt, d. h. auch durch Bilder, Symbole, Grafiken, Beispiele, Analogien, episodische Erzählungen etc.

Die Phasen kollektiven Lernens eignen sich hervorragend dazu, das bisher Gelernte zusammenzufassen, wichtige Punkte zu wiederholen und die in den individuellen Lernphasen eventuell aufgetretenen Fragen zu klären.

Individuelle oder subjektive Lernphasen

Charakteristisch für die individuellen Lernphasen ist, dass sich die Lernenden in ihrem individuellen Lerntempo Wissen aneignen, dieses in Aufgaben anwenden und auf ihre einzigartige Weise verarbeiten. Es gibt also mehrere individuelle Lerntempi. Typische Sozialformen bzw. Methoden sind Einzel-, Partner- oder Gruppenarbeit.

Individuelle Lernphasen sind zeitlich weniger begrenzt als die kollektiven Phasen. Sie sollten vielmehr so angelegt sein, dass Lernende möglichst lange im eigenen Lerntempo lernen können und die Möglichkeit haben, sich Wissen individuell anzueignen, zu verarbeiten und in ihre eigene gedankliche Struktur zu integrieren. Wissens- oder Vorkenntnislücken können dadurch erkannt und geschlossen werden.

Um der Individualität und den individuellen Voraussetzungen der Lernenden gerecht zu werden, empfiehlt es sich, dass die Lehrperson Massnahmen der Differenzierung ergreift. Den Lernenden werden z. B. Aufgaben gegeben, die hinsichtlich ihres Schwierigkeitsgrades variieren, etwa «Basisaufgaben für alle», «Küraufgaben für leistungsstärkere oder schnellere». Alle können die zur Verfügung stehende Lernzeit für sich optimal nutzen. Dadurch lassen sich Unter- und Überforderungen vermeiden.

Selbst wenn während der Phasen individuellen Lernens Autonomie, Selbstverantwortung und Selbststeuerung der Lernenden dominieren, sind gezielte Anleitungen und Aufträge (Instruktionen) durch die Lehrperson notwendig. Allerdings sollte die Lehrperson nach der Auftragserteilung nicht mehr intervenieren, ausser die Lernenden verlangen dies explizit.

Gestaltung der Gelenkstellen

Kollektive und individuelle Lernphasen werden in den sogenannten Gelenkstellen miteinander verbunden. Diese müssen durch die Lehrperson vorausschauend organisiert werden. Um Zeit- und Reibungsverluste zu vermeiden, sollte die Überleitung von einer Phase zur nächsten möglichst fliessend verlaufen. Sorgfältige Planung ist hier besonders wichtig.

(1) Einstiegsgelenkstelle

Nach der Begrüssung und Kontaktaufnahme wird als Einstieg kurz der Verlauf der Lernveranstaltung in Form einer Agenda bekannt gegeben.

Danach wird entweder eine kollektive Phase mit einem Informationsinput oder eine individuelle Phase mit einer subjektiven Auseinandersetzung eingeleitet.

Der Informationsinput erfolgt z. B. durch die Präsentation eines Advance Organizers, bei der die Lehrperson ihr Expertenwissen mehrfachkodiert an das Vorwissen der Lernenden anknüpfend in Kurzform darstellt (siehe Kapitel 6.3).

(2) Gelenkstelle zwischen kollektiver und individueller Lernphase

Nach einer kollektiven Lernphase muss die Lehrperson mit klaren Arbeitsanweisungen und inhaltlicher Verknüpfung die kommende individuelle Lernphase ankündigen und vorbereiten. Hierbei ist zu beachten, dass Aufgabenstellungen und Arbeitsanweisungen klar formuliert werden und die Materialien so vorbereitet sind, dass die Lernenden ohne grossen Zeitverlust mit der individuellen Wissensverarbeitung beginnen können. Fehler und Ungenauigkeiten führen zu Unruhe, die den Lernprozess stört.

(3) Gelenkstelle zwischen individueller und kollektiver Lernphase

Die Gestaltung der Gelenkstellen zwischen individuellen und kollektiven Lernphasen ist schwierig. Die Lernenden haben je einen eigenen Wissensstand erreicht. In dieser Phase der Synchronisierung ist ein anteilnehmender Austausch zwischen der Lehrperson und den Lernenden wichtig.

Dabei ist Folgendes zu beachten:

- den Zeitpunkt des Wechsels bereits vor der individuellen Lernphase bestimmen und kommunizieren
- die Lernenden während der individuellen Phase vor dem Wechsel nochmals kurz auf diesen Zeitpunkt aufmerksam machen
- wenn immer möglich einen inhaltlichen Bezug zur vorhergehenden Phase herstellen: zusammenfassen, strukturieren, Fragen beantworten, Fragenspeicher, Austausch von Meinungen, Präsentation von Ergebnissen, beispielhafte Lösung etc.

(4) Abschlussgelenk

Der Abschluss ist die Krönung jeder Lernveranstaltung. Wie der Einstieg muss auch der Abschluss im richtigen Verhältnis zum Umfang stehen. Inhaltlich kann abgeschlossen werden, indem die Lerninhalte zusammengefasst, offene Fragen geklärt oder Transferaufgaben erteilt werden. Auf der Ebene des Lernprozesses bietet sich eine Reflexion der Lernveranstaltung an. Folgende Möglichkeiten eignen sich zum Abschluss und sind in der Methodensammlung ausführlich beschrieben:

- strukturierende Massnahmen, z. B. Mindmapping, Graffiti, Strukturlegetechnik etc.
- wissenssichernde Massnahmen, z. B. Partnerinterview mit Richtigkeitsbestätigung, Netzwerk
- klärende Massnahmen, z. B. Sortieraufgabe, Problemspeicher etc.
- meinungsbildende Massnahmen, z. B. Blitzlicht, Vierecken-Methode, Ampelmethode, Aquarium, Pro und Kontra oder strukturierte Kontroverse etc.
- transfersichernde Massnahmen, z. B. Vorsatzbildung, Erinnerungshilfen, Absprachen etc.

Folgende Checkliste dient der Überprüfung einer Sandwicharchitektur:

Transparenz

Indikator	Erfüllt	Teilweise erfüllt	Nicht erfüllt
Der Ablauf der Lernveranstaltung wird den Lernenden zu Beginn bekannt gegeben.			
Die Abfolge der Lernphasen ist visualisiert und während der ganzen Lernveranstaltung verfügbar.			
Die Lehrperson verweist in Gelenkstellen auf die visualisierten Phasen.			

Gestaltung

Indikator	Erfüllt	Teilweise erfüllt	Nicht erfüllt
Kollektive Phasen werden von individuellen Phasen abgelöst.			
Es werden wechselnd verschiedene Sozialformen eingesetzt.			
Kollektive resp. rezeptive Phasen dauern höchstens 15–20 Minuten.			
Die Arbeit während der einzelnen Phasen erfolgt störungsfrei.			
Die Ressourcen der Lernenden werden aktiviert (Vorwissen, Erfahrungen, Problemstellung).			
Auf der Stufe der Informationsverarbeitung erfolgt eine Verarbeitungstiefe über mehrere Stufen (K1–K3).			
Es werden Probleme gestellt und von den Lernenden gelöst.			
Es wird der Transfer in die Praxis angebahnt.			
Erste Lernergebnisse werden überprüft.			
Die Aufträge für selbstständige Phasen sind mehrfach kodiert (mündlich, schriftlich und eventuell konkret vorgemacht).			

Gestaltung der Scharnier-/Gelenkstellen

Indikator	Erfüllt	Teilweise erfüllt	Nicht erfüllt
Die Scharnier- resp. Gelenkstelle ist klar erkennbar und es werden unmissverständliche Signale zur Umstellung von einer Phase in die andere ausgesandt.			
Die Phasen werden inhaltlich miteinander verknüpft.			
Die folgenden Arbeitsschritte werden verständlich und nachvollziehbar erklärt.			
Neue Arbeitsformen und -techniken werden modelliert.			

4.3.4 Methodenwahl

Methoden sind mehr als blosse Vermittlungsinstrumente oder Motivatoren. Bei der Wahl einer Methode stehen vielmehr folgende Fragen im Hintergrund:

- Steht sie im Einklang mit der Zielsetzung und den zu erreichenden Kompetenzen?
- Fördert sie die Selbstbestimmung der Lernenden?
- Entspricht sie den Lernbedingungen und Lernvoraussetzungen?
- Ist die Auswahl der Methoden geeignet, den Lernprozess nach RITA zu aktivieren?

Oft werden Methoden selbst zum Lerninhalt, indem sie die Selbststeuerung des Lernens fördern, Strategien zur Wissenserarbeitung und -verarbeitung vermitteln oder den Austausch von Haltungen unter den Lernenden ermöglichen.

Wegen der unterschiedlichen Voraussetzungen und Vorlieben der Lernenden ist ein vielfältiger und gezielter Einsatz von Methoden zu empfehlen. Methodenvielfalt soll nicht nur in einzelnen Unterrichtsstunden, sondern über ganze Lerneinheiten hinweg angestrebt werden.

Ein Methodenwechsel kann durch folgende positive Dynamiken begründet sein:

- Umstrukturierung des Lernfeldes
- neue Lernziele bedingen neue Methoden
- zusätzliche Motivationswirkung
- Aufmerksamkeitssteuerung bei den Lernenden
- Auflockerung des Unterrichts
- Erholungseffekte für Lehrende und Lernende
- Ermöglichung neuer Lernzugänge, Abbau von Lernbarrieren
- Passung auf die Lernprozessphasen von RITA; jede Lernprozessphase bedingt ihre spezifischen Methoden

4.3.5 Medienwahl

In der Unterrichtsgestaltung nehmen Medien einen immer dominanteren Platz ein, obwohl sie lediglich Werkzeuge zur Unterstützung des Bildungsprozesses sind. Die Vielzahl vorgefertigter Medien wie z. B. Arbeitsblätter, Filme oder Powerpointfolien hat dazu geführt, dass diese oft eher aus pragmatischen Gründen als aus didaktischen Überlegungen eingesetzt werden. Ihr Einsatz erfolgt zufällig, weil sie verfügbar sind und kein zusätzlicher Aufwand erforderlich ist. Die Wahl des passenden Mediums trägt aber wesentlich zum Lernergebnis bei und ist ein wichtiger Aspekt der Unterrichtsvorbereitung.

Folgende Überlegungen helfen beim Entscheid für das passende Medium:

- Welche Argumente sprechen für den Einsatz des jeweiligen Mediums? Erfordert die Entscheidung für einen Unterrichtsgegenstand die Verwendung bestimmter Medien? Verlangen individuelle oder organisatorische Voraussetzungen die Verwendung bestimmter Medien?
- Welche didaktische Funktion soll das Medium bei der Kompetenzentwicklung (siehe Kompetenzwürfel) übernehmen?
- Wie kann die Erreichung der Ziele und Kompetenzen durch die gewählten Medien unterstützt werden? Legt die Zielvorstellung die Wahl eines bestimmten Mediums nahe?
- Was würde geschehen, wenn das Medium nicht eingesetzt oder durch ein anderes – eventuell einfacheres – ersetzt würde?

4.3.6 Verlaufsplanung

Der geplante Verlauf kann mit einem sogenannten Drehbuch festgehalten werden.

In der Praxis hat sich eine tabellarische Darstellung bewährt:

Situation:
Kompetenzen:
Lernziele:

Zeit	**Inhalt und Lernziel**	**Methode, Material**

5 Methoden

Das Methodenrepertoire beinhaltet alle Werkzeuge, mit denen eine Lehrperson die gesteckten Ziele im Unterricht erreichen kann. Die Kunst besteht darin, für konkrete Lernziele die richtigen Methoden auszuwählen. Wir unterscheiden zwischen Lehr- und Lernmethoden. Typische Lehrmethoden sind etwa die Instruktion, der Vortrag oder das Unterrichtsgespräch. Im Unterschied dazu ermöglichen Lernmethoden den Lernenden die aktive individuelle Auseinandersetzung mit den Lerninhalten. Typische Lernmethoden sind zum Beispiel das Mindmapping, Verwenden von Lernkarteien, Anwendung bestimmter Lesetechniken, Zusammenfassungen etc. Lehr- und Lernmethoden sind immer daraufhin zu überprüfen, inwieweit sie Lernprozesse anstossen und Auseinandersetzungs- und Verarbeitungsprozesse (im Sinne von RITA) unterstützen, die den geplanten Lernschritten entsprechen.

Lehrmethode	Lernmethode
Methode der Vermittlung	Methode der Aneignung
Methode der Führung	Methode der Erkenntnis
Methode des Lehrens	Methode des Lernens

Abbildung 20
Lehr- und Lernmethode

Lehren und Lernen stehen in einer Wechselbeziehung. Der Lehrprozess steuert die Lernenden von aussen, sie handeln diesem Lehrarrangement entsprechend. Auch wenn damit der Anschein erweckt wird, dass Lernprozesse fremdgesteuert sind, ist davon auszugehen, dass sie nur mittels Selbststeuerung wirksam werden. Selbst bei einem Vortrag hängt der Lernprozess vom Aufnahme- und Verarbeitungsverhalten ab, das letztlich vom Lernenden gesteuert ist. Lernen ist aus lernpsychologischer Sicht also immer ein subjektiver Akt. Daher sind Methoden daraufhin zu überprüfen, ob sie selbstgesteuertes Lernen unterstützen.

5.1 Methodenübersicht

Unterrichtsmethoden sind unter verschiedenen Dimensionen und Aspekten zu betrachten. Methodische Entscheidungen werden bei der Wahl der Unterrichtsarchitektur, der Handlungsmuster und der Sozialform, bei der Wahl von methodischen Kleinverfahren und methodischen Grossformen und bei der Wahl von Medien gefällt.

Abbildung 21
Methodenübersicht

Unterrichtsarchitektur	Handlungsmuster	Sozialform
◦ Sequenzierung und Artikulationstiefe ◦ Abfolge der Schritte im Lernprozess (RITA)	◦ Monolog/Dialog ◦ Vortrag ◦ Unterrichtsgespräch ◦ Demonstration ◦ Erarbeitender Unterricht ◦ Etc.	◦ Einzelarbeit ◦ Gruppenarbeit ◦ Plenum ◦ Etc.
Methodische Kleinverfahren: Orientierender Informationsinput, Advance Organizer, Blitzlicht, Lernzielkontrolle etc.		
Methodische Grossformen: Projektarbeit, Leittextmethode, Leitprogramm, Lernaufgabe etc.		
Medien: Arbeitsblätter, Film, Beamerpräsentation, Fallmaterial, Labor etc.		

Die Entscheidung, welche Methoden in welcher Kombination in einer bestimmten Unterrichtssituation zum Einsatz kommen sollen, müssen Lehrpersonen selbstverantwortlich treffen. Übergeordnet entscheiden sie, wie sie die Lernsequenz in Phasen gestalten (Unterrichtsarchitektur), welches Handlungsmuster in welcher Sequenz zur Geltung kommt und in welcher Sozialform gelernt wird. Die konkrete Ausgestaltung wird durch methodische Kleinformen realisiert, die eine ganz bestimmte Lernprozessrolle übernehmen. So kann z.B. mit einer Strukturlegeordnung die Integration und das Verständnis des neuen Wissens realisiert werden. Methodische Grossformen sind mehr als nur Methoden im engeren Sinne. Sie beinhalten meist ein didaktisches Konzept für eine geschlossene Lerneinheit (siehe Kapitel 10) und können ohne Weiteres mit methodischen Kleinformen kombiniert werden.

5.1.1 Unterrichtsarchitektur

Unterricht kann mehr oder weniger gegliedert sein. Zumeist wird ihm eine Dreigliedrigkeit unterlegt, was auch «didaktischer Dreischritt» genannt wird. Dabei wird der Lehr- und Lernprozess in eine Anfangs-, Mittel- und Schlussphase unterteilt. Das in diesem Buch vorgestellte Lernprozessmodell RITA favorisiert eine Sequenzierung in vier Phasen; Ressourcenaufbau, Informationsverarbeitung, Transfer und Auswertung.

In der Phase des **Ressourcenaufbaus** werden Voraussetzungen geschaffen, die es den Lernenden ermöglichen, sich die Lerninhalte zu erschliessen.

Dabei sind folgende Aspekte zu beachten:

- Erarbeitung einer klaren Zielvorstellung
- Wecken des Interesses, der Aufmerksamkeit und der Selbstwirksamkeitsüberzeugung
- Anknüpfung an bereits vorhandene Kenntnisse und Erfahrungen
- exemplarische Präsentation einer Problemstellung oder Aufgabe

Dabei haben sich folgende Methoden bewährt:

- informierender Unterrichtseinstieg oder Advance Organizer
- orientierendes Vorzeigen, Vorführen oder Vormachen: Was können wir am Schluss?
- Präsentation einer Fragestellung oder eines Problems
- Aufarbeiten von Vorwissen und Vorerfahrungen: Was weiss und was kann ich schon?
- Auswertung von vorbereitenden Hausaufgaben

In der Phase der **Informationsverarbeitung** setzen sich die Lernenden detailliert mit den Lerninhalten auseinander. Sie durchdringen sie und erwerben je nach Art der Zielsetzung neue Kenntnisse, Fertigkeiten, Fähigkeiten und Haltungen. Die Auswahl methodischer Verfahren richtet sich nach den Lernzielen und Lerninhalten. In dieser Phase empfiehlt es sich, Methoden mit hoher Eigenaktivität der Lernenden (Lernmethoden) einzusetzen.

Dabei ist Folgendes zu beachten:

- Neues Wissen wird durch unterschiedliche Formen erschlossen. Passende Methoden sind: Vorträge, Gruppenpuzzle, Partnerpuzzle, Leittexte etc.
- Neues Wissen wird in die kognitiven Strukturen integriert. Mit konkreten Aufgaben werden die Lernenden beim Verstehen unterstützt: Sortieraufgaben, Strukturlegetechnik, Leitfragen, Zusammenfassungen, Netzwerk, Mindmapping etc.
- Durch zunehmend anspruchsvollere Aufgaben werden die Lernenden aufgefordert, das Wissen anzuwenden. Mit Übungen entwickeln sie Fertigkeiten, die später in anspruchsvolleren Problemstellungen abgerufen werden können. Einfache Problemstellungen werden bereits in den Lernveranstaltungen gelöst: Fallbeispiele, Praxisaufgaben, Fallstudien etc.

Die Phase des **Transfers** zielt auf eine dauerhafte Verfügbarkeit neuer Kenntnisse, Fertigkeiten und Fähigkeiten in anderen Fächern und der Praxis. Das Neue muss in Prozessen des Anwendens, des Übens und des Übertragens auf andere Situationen (Transfer) dauerhaft gesichert werden. Erst dann ist ein Lernprozess abgeschlossen.

Dabei ist Folgendes zu beachten:

- Den Lernenden werden konkrete Vorgehensweisen (Know-how) für die Praxisumsetzung aufgezeigt. Gerade Anfänger sind auf solche Hilfestellungen angewiesen: Prozessschritte, Checklisten, Musterbeispiele etc.
- Aufgaben aus der Praxis für die Praxis fördern den Lernprozess: Betriebsrecherche, konkrete Umsetzung am Arbeitsplatz, Praxisprojekte etc.
- Der Transfer wird durch Praxiseinsätze unterstützt.
- Die Praxisumsetzung ist verpflichtend und muss durch Vorsatzbildungen und qualifizierende Begleitung gesichert werden.

In der **Auswertungsphase** werden die angestrebten Kompetenzen überprüft und die Lernenden erhalten eine Rückmeldung zum Lernprozess. Diese ist für den weiteren Lernprozessverlauf von entscheidender Bedeutung.

Folgende Formen der Auswertung sind möglich:
- Kurzreferat
- Begriffserklärung
- Anwendung des Gelernten in einer neuen Situation
- Erklärung eines Zusammenhangs
- Kurzbericht
- Zusammenfassung
- Fallbearbeitung
- Beantwortung schriftlicher Fragen
- schematische Darstellung verlangen
- Lösen von Problemstellungen
- Kompetenzbilanz
- Umsetzung in die Praxis mit entsprechender Dokumentation (z. B. mit Performanzdossier oder Portfolio)
- Selbstreflexion, schriftlich oder in einem Gespräch

5.1.2 Handlungsmuster

Innerhalb der Methoden kann zwischen monologisch-darbietendem und dialogisch-erarbeitendem Unterricht unterschieden werden.

Monologisch-darbietend:
- Vormachen (Modelling)
- Vorzeigen, Vorführen (Demonstration)
- Vortragen (Referat, Präsentation)

Dialogisch-erarbeitend:
- Reproduktion durch Fragen (Wissen abfragen)
- mit Fragen reorganisieren (mit Fragen Wissen strukturieren)
- mit Fragen eine Erkenntnis entwickeln
- Impulse setzen (mit Fragen provozieren und anregen)
- diskursiv (Gespräch leiten und laufen lassen)
- mit Fragen beraten (Coaching, Moderieren, Beraten ohne Ratschläge)

5.1.3 Sozialformen

Grundsätzlich wird zwischen dem Unterricht im Plenum und Einzel-, Partner- und Gruppenarbeiten unterschieden. Die Lernarbeit im Plenum mit dem klassischen Frontalunterricht ist trotz Kritik ein nicht wegzudenkender Bestandteil in der beruflichen Aus- und Weiterbildung. Doch sollten folgende Richtlinien berücksichtigt werden:
- zeitliche Beschränkung auf höchstens 20 Minuten
- Miteinbezug der Lernenden
- Anknüpfung an Vorwissen
- Anwendung rhetorischer und präsentierender Mittel
- passende Fragetechnik

Unter Einzelarbeit verstehen wir z. B. Einzelunterweisungen, Alleinarbeit im Unterricht oder individuelle Hausaufgaben. In Einzelunterweisungen wenden sich die Lehrenden in direkter Interaktion den Lernenden zu. Sie bieten individuelle Unterstützung, während die anderen Lernenden einzeln, mit einer Lernpartnerin/einem Lernpartner oder in Gruppen arbeiten. Durch persönliche Zuwendung oder variierende Formen des Darbietens können Lehrpersonen auf die Lernenden eingehen. Dafür bieten sich folgende Möglichkeiten: Einzelberatungen mit Hilfe zur Selbsthilfe, Lerndiagnosen, gezielte Lernhilfen, Anregung und Förderung etc.

5.1.4 Methodische Kleinformen

Die einzelnen Lernprozessschritte zur Erreichung der Lernziele (nach RITA) werden durch den Einsatz methodischer Kleinformen unterstützt. Diese entfalten ihre Wirkung, wenn sie im Einklang mit den Zielen stehen. Haben sie aber reinen Selbstzweck und dienen nur der Abwechslung oder Unterhaltung, stören sie den Lernprozess oder wirken gar kontraproduktiv.

Absicht	Methodische Kleinform
◦ Interesse und Erwartungen wecken ◦ Transparenz bezügl. Lerninhalten und Lernprozess schaffen ◦ Tagesablauf kommunizieren ◦ Pausen festlegen ◦ Geplante Arbeitsformen erläutern	◦ Agenda, die immer ersichtlich ist ◦ Vier Ecken: Erwartungen zu den Lernzielen abfragen
◦ Vorwissen aktivieren	◦ Sortieraufgabe, Kugellager mit Leitfragen, Partnerinterview mit Wissensfragen
◦ Betroffenheit schaffen ◦ Bezug zur Praxis aufzeigen	◦ Konkrete Problemfragestellungen präsentieren: – Was wissen wir schon? – Wie würden wir das Problem lösen? – Habe ich bereits ähnliche Problemstellungen erlebt? – Etc.
◦ Neues Wissen aufbauen (K1/K2)	◦ Vortrag mit anschliessendem Multiinterview mit Verständnisfragen ◦ Partnerpuzzle – Gruppenpuzzle
◦ Neues Wissen in vorhandene kognitive Strukturen einbauen (K2)	◦ Strukturlegetechnik, Netzwerk, Zusammenfassung
◦ Individuelle Fertigkeiten in der Anwendung von Wissen erreichen (K3)	◦ Übungsangebot kombiniert mit einem Lerntempoduett ◦ Verzweigte Übungen: Basisaufgaben, Wiederholungsaufgaben, Vertiefungsaufgaben, Küraufgaben
◦ Umsetzung in der Praxis	◦ Konkrete Transferlernaufgaben: Betriebsprojekte, Fallstudien
◦ Überprüfung des Praxistransfers	◦ Performanzdossier: Beschreibung und Dokumentation der Praxisumsetzung

5.1.5 Methodische Grossformen

Methodische Grossformen sind Methoden, die in sich ein didaktisches Gesamtkonzept enthalten. Als solches bestimmen sie eine Lernveranstaltung didaktisch vor. So ziehen sich z. B. Fallstudien, Projekte, Leitprogramme, Leittextmethoden über mehrere Präsenzstunden und Selbststudiumsphasen. Im Kapitel 10 werden diese methodischen Grossformen unter der Perspektive der Handlungsorientierung gesondert beschrieben.

5.2 Kompetenzwürfel RITA und Methoden

Die unten stehende Tabelle fasst einige Beispiele von Methoden zusammen, die in der jeweiligen Phase des Kompetenzwürfels (RITA) eingesetzt werden können.

RITA	Teilphase	Konkrete methodische Beispiele
Ressourcen	Vorwissen reaktivieren	◦ Sortieraufgabe ◦ Multiinterview ◦ Partnerinterview ◦ Vorwissenstest
	Vorerfahrungen aufnehmen	◦ Kompetenzbilanz ◦ Weingartner Appraisal-Legetechnik ◦ Eigene Beispielerfahrungen einbringen
	Interesse wecken	◦ Problemspeicher ◦ Zielformulierung ◦ Einschätzbogen (Ist – Soll) ◦ Advance Organizer
	Problemstellung erfassen	◦ Fallbeispiel (Vorwissen und Hypothesenbildung)

RITA	Teilphase	Konkrete methodische Beispiele
Informationen verarbeiten	Neues Wissen generieren	◦ Vortrag ◦ Advance Organizer ◦ Unterrichtsgespräch ◦ Lernen durch Lesen ◦ Partnerpuzzle (Expertenphase) ◦ Gruppenpuzzle (Expertenphase) ◦ Leittext
	Wissen verstehen	◦ Unterrichtsgespräch ◦ Partnerinterview ◦ Strukturlegetechnik ◦ Netzwerkmethode ◦ Domino ◦ Mindmap ◦ Kognitive Landkarte ◦ Partnerpuzzle (Austauschphase) ◦ Gruppenpuzzle (Austauschphase)
	Wissen anwenden	◦ Individuelles Üben mit Lernpfad ◦ Leitprogramm ◦ Partnerpuzzle (Vertiefungsphase) ◦ Gruppenpuzzle (Vertiefungsphase) ◦ Lerntempoduett mit Übungen ◦ Beratung der Lernenden
	Probleme lösen	◦ Fallstudie ◦ Problem-based Learning in 7 Schritten ◦ Problemlösezyklus ◦ Kollegiale Beratung

RITA	Teilphase	Konkrete methodische Beispiele
Transfer anbahnen	Know-how aufbauen	◦ Cognitive Apprenticeship ◦ Instruktion ◦ Checkliste für Transferaufgabe ◦ Ablaufschema für Praxisaufgabe ◦ Musterlösung
	Transferaufgaben lösen	◦ Aufgaben aus der Praxis ◦ Leittexte ◦ Fallstudien
	Selbststeuerung fördern	◦ Lernjournal ◦ Beutebuch ◦ Kollegiale Unterstützung (Tandem) ◦ Vereinbarte Abgabetermine ◦ Wadenbeisser ◦ Selbstverpflichtungen
	Praxissituationen bewältigen	◦ Reale Projektarbeiten ◦ Fächerübergreifende Projekte ◦ Unmittelbare Arbeiten in der Praxis ◦ Laboraufgabestellungen (Skills Lab)

RITA	Teilphase	Konkrete methodische Beispiele
Auswerten	Wissen prüfen	◦ Schriftliche Prüfungen ◦ Vorträge ◦ Fachgespräch
	Kompetenzbilanz ziehen	◦ Selbsteinschätzung des Lernenden – Kompetenzgradeinschätzung – Praxisumsetzungspotenzial – Defiziteinschätzung – nächste Schritte
	Lernprozesse reflektieren	◦ Lernjournal ◦ Gespräch zur Standortbestimmung
	Performanz sichtbar machen	◦ Realprojekte ◦ Produktive Arbeiten in der Praxis

5.3 Selbst- versus Fremdsteuerung

Lernen im engeren Sinne ist selbstgesteuert, weil Lernen immer die einzigartige Leistung eines Individuums ist. Im schulischen Kontext ist diese Selbststeuerung durch zeitliche und organisatorische Rahmenbedingungen begrenzt. In der beruflichen Aus- und Weiterbildung mit ihrem engen Praxisbezug kann diese Erkenntnis wirkungsvoll umgesetzt und genutzt werden. Wir gehen also davon aus, dass

- Lernen ein individueller und konstruktiver Prozess ist, der nicht beliebig von aussen bestimmbar ist
- die Fähigkeit, selbstgesteuert wirksam zu lernen erst erworben werden muss
- sich diese Fähigkeit nur in Lernumgebungen entwickeln lässt, die selbstgesteuertes Lernen ermöglichen.

Selbstgesteuertes Lernen beinhaltet folgende Aspekte:

- Die Lernenden erkennen und formulieren die eigenen Lernziele.
- Sie planen die notwendigen Lernschritte.
- Sie führen die Lernschritte selbstständig aus.
- Sie schätzen ihre Lernfortschritte kritisch ein und ziehen Schlüsse für ihr weiteres Lernen (metakognitive Fähigkeiten).
- Sie halten Konzentration und Motivation im Lernprozess aufrecht.

Erfahrungen zeigen, dass viele Lernende mit einer selbstgesteuerten Lernumgebung Schwierigkeiten haben. Die erwartete Autonomie stellt sich oft gerade zu Beginn des Lernprozesses als Überforderung heraus. Folgende Stufen können zur Anbahnung von Selbstständigkeit innerhalb eines bestimmten Zeitraumes im Lernprozess durchlaufen werden:

1) Stark direktiver Unterricht in kurzen, eng angeleiteten Phasen. Die Lernenden wissen immer, was sie zu tun haben. Die selbstgesteuerten Phasen dauern nur kurz.
2) Die Lernenden erhalten zunehmend Freiräume; die Aufgaben sind weiterhin angeleitet; die Lehrperson unterstützt durch sinnstiftende Aufgaben.
3) Die Lehrperson erteilt grössere Aufgaben, die von den Lernenden selbstständig gelöst werden können. Dabei unterstützt die Lehrperson die Lernenden beratend.
4) Die Lernenden erhalten die Gelegenheit, einen Lerngegenstand selbstgesteuert und nach Interessen zur erkunden. Die Lehrperson übernimmt nur noch eine beratende Rolle. Das Lernen erhält somit eine Eigendynamik. Die Lernenden setzen sich eigene Ziele und lernen selbstorganisiert.

Es empfiehlt sich, das oben beschriebene gestufte Programm zur Entwicklung der Selbstständigkeit zu absolvieren und begleitend folgende Punkte zu beachten:

- Die Zielorientierung ist wichtig, Lernende sollen erkennen, welches Wissen sie erwerben und welche Fähigkeiten und Fertigkeiten. Dabei nur Defizite aufzudecken, greift zu kurz. Viel sinnvoller ist es, Vorwissen und Vorerfahrungen zu aktualisieren, damit die Lernenden ihr Entwicklungspotenzial und ihre Interessen erkennen können.
- Da Lernende vor allem im Anfängerstatus gewisse Strukturelemente (Übersicht, Kernbegriffe, Grundregeln etc.) benötigen, in die das neue Wissen eingefügt werden kann, müssen diese in kleinen Schritten realisiert werden. In dieser Phase bedürfen Lernende besonderer Unterstützung durch die Lehrpersonen.
- Für die einzelnen Lernschritte benötigen die Lernenden Wissen über bestimmte Arbeits- und Lerntechniken. Diese können nicht als selbstverständlich vorausgesetzt werden. Je nach Entwicklungsstand sind mitunter zusätzliche Schritte (wie z. B. Vorzeigen) notwendig.
- Schliesslich sollen die Lernenden ihre Lernfortschritte selbst einschätzen können. Dies setzt metakognitive Fähigkeiten voraus, die mittels eingehender Beratung und Unterstützung durch die Lehrpersonen gefördert und entwickelt werden.

Empfehlungen zur Förderung des selbstgesteuerten Lernens in der beruflichen Grundbildung und der höheren Berufsbildung:

- mit einer Problemstellung oder einer praktischen Aufgabe das nötige Orientierungswissen aufbauen
- das zu erreichende Ziel (gemeinsam) definieren

- den Lernweg und die einzelnen Lernschritte gemeinsam planen
- geeignete Lehr- und Lernmaterialien im Hinblick auf das selbstständige Lernen auswählen und sie bereitstellen (Tendenz: sich als Lehrperson «überflüssig» machen.)
- die einzelnen Lernschritte selbstständig ausführen lassen und wenn möglich nur auf Anfrage der Lernenden intervenieren
- die Ergebnisse überprüfen, wenn möglich Selbstkontrolle

Nicht jeder Inhalt ist für die selbstständige Erarbeitung geeignet. Folgende Eigenschaften sind dafür erforderlich:
- Die Lernaufgaben sind konkret und herausfordernd.
- Das selbstständige Lösen der Lernaufgaben ist ohne Über- resp. Unterforderung möglich (Zone der nächsten Entwicklung).
- Der Lerngegenstand selbst belehrt, d.h. ist selbsterklärend.
- Individuelle Lerngelegenheiten sind gegeben, d.h., es sind Lernangebote vorhanden.

Um selbstgesteuert zu lernen, benötigen die Lernenden metakognitive Kompetenz. Metakognition ist das Bewusstsein der eigenen Lern- und Denkprozesse. Gute Lernende entwickeln aufgrund von Vorwissen Zusatzinformationen, schenken ihren kognitiven Prozessen mehr Aufmerksamkeit und überprüfen ihre Lernarbeit selbstständig. Lehrende fördern und fordern metakognitive Fähigkeiten, indem sie die Auseinandersetzung mit den eigenen Lernerfahrungen unterstützen und somit schematisches Lernen verhindern.

6

Frontalunterricht gut gemacht

Frontalunterricht wurde in den vergangenen pädagogischen und andragogischen Diskussionen immer wieder diskreditiert. Genauer betrachtet war nicht der Frontalunterricht als methodische Form gemeint, sondern dessen Umfang und Dominanz in den Lernprozessgestaltungen. Das vorliegende Kapitel widmet sich ausschliesslich den Methoden des Frontalunterrichts. Dieser wird unterschätzt und birgt in seiner gekonnten Anwendung etliches Potenzial.

6.1 Variationen von Vorträgen

Auch gute Vorträge sollten nicht länger als 20 Minuten dauern. Folgende Variationen haben sich in der Praxis bewährt, um die Aufmerksamkeit der Zuhörenden zu fördern:

- Unterbrechen des Vortrags mit einer rückwirkenden oder vorausschauenden Frage, im Partnergespräch diskutieren lassen (Murmelrunde)
- Unterbrechen des Vortrags mit einer kurzen Abstimmung (z. B. mit der Ampelmethode) über den Inhalt der vorhergehenden Folie oder einer nachfolgenden Ausführung
- Aufforderung, während des Vortrags auftauchende Fragen aufzuschreiben, um diese im Anschluss in einer kommunikativen Phase (z. B. Strasseninterview oder Klassengespräch) zu bearbeiten
- vor dem Vortrag die Lernenden das Handout lesen und Fragen formulieren lassen
- vor dem Vortrag den Lernenden unterschiedliche Fragen zum Inhalt des Vortrags verteilen, um anschliessend die Fragen und Antworten auszutauschen (Multiinterview)
- vor dem Vortrag allen Lernenden eine Liste von Fragen zum Thema austeilen und in Einzelarbeit beantworten lassen (Ressourcen aktivieren); nach dem Vortrag Beantwortung der im Vorfeld unbeantworteten Fragen (z. B. Partnerinterview)
- nachdem das Vortragsthema bekannt gegeben wurde, Fragen zum Thema stellen und austauschen lassen; nach dem Vortrag Beantwortung der noch offenen Fragen

6.2 Unterrichtsgespräch

Die Qualität des Unterrichtsgesprächs hängt im Wesentlichen von der Qualität der Fragestellungen ab. Dies ganz nach dem Motto: Gut gefragt ist halb gelernt. Auch wenn das Unterrichtsgespräch seitens der Lehrpersonen als aktive Sequenz wahrgenommen wird, ist zu bedenken, dass immer nur eine von vielen lernenden Personen direkt involviert ist. Erfolgt diese Interaktionsform während längerer Zeit (mehr als 60 % der Unterrichtszeit), kann daher nicht mehr von einer lerneraktiven Unterrichtsgestaltung gesprochen werden. Damit alle Lernenden profitieren, gibt es geeignete Unterrichtsmethoden wie z. B. Partnerinterview, Kugellager, Multiinterview und strukturierte Kontroverse.

Die Qualität eines Lehrgesprächs hängt wesentlich davon ab, wie die Lehrperson

- das Lehrgespräch einleitet
- den Gesprächsfluss aufrechterhält
- das Gesprächsthema ausreizt
- das Gespräch strukturiert und situiert
- das Gespräch eingrenzt und zeitgerecht abschliesst
- Impulse setzt und mit gezielten Fragen den Denkprozess anregt.

Impulse oder Fragen haben den Zweck, die Lernenden zum Überlegen, Denken, Anwenden und Reden anzuregen. Dabei wird mit einer möglichst präzisen Antwort und wenn möglich Stellungnahme der Lernenden gerechnet.

Wie bereits erwähnt, hängt die Qualität des Unterrichtsgesprächs mit der Qualität der gestellten Fragen zusammen. Deshalb müssen zielführende Fragen sorgfältig vorbereitet werden. In der Praxis haben sich folgende Kriterien für die Beurteilung der Qualität der Fragestellung bewährt:

Die Frage knüpft an die Ressourcen der Lernenden an und steht in Verbindung mit ihrer aktuellen Situation

Eine Frage kann dann sinnvoll beantwortet werden, wenn sie auf etwas Vorhandenem oder Gegebenem aufbaut. Deshalb ist vor der Fragestellung immer zu überlegen, von welchem Ansatzpunkt her die Lernenden versuchen können, diese Frage zu beantworten.

Fragen sollen klar und eindeutig sein

Klare und eindeutige Fragen umschreiben die Gesichtspunkte, auf welche die Lernenden bei der Antwort achten sollen. Sie zeigen auf, in welcher Richtung zu suchen oder zu überlegen ist. Wenig lernfördernd sind Fragen, die allgemein, mehrdeutig und überladen sind. Solche Fragen sind daran zu erkennen, dass der Hauptfrage eine Reihe ergänzender Fragen folgt, so dass der Lernende nicht weiss, was von ihm erwartet wird.

Die Fragen sollen gezielt und nicht suggestiv sein

Fragen sollen Anstösse in die gewünschte Denkrichtung geben, aber nicht suggestiv sein, d.h. nicht so gestellt werden, dass sie die Antwort nahezu enthalten.

Fragen sollen kurz und natürlich sein

Je kürzer und prägnanter die Fragen, desto leichter ist es, sie zu erfassen und zu beantworten. Dabei soll auch die Sprache der Lehrperson möglichst natürlich und nicht gekünstelt wirken. Natürliche Sprache ist nicht zu verwechseln mit ungenauer oder populärer Sprache. Das Sprachverhalten der Lehrperson ist deswegen wichtig, weil es für die beobachtenden Lernenden modellhaft wirkt.

Fragen sollen möglichst als W-Fragen gestellt werden
Fragewörter (warum, wieso, wozu ...) leiten einen Fragesatz ein. Erfahrungsgemäss sind solche Fragen besser formuliert und werden von den Lernenden bewusster wahrgenommen.

So wenig wie möglich enge (geschlossene) und so viel wie möglich offene Fragen stellen
Auf enge (geschlossene) Fragen gibt es entweder eine richtige oder falsche Antwort. Die Lernenden folgen also der Denkspur der Lehrperson. Auf weite (offene) Fragen gibt es mehrere mögliche Antworten, weil die Lehrperson das Denkfeld der Lernenden öffnet. Enge Fragen werden in Lehrgesprächen angewandt, bei denen die Lernenden in kleinen Schritten auf einen bestimmten Punkt hingeführt werden sollen wie z. B. eine Schlussfolgerung ziehen, eine Regel erkennen, eine Verallgemeinerung finden etc. Grundsätzlich empfiehlt es sich, weite Fragen zu stellen. Diese fordern zum Denken heraus und unterstützen die Lernenden in ihren eigenen Denk- und Lernprozessen. Sie fördern auch die Metakognition.

Wenig Faktenfragen und viele anspruchsvolle Fragen
Faktenfragen sind nötig, um Erfahrungen und bisher Gelerntes in Erinnerung zu rufen. Nützlicher ist aber, wenn Lernende immer wieder zu anspruchsvollen Denkprozessen herausgefordert werden. So lernen sie, Sachverhalte zu beurteilen, Folgerungen zu ziehen, neue Begriffe zu bilden, Vergleiche anzustellen, Unterschiede herauszuarbeiten, Auffälligkeiten zu bestimmen, Widersprüche zu entdecken, Begründungen und Erklärungen zu formulieren sowie Erfahrungen und persönliche Meinungen zu äussern.

Es zeigt sich also, dass Fragestellungen in Unterrichtsgesprächen sorgfältig vorbereitet werden müssen, um nicht plötzlich in ein wenig lernförderndes Frage-Antwort-Spiel abzudriften.

6.3 Advance Organizer (AO)

Immer wieder halten Lehrende die Inhalte und den Prozess von Lernveranstaltungen über weite Strecken verborgen. Damit lassen sie die Lernenden im Ungewissen. Diese Überraschungs- oder auch Osterhasendidaktik (Wahl, 2005) entpuppt sich in Äusserungen wie «Ich kann doch nicht alles schon zu Beginn verraten», «Alles mit der Zeit» und «Ich muss doch auch noch etwas auf Vorrat haben» etc.

Im «Advance Organizer» (AO) wird das Wissen von Beginn an transparent gemacht.

> Die Grundidee des «Vorausorganisierers» stammt von David Ausubel (1974), einem Lernpsychologen. Ein Jahrzehnt später hat Grell (1983), ein Praktiker, mit dem Konzept des informierenden Einstiegs eine ähnliche Vorstellung entwickelt.

Der AO stellt das Expertenwissen anschaulich, aber genügend abstrakt in einer Vorschau dar. Dabei knüpft er an die Vorkenntnisse der Teilnehmenden an und stellt das grundsätzliche Expertenwissen in Form eines Gerüstes dar. Diese visuelle Gestaltung des Netzwerkes ist zentral. Idealerweise wird von einer Problemstellung (Situierung) ausgegangen. Der AO gibt eine Übersicht und ist keine eigentliche Agenda, diese kann aber Bestandteil sein.

Im AO werden Themenschwerpunkte in einer übersichtlichen und gut verständlichen Art präsentiert. Diese Vorschau erleichtert das Anknüpfen an Bekanntes und gibt den Lernenden die Orientierung in der neuen Thematik. Mindestkriterien für den Advance Organizer sind:

- visualisierte Expertenstruktur in verdichteter Form (Netzwerke, Schemata, Mindmaps, Cluster, Diagramme etc.)
- bildliche Darstellung; nur so viel Text wie nötig
- Problemstellung steht im Zentrum (Beispiel; Alltagsproblem, Fragestellung, Aufgabenstellung, Praxisproblem etc.)
- Präsentation des AO für grössere Lernveranstaltung (ca. 3–5 Lektionen) dauert ca. 10–15 Minuten
- Präsentation des AO kann unterbrochen werden, z. B. durch ein kurzes Partnerinterview zu der aufgeworfenen Problemstellung, um eigene Erfahrungen und Vorkenntnisse zu reaktivieren
- verschiedene Präsentationsformen (Mehrfachkodierung): visuelle Darstellungen, Erfahrungen, Erlebnisse, erzählte Episoden, wenig Text, Vergleiche, Analogien, eindrucksvolle Geschichten, Farben, Grafiken, Eyecatcher wie eindrückliche Symbole und Bilder etc.
- Präsentation Schritt für Schritt entwickeln. Dabei können verschiedene Elemente bereits vorbereitet werden (Grundstruktur auf Wandtafel, Pinnwandkarten, Bilder, audiovisuelle Medien etc.)
- permanente Präsentationsmedien, auf die im Verlauf immer wieder zugegriffen werden kann (Wandtafel, Flipchart, Pinnwand, Plakat oder Handout)

Wozu dient ein Advance Organizer (AO)?

Anstatt die Lernenden mit «Osterhasendidaktik» (Wahl, 2005) im Ungewissen zu lassen, wird so früh wie möglich Expertenwissen angeboten und vernetzt präsentiert. Die wesentlichen Gedanken werden verständlich dargestellt. Der AO knüpft an das Vorwissen an und ermöglicht Weitblick und Verständnis bezüglich der Sachstruktur. Er stellt eine Wissensbrücke zwischen Anfängern (Novizen) und Experten her. Durch Transparenz und Problemorientierung übernimmt der AO sinnstiftende Funktion, d. h., die Lernenden begreifen z. B., was Sinn und Zweck der folgenden Lektionen sind oder welche Probleme gelöst werden.

Folgende Wirkungen können mit einem AO erreicht werden:

- grösseres Interesse der Lernenden durch das Anknüpfen an Vorkenntnisse und Darstellung von Problemlöseschritten
- fokussierte Aufmerksamkeit der Lernenden durch die Lenkung des Blickes auf das Wesentliche

- erhöhte Selbstwirksamkeit der Lernenden durch das Erfassen des neuen Themas und der Lernschritte
- bessere Orientierung durch den permanenten Zugriff auf die übersichtliche Struktur
- erhöhte Behaltensleistung mit netzwerkartigem Aufbau, bildlicher Darstellung und Mehrfachkodierung; die Speicherung neuen Wissens wird durch die Einbettung in einen Kontext (Problemstellung) erleichtert
- Verminderung von Missverständnissen mit der Schaffung von Klarheit und Übersicht
- Methode für Lehrpersonen zur Stoffanalyse und Reduktion des Stoffes auf das Wesentliche

Erstellung eines Advance Organizers für eine Lektionseinheit

- 15–20 relevante Begriffe für die zu beschreibende Lektionseinheit sammeln und Begriffe auf Kärtchen schreiben; dann mit den Karten eine Struktur legen, bis die Expertenstruktur des zu vermittelnden Inhalts sichtbar wird
- Zu diesem Inhalt eine möglichst praxis- oder alltagsnahe Problemstellung suchen, mit der die Expertenstruktur konkretisiert werden kann
- Wesentliche Expertenbegriffe möglichst einfach umschreiben und mit Beispielen, Erfahrungsberichten, Erlebnissen oder Episoden die Begriffe verdeutlichen. Nützlich sind auch Analogien aus der Erfahrungswelt der Lernenden.
- Gestaltungsformen (Bilder, Grafiken, grafischer Aufbau, Farben) verwenden
- Reihenfolge der AO-Präsentation bestimmen
- Verfügbarkeit von Medien (Wandtafel, Flipchart, Handout, Pinnwand) bestimmen; AO kann als Fotodokument den Lernenden zur Verfügung gestellt werden

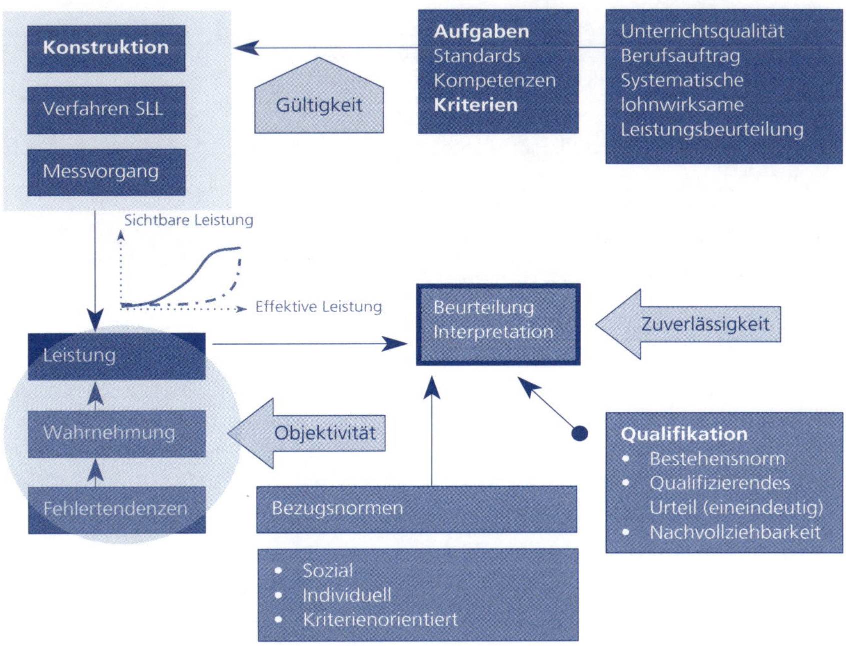

Abbildung 22
Advance Organizer zu «Bewertung und Beurteilung von Lehrpersonen»

Zu vermeiden sind:

- **Verwechslung mit Agenda:** Lineare Darstellung anstelle Wissensstruktur
- **Begriffswüste:** Zu viele neue Begriffe und Fremdwörter
- **zu viel Text:** Wenn Text, dann immer in Verbindung mit Bild oder Grafik
- **flüchtige Präsentation:** Wissensstrukturen für die ganze Lernveranstaltung auf Wandtafel, Plakat oder Handout zur Verfügung stellen

Checkliste für einen AO

Beobachtbare Indikatoren	Erfüllt	Teilweise erfüllt	Nicht erfüllt
Die Lernveranstaltung wird mit einer Frage- oder Problemstellung eröffnet.			
Die Lernenden erfahren, was sie am Schluss der Veranstaltung können müssen (Lernziele).			
Es wird an Vorkenntnisse und Erfahrungen der Lernenden angeknüpft.			
Die Einführung erfolgt in einer den Lernenden angepassten und verständlichen Sprache.			
Kernbegriffe (Ankerbegriffe) werden eingeführt.			
Mehrfachkodierung ist vorhanden: Es werden Wort und Bild verwendet; Beispiele, Analogien, Episoden, eigene Betroffenheit und Erfahrung. Es werden Farben, Grafiken oder Bilder eingesetzt.			
Die Expertenstruktur wird visualisiert. Zusammenhänge, Wirkungen, Abläufe, Hierarchien sind sichtbar.			
Ein Eyecatcher (ansprechendes Bild) ist vorhanden.			
Die Darstellung ist strukturiert und übersichtlich.			
Der Text ist reduziert auf die Kernbegriffe.			
Die reine Präsentationszeit liegt bei 10–15 Minuten und ist dem Umfang des zu behandelnden Stoffes angemessen.			
Der AO ist während der gesamten Veranstaltung für die Lernenden verfügbar (Pinnwand, Flipchart, Kopie, Plakat, Wandtafelbild).			
Auch während und am Schluss der Lernveranstaltung wird auf den AO Bezug genommen.			
Visuelle Darstellungen werden kommentiert und erklärt.			
Die Darstellung des AO erfolgt schrittweise und aufbauend.			
Die Lehrperson sucht den Blickkontakt zu den Lernenden.			
Die Lehrperson ist den Lernenden zugewandt.			
Der AO wird frei präsentiert.			

6.4 Moderation

Oft sind Lerngruppen durchaus in der Lage, Antworten auf Fragen zu finden oder Lösungen auf Problemstellungen zu entwickeln. Hier bietet sich für Lehrpersonen die Moderation an, eine Methode, mit welcher Prozesse ausgelöst und begleitet werden.

Moderation ist ein didaktisches Konzept, um Meinungs-, Willens-, Entscheidungs- und Problemlösungsprozesse zu gestalten und prozesshaft zu begleiten. Sie bedient sich gewisser Visualisierungstechniken und Methoden der Beratung. Moderation hat zum Ziel

- Probleme im Team gemeinsam zu lösen
- die Zusammenarbeit zu fördern
- die Kommunikation zu verbessern
- Betroffene zu Beteiligten zu machen
- eigenverantwortliches Lernen in der Gruppe zu fördern.

Die Moderatorin oder der Moderator nimmt eine begleitende und beratende Rolle ein. Das heisst, sie/er unterstützt die Beteiligten bei der Lösungsfindung, greift aber inhaltlich nicht ein.

> Die Moderationsmethode wurde in den 60er- und 70er-Jahren sowohl im politischen als auch im privatwirtschaftlichen Bereich entwickelt. Ziel war es, Betroffene im Sinne eines Mitbestimmungsrechts zu Beteiligten zu machen.

Im Zuge der Fokussierung auf eine lernerzentrierte Didaktik fand die Moderation auch in der Pädagogik Einzug, insbesondere in der Erwachsenenbildung, wo sie heute kaum mehr wegzudenken ist.

Moderation hilft, Gruppen durch geeignete Fragen, Techniken und Methoden prozessorientiert zu begleiten. Ein wesentliches Moment für das Gelingen ist es, eingangs ein gemeinsames Ziel zu bestimmen.

Moderation kann unterschiedliche Formen aufweisen:

- **Erfahrungsgruppe:** Gestaltung einer «Erfahrungsgruppe» ausgehend von der Themenfindung über die Problemdefinition bis hin zur Handlungsplanung und -überprüfung
- **Bedarfserhebung:** Bedürfnisse werden aufgenommen, gewichtet und in die weitere didaktische Planung einbezogen
- **kollegiale Beratung:** Mit Hilfe eines Ablaufmodells wird eine Praxisproblemstellung geschildert, analysiert, Lösungen erarbeitet und schliesslich zur Umsetzung in der Praxis angeleitet
- **Abschluss einer Veranstaltung:** Blitzlicht und Stimmungsbarometer – eigentlich nur eine Technik der Moderation

Beispiel aus der Unterrichtspraxis:
Eine Lehrperson will mit den Lernenden gemeinsam eine Klassifizierung von Kriterien entwickeln. Dazu legt sie Karten mit den wesentlichen Oberbegriffen bereit. Die Lernenden erarbeiten mittels Kartenabfrage und Unterrichtsgespräch die Klassifizierung und stellen sie auf einer Pinnwand dar.

Die Lehrperson im «Beispiel aus der Unterrichtspraxis» verwendet wohl Moderationstechniken (Kartenabfrage, visuelle Gestaltung an der Pinnwand), führt aber keinen vollständigen Moderationsprozess durch.

6.4.1 Phasen einer Moderation

Ein vollständiger Moderationsprozess durchläuft vier Phasen, die zunächst überblicksmässig und dann genauer beschrieben werden.

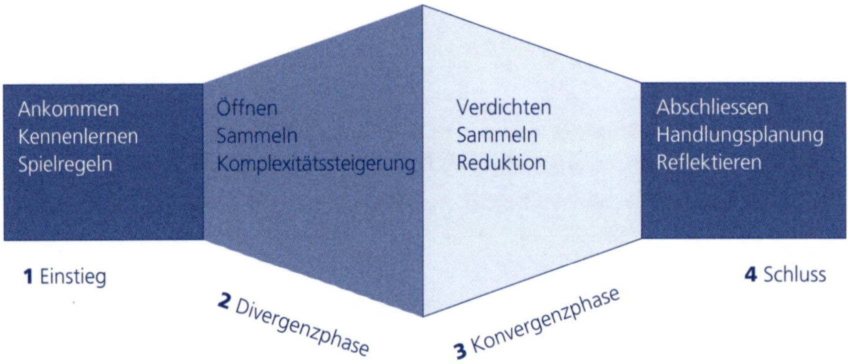

Phase 1: Einstieg

Diese Phase hängt stark von den Voraussetzungen der Gruppe ab. Je nachdem, wie gut sich die Gruppe schon kennt, ob die gemeinsamen Ziele schon bestimmt sind und ob die Gruppe mit der Methode vertraut ist, wird diese Phase unterschiedlich viel Raum einnehmen.

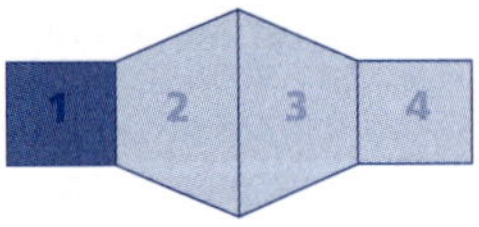

Die Phase 1 kann folgende Elemente enthalten:

- sich auf die neue Situation einstellen: weg vom Arbeitsplatz, weg vom Alltag; räumlich, zeitlich und sozial in der neuen Situation ankommen
- sich kennen lernen, wenn neue Gruppenzusammensetzung
- Rollen und Beziehungen klären: Moderation, Anrede, Abhängigkeiten etc.

- Methode des Prozesses klären
- Kommunikationsregeln vereinbaren
- Rückblick auf die letzte Sitzung
- Reflexion der Handlungsumsetzung bei Follow-up-Veranstaltungen

Phase 2: Divergenzphase
In dieser Phase erfolgen die Sammlung, die Horizonterweiterung und das Erschliessen aller Möglichkeiten. Die Komplexität wird vergrössert.

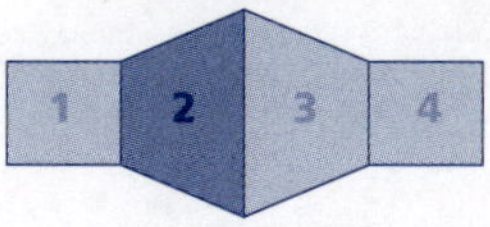

Die Phase 2 kann folgende Elemente enthalten:
- Für welche Probleme möchten wir Lösungen erarbeiten?
- Welche Ziele möchten wir erreichen?
- Ideen zur Problemlösung?

Entscheidend in dieser Phase ist, dass noch keine Einschränkungen gemacht und keine Entscheide getroffen werden. Die moderierende Person begleitet den Prozess, indem sie durch richtiges Fragen anregt und Ergebnisse visualisiert.

Methodisch kann mit Kartenabfrage, Zuruf-Antwort-Verfahren, Brainstorming, Brainwriting, Blitzlicht u.a. gearbeitet werden.

Phase 3: Konvergenzphase
In einem nächsten Schritt werden die Ergebnisse der Phase 2 komprimiert. Das heisst, die Komplexität wird verringert.

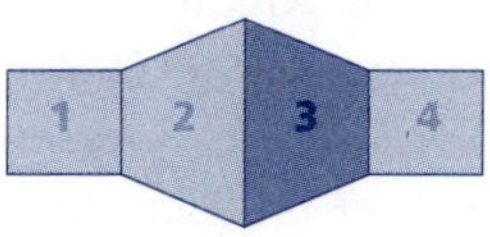

Die Phase 3 kann folgende Elemente enthalten:
- Ordnen und Gewichten der Ergebnisse von Phase 2 mit z.B. Klumpen bilden, hierarchische Ordnung erstellen, in Beziehung bringen
- Fokussieren und Zusammenfassen
- Suchen von möglichen Lösungen
- Entscheidungen treffen

Für das Lösen komplexer Problemstellungen sind Teilphasen in Kleingruppen zu empfehlen. Diese werden ebenfalls moderiert. Didaktisch sind solche Einschübe insofern interessant, als zusätzliche Lernende die Gelegenheit erhalten, die Rolle als Moderatorin oder Moderator zu übernehmen.

Phase 4: Abschluss
In dieser Phase wird der Prozess der Moderation abgeschlossen. Wie die Einstiegsphase, kann auch diese Phase je nach Rahmenbedingungen unterschiedlich gestaltet sein. Wichtig sind aber immer abschliessende Elemente wie die Sicherung der Ergebnisse, Handlungsplanung und Verabschiedung.

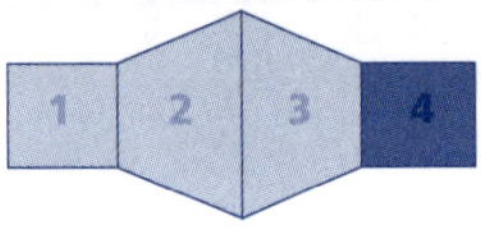

Aufgrund der Dynamik können in den mittleren Phasen mitunter Frustration, Unsicherheit oder Ergebnisunzufriedenheit eintreten. Deshalb hat ein gelingender und erfolgreicher Abschluss besondere Bedeutung.

In der Vorbereitung der Abschlussphase sind folgende Aspekte zu beachten:

- Gestaltung eines Massnahmenplans mit Verbindlichkeiten
- Planung der begleitenden Unterstützung in der Umsetzung der Massnahmen
- Gestaltung des Feedbacks
- Gestaltung des Abschiednehmens

Rolle und Verhalten der moderierenden Person

Die moderierende Person ist Dienstleisterin der Gruppe und hat gewissermassen Hebammenfunktion: Sie hilft den Teilnehmenden, sich selbst zu verstehen, ihre Ziele und Wünsche zu formulieren, Lösungen zu erarbeiten und Massnahmen umzusetzen. Sie nimmt eine fragende Rolle ein und unterstützt damit die Gruppe in ihrem Prozess. Durch den Einsatz von Moderationstechniken hilft sie der Gruppe, die gesteckten Ziele zu definieren und Schritt für Schritt zu erreichen. Die Gestaltung des Moderationsprozesses verlangt viel Einfühlungsvermögen bezüglich des Themas, der Gruppe und einzelner Teilnehmenden.

Moderierende Personen übernehmen keine inhaltliche Führung, was Lehrpersonen aufgrund ihres Auftrages und ihrer Profession Schwierigkeiten bereiten kann. Folgende Unterschiede gilt es zu beachten:

Arbeitsgruppen leiten	Arbeitsgruppen moderieren
Inhaltlicher Lead	Inhaltlich neutral
Fokus auf definierten Inhalten und Erreichung vorgegebener Ziele	Fokus auf Bedürfnissen der Gruppe, deren Prozess und Zielsetzungen
Planung, Leitung und Gestaltung des Arbeitsprozesses	Bereitstellung eines Methodenrepertoires und Realisierung der von der Gruppe gewünschten Methoden
Konsequentes Ahnden von Störungen	Aufarbeiten von Störungen im Sinne von «Störungen haben Vorrang»
Leitende Person hierarchisch meist höhergestellt	Moderierende Person im Dienste der Gruppe stehend

6.4.2 Die Aufgaben der moderierenden Person

Die Aufgaben lassen sich in zwei Bereiche unterteilen:

- Aufgaben im Sachbereich:
  Entwurf eines Grobkonzeptes und einer Dramaturgie, Erfassen der Ziele und Meinungen, Fortschrittskontrolle und Präzisierung
- Aufgaben im Prozessbereich:
  Instruktion der Teilnehmenden, Überwachung des vereinbarten Verlaufs und der Einhaltung vereinbarter Regeln, Beobachtung von Abweichungen und Rückführung der Teilnehmenden in die Dramaturgie, d. h. sie dazu bringen, sich wieder an den vereinbarten «Plan» zu halten

6.4.3 Probleme und Stolpersteine

Die Probleme einer Moderation sind vielfältig und vielschichtig:

- Hierarchien innerhalb der Gruppe müssen der moderierenden Person bekannt sein.
- Bei fachlicher Expertise besteht die Gefahr einer subtilen fachlichen Beeinflussung.
- Probleme entstehen durch Projektionen, Sündenbockfunktionen, Verantwortungsabgabe durch die Teilnehmenden.
- Fehlinterpretationen und Missverständnisse können auftreten.

Störungen sollten sofort angesprochen werden, da sie sich auf den Problemlöseprozess direkt auswirken. Es gilt die Formel: Störungen haben Vorrang.

6.4.4 Die Rolle der Teilnehmenden

Das Setting von moderierten Prozessen lebt von der Gruppendynamik, was die Vorbereitungsarbeit moderierender Personen schwierig macht. In Phasen der Unstrukturiertheit oder Unsicherheit tendieren einzelne Teilnehmende dazu, die inhaltliche Führung zu übernehmen. Die moderierende Person ist dann gefordert, diese Rollenübernahme zu verhindern. Methodisch kann sie z. B. den inhaltlichen Anteil in den Problemspeicher aufnehmen und die Verantwortung wieder an die ganze Gruppe zurückgeben. Vorbeugend macht es daher Sinn, insbesondere bei unerfahrenen Gruppen Regeln der partnerschaftlichen Kommunikation einzuführen.

6.4.5 Kommunikationsregeln in moderierten Prozessen

- Kurze Redebeiträge, z. B. Beschränkung auf eine Minute pro Beitrag
- Begründung von Rückfragen
- Rückfragen nicht als Kritik auffassen, sondern der Klärung dienend
- Ich-Botschaften
- Beiträge anderer Teilnehmenden nicht als richtig oder falsch bewerten: Äusserungen als subjektive Stellungnahmen betrachten
- Widersprüche immer mit kurzen Wiederholungen des Verstandenen verknüpfen
- Konflikte thematisieren, wenn dies der sachlichen Weiterarbeit dient
- Konsensorientierte Erarbeitung von Ergebnissen (Win-win-Strategie)

6.4.6 Die Frageformulierung

Die Moderationshaltung ist eine Fragehaltung. Deshalb sind die Frage- und Antwortmethoden neben dem visuellen Festhalten die wichtigsten Gestaltungsinstrumente der Moderation.

Drei Aspekte greifen dabei ineinander:

- Funktion der Frage
- Qualität der Frage
- Frage- und Antworttechnik

6.4.6.1 Die Funktion der Frage

Bevor die moderierende Person mit einer konkreten Frage an die Gruppe herantritt, muss sie sich darüber im Klaren sein, was sie erreichen möchte. Welches ist das Ziel der Frage? Soll sie zum Sammeln oder zum Bearbeiten anregen? Soll sie Transparenz schaffen?

Sammelfragen

Das Ziel solcher Fragen ist es, alle zum Thema gehörenden Probleme, Ideen oder Lösungsansätze zu sammeln. Dafür eignen sich Sammelfragen wie z. B.: Welche Probleme erlebt ihr bei der Arbeit mit Gruppen immer wieder?

Bearbeitungsfragen

Das Ziel dieser Fragen ist es, neue Ideen oder Lösungen zu schon bekannten Problemstellungen zu erarbeiten. Typische Bearbeitungsfragen sind z. B.: Was genau ist das Problem? Welche Lösungsideen gibt es? Welche Widerstände könnten die Lösung verhindern? Was ist der nächste Schritt?

Transparenzfragen

Das Ziel von Fragen dieses Typs ist es, unterschiedliche Meinungen oder Interessen zu verdeutlichen. Eine Transparenzfrage dazu könnte lauten: Wie zufrieden sind Sie mit dem Ablauf und Ergebnis der heutigen Veranstaltung?

6.4.6.2 Qualität der Frage

Gute Fragen sind offene Fragen. Sie räumen der Gruppe und den einzelnen Teilnehmenden einen Handlungsspielraum ein, ermöglichen differenzierte Antworten, geben Anreize zur Beantwortung und sind für alle verständlich. Wenig zielführend sind dagegen rhetorische Fragen, Ja/Nein-Fragen, peinliche Fragen (bei denen jemand sein Gesicht verlieren könnte), Fangfragen oder Fragen, die die Gruppe durch ihre Formulierung in eine bestimmte inhaltliche Position drängen. Fragen, deren Antwort offensichtlich ist, bringen keine neuen Erkenntnisse und können zu Unmut führen.

6.4.6.3 Frageformulierungen für die Arbeit mit Gruppen

Fragen in Gruppenprozessen sollten so formuliert sein, dass die Teilnehmenden zur Antwort angeregt werden. Solche Fragen sind in ihrer Ansprache persönlich, motivierend, kurz, konkret und offen.

Beispiel einer Sammelfrage: «Welche Probleme hast du bei der Arbeit mit Gruppen erlebt?».

Persönliche Ansprache	Über eigene Erfahrungen berichten
Anregend	Über Erlebtes berichten
Kurz	Inhalt ist schnell erfasst
Konkret	Probleme bei der Arbeit
Offen	Grosse Bandbreite von Erlebtem

6.4.7 Methoden der Moderation

Zentrale Technik der Moderation ist die Visualisierung. Mit ihr wird die Aufmerksamkeit geweckt, der Prozess gefördert und die Konzentration gesteigert. Zudem schafft sie Verbindlichkeiten, v. a. bei Entscheidungen und Handlungsabsichten. Visuelle Darstellungen von Inhalten ergänzen das gesprochene Wort und dienen der Verständigung. Die Beiträge der Teilnehmenden werden erfasst und erhalten «ihren Platz», sei dies an einer Pinnwand, auf einem Plakat oder auf dem Boden.

Die folgenden Methoden der Moderation unterstützen den Moderationsprozess wirkungsvoll.

Methode	Beschreibung	Ziel	Tipps
Ein-Punkt-Abfrage (EPA)	◦ Bei der Ein-Punkt-Abfrage erhalten die Teilnehmenden einen Klebepunkt, welchen sie entsprechend ihrer Meinung oder Stimmung setzen können. Es können auch Erwartungen abgefragt werden.	◦ Hinführung zum Thema ◦ Meinungs-, Wissens-, Stimmungstransparenz ◦ Blitzlicht, Feedback	◦ Immer auswerten und mitvisualisieren ◦ Anonymität zulassen ◦ Nicht zu ausführlich bearbeiten
Verdeckte Kartenabfrage	◦ Bei der verdeckten Kartenabfrage schreiben die Teilnehmenden ihre Äusserungen zu einer bestimmten Fragestellung auf Karten. Diese werden von der moderierenden Person eingesammelt oder die Teilnehmer legen sie entsprechend ab.	◦ Themensammlung ◦ Problemanalyse ◦ Ideenfindung	◦ Karten mischen ◦ Die Teilnehmenden darauf hinweisen, dass sie gross und gut leserlich schreiben sollen ◦ Zeit lassen zum Schreiben
Klumpen	◦ Hier werden die Karten an der Pinnwand oder am Boden offen gelegt und nach Oberbegriffen sortiert («geklumpt»). Die Bodenmoderation eignet sich für rasche und flexible Verschiebungen.	◦ Verdichten ◦ Schwerpunkte erfassen ◦ Auf das Wesentliche reduzieren ◦ Oberbegriffe bilden	◦ Der Autor oder die Autorin bestimmt die Platzierung der Karten. ◦ Anonymität zulassen ◦ Keine Wertungen ◦ Alle Karten bearbeiten ◦ Vorsicht bei grossen Klumpen ◦ Fragen statt sagen
Listen, Themenspeicher	◦ In die Listen werden alle Themen, Probleme, Wünsche etc. eingetragen, die entweder über eine Kartenabfrage oder durch Zurufen gesammelt worden sind.	◦ Themenliste ◦ Ideenliste ◦ Speicher für die Dokumentation ◦ Sie helfen der Gruppe einerseits eine Übersicht über die gesammelten Argumente zu bekommen, andererseits neutralisieren sie die einzelnen Punkte.	◦ Klumpen überprüfen ◦ Liste(n) vorbereiten ◦ Überschriften durch die Gruppe
Mehr-Punkt-Abfrage (MPA)	◦ Die moderierende Person vergibt den Teilnehmenden zu verschiedenen Fragen, Themen, Antworten, Lösungen, Vorschlägen etc. eine bestimmte Anzahl Klebepunkte, die diese dann zuordnen können. Voraussetzung ist die vorgängige Erstellung einer Liste.	◦ Priorisierung ◦ Bestimmung einer Reihenfolge ◦ Die Mehr-Punkt-Abfrage (MPA) ermöglicht es, in Gruppen schnell Prioritäten zu setzen.	◦ Punkteverteilung zuerst individuell durchführen lassen (vermeidet gegenseitige Beeinflussung) ◦ Die Anzahl der Punkte begrenzen, um ein trennscharfes Ergebnis zu erhalten. Empfehlung: Für n Auswahlvarianten N = 2–3: 1 Punkt N = 4–6: 2 Punkte N = 7–8: 3 Punkte Im Normalfall wird nur ein Punkt pro Variante vergeben.
Offene Stichwortabfrage	◦ Hier notiert die moderierende Person die Zurufe der Teilnehmenden und visualisiert für alle sichtbar. Diese mit dem «Brainstorming» identische Technik bietet sich an, um Ideen zu entwickeln und Assoziationen zu wecken.	◦ Alternative zur Kartenabfrage ◦ Themensammlung ◦ Für kleine Gruppen geeignet	◦ Alle Stichworte notieren ◦ Keine Wertung, keine Kritik ◦ Zwei moderierende Personen
Massnahmenkatalog	◦ In den Massnahmenkatalog werden alle weiterführenden Aktionen eingetragen. Es wird festgehalten, wer, was, mit wem, bis wann zu tun hat. Massnahmenpläne sind verbindlich, was mit der Gruppe besprochen werden muss.	◦ Ergebnissicherung ◦ Dokumentation	◦ Zeit nehmen ◦ Evtl. von Anfang an miterfassen

6.4.8 Vorbereitung einer Moderation

Jede Moderation setzt eine sorgfältige methodische Vorbereitung voraus.

Ziele der Moderation:

- Was möchte ich als moderierende Person erreichen?
- Was soll das Team erreichen?
- Was soll nachher sein?

Diese Zielformulierung bezieht sich nicht auf die Vermittlung von Inhalten, sondern beantwortet die Frage, welche Prozesse ausgelöst, durchgeführt und realisiert werden sollen.

Gruppe, Team

- Was weiss und kann das Team?
- Wie ist das aktuelle Klima?
- Gibt es Besonderheiten?

Diese Überlegungen haben insbesondere einen Einfluss auf die Vorbereitung der Einstiegsphase.

Rahmenbedingungen

- Wo, in welchem Raum etc.?
- Wie viel Zeit steht zur Verfügung?
- Welche Hilfsmittel stehen zur Verfügung?

Ablaufplan (Dramaturgie)

- Welchen Prozess und welche Methoden möchte ich der Gruppe vorschlagen?
- Welche Medien muss ich bereithalten (Karten, Pinnwände, Flipchart etc.)?
- Welche Fragen sind hilfreich und zielführend?

7

Instruktion

Zwischen Lehrperson und Lernenden finden Unterweisungen, Belehrungen und Anleitungen in vielfältiger Weise statt. Instruktion erstreckt sich von direktiven Befehlen, über Anleitungen bis hin zu beratenden Tätigkeiten.

7.1 Vormachen und Nachmachen

Die Lehrform des «Vormachens und Nachmachens» dient seit jeher der Vermittlung von Techniken und Fertigkeiten und somit dem Erlernen von Prozeduren. Sie hat gerade in der praktischen Ausbildung eine grosse Bedeutung. Auch in der theoretischen Ausbildung lassen sich durch Vormachen und Nachmachen wichtige Lerninhalte vermitteln. Als Beispiele seien die Mathematik (Brüche erweitern, kürzen, Wurzel ziehen, ein Gleichungssystem lösen etc.) und die Informatik (Bedienungsregeln, Abläufe, Zugriffe bzw. Einordnungen) angeführt.

Der Ablauf des Unterrichts wird durch die Lehrperson bestimmt. Er lässt sich folgendermassen darstellen:

Lehrperson gibt Ziel bekannt und zeigt den vollständigen Ablauf

↓

Lehrperson zeigt den ersten Schritt

↓

Lernende machen den Schritt nach

↓

Lehrperson zeigt einzeln die nächsten Schritte

↓

Lernende machen dazwischen die einzelnen Schritte nach

↓

Lernende üben den vollständigen Ablauf – Lehrperson kontrolliert (oder Selbstkontrolle)

↓

Lernende lösen Übungsaufgaben als Anwendungsbeispiele
Lehrperson überprüft die Selbstkontrolle der Lernenden

Die Instruktion erfordert eine sorgfältige Vorbereitung. Das mustergültige Vormachen des Ablaufs und der Einzelschritte geben den Lernenden Handlungssicherheit.

Allgemeine Grundsätze für das Vorzeigen und Nachmachen

- Zuerst gute äussere Bedingungen schaffen wie: Einrichten des Arbeitsplatzes, Bereitstellung von Material, Sichtkontakt der Lernenden etc.
- Das Endprodukt zeigen und gleichzeitig Sinn und Zweck der vorgezeigten Handlung erläutern

- Vollständige Handlung als langsam demonstriertes, möglichst perfektes Handlungsmodell anbieten; damit erhalten die Lernenden Einblick, worum es geht und was das Ziel ist
- Beim Vormachen die Handlung in Einzelschritte zerlegen, die von den Lernenden gespeichert und nachgeahmt werden können
- Die Sichtweise der Lernenden beachten
- Das schrittweise Vormachen kommentieren, auf Schwierigkeiten hinweisen
- Wenn nötig Merkhilfen geben und diese visualisieren (Flipchart, Wandtafel etc.)
- Die einzelnen Schritte wiederholen lassen und die Ausführung kontrollieren
- Fehlformen frühzeitig korrigieren, dabei auch Selbstkontrolle und Partnerhilfe einsetzen
- Die Einzelschritte sukzessive zu grösseren Handlungsfolgen bis zum Endergebnis verbinden
- Fortschritte loben und falls erwünscht individuelle Lernhilfen anbieten
- Gelungenes präsentieren, vorstellen oder ausstellen lassen; Impulse für selbstständiges Anwenden, Variieren oder Perfektionieren des Erreichten geben

Die Methode des «Vormachens und Nachmachens», die der Instruktion eines Lehrlings durch den Meister entspricht, hat sich bewährt und gilt vor allem in der Eins-zu-eins-Betreuung immer noch als Königsweg. Interessanterweise haben amerikanische Forscher diese Methode wiederentdeckt und im Ansatz des Cognitive Apprenticeship (Collins, Brown & Newman, 1987) auf kognitive Problemlösefertigkeiten angewandt.

7.2 Cognitive Apprenticeship (Kognitive Meisterlehre)

Im Modell der kognitiven Meisterlehre wird die traditionelle Instruktion durch reflexive und lernbegleitende Elemente erweitert. Der Meister (Experte) zeigt der/dem Lernenden (Novize) modellhaft die einzelnen Denk-, Handlungs- und Lösungsschritte auf. Ziel jeder Instruktion ist die selbstständige Bewältigung der Aufgabenstellung bzw. das selbstständige Problemlösen.

Cognitive Apprenticeship (CA) ist ein Ansatz, der die Erfahrungen aus der traditionellen Meisterlehre auf kognitive Lernprozesse überträgt. Dies ist nicht selbstverständlich, da sich kognitive Lernprozesse wesentlich von manuellen Lernprozessen unterscheiden. Bei der traditionellen Instruktion steht das konkrete Verwertungs- und Anwendungsinteresse im Vordergrund. Beim Cognitive Apprenticeship werden im Gegensatz dazu allgemeine und überfachliche Fertigkeiten wie Problemlösestrategien, Lesestrategien und Ähnliches vermittelt. Dieser Ansatz ist insbesondere im Bereich Lesen, Schreiben und Mathematik erforscht und erprobt worden.

Cognitive Apprenticeship wird aktuell in verschiedenen Berufsdomänen angewandt (Technik, Pflege etc.) und muss als vollständiges Lernkonzept verstanden werden. Es umschreibt die vier Bereiche des eigentlichen Inhalts, der Methoden, der Sequenzierung und der sozialen Lernumgebung.

A) Inhalt

Während mit der traditionellen Instruktion motorische Fertigkeiten entwickelt wurden, konzentriert sich der Ansatz des Cognitive Apprenticeship mehr auf die Entwicklung von kognitiven Fertigkeiten wie

- domänenspezifisches Wissen (Expertenwissen, Zusammenhangswissen, Verfahrenswissen etc.)
- Problemlösestrategien (allgemeine Strategien zur Lösung von Problemen in einer Berufsdomäne)
- Kontrollstrategien (Strategien zur Überwachung des eigenen Verständnisses und des eigenen Problemlöseverhaltens; Überwachung, Diagnose und Steuerung des eigenen Problemlöseverhaltens)
- Lernstrategien (lernen, wie man lernt; situativ die richtige Lernstrategie auswählen können).

B) Methoden: Anleitungs- und Unterstützungskultur

Das Prinzip des Cognitive Apprenticeship ist weit mehr als eine Methode, nämlich eine Anleitungs- und Unterstützungskultur mit einem gut entwickelten Methodeninstrumentarium. Folgende methodische Elemente werden interdependent eingesetzt:

Artikulation ist ein übergeordnetes Prinzip: Lehrende und Lernende denken laut, d. h., sie artikulieren ihre Überlegungen und Gedanken zum Lernprozess. Dies ist bei kognitiven Fertigkeiten besonders wichtig, weil sich Kognitionen im Gegensatz zu manuellen Fertigkeiten nicht beobachten lassen.

Modelling: Mittels Artikulation werden Expertenwissen und Strategien zugänglich gemacht. Beim Modelling (kognitives Modellieren) ist die Expertin/der Experte Modell des Herangehens und der Auseinandersetzung mit einer Lernaufgabe (Vorgehensweisen, Strategien und Techniken). Kriterien und Struktur einer Aufgabe werden kontinuierlich verständlich analysiert und kommentiert sowie bewährte Tricks und Kniffe offengelegt. Die alten Handwerker waren also «Meister» des kognitiven Modellierens. Sie konnten ihr Wissen wunderbar anhand von Handlungen erklären. Es geht also nicht darum, den Meister zu kopieren, sondern Vorgehensweisen ins eigene Repertoire zu integrieren.

Beispiele:

- Wie entwickle ich ein Referat? Aufzeigen und Vorzeigen der persönlichen Strategie, lautes Vordenken, wie eine Aufgabe angegangen werden kann
- Tricks und Kniffe einer Softwareanwendung: die einzelnen Verfahren während des Handelns hörbar machen

Coaching: Expertinnen und Experten übernehmen eine beraterische Rolle und unterstützen das Nachmachen durch Beobachtung, stellen Diagnosen, geben Hinweise und Hilfestellungen (siehe Scaffolding), erinnern und geben Feedbacks. Das Coaching findet in der Form der dialogischen Beratung statt. Ausgangspunkt sind oft Probleme oder Fragen der Lernenden, die Anlass geben, bisherige Strategien, gewohnte Muster, Fortschritte und Schwierigkeiten zu analysieren. Ziel ist eine Neubetrachtung der Situation durch Perspektivenwechsel. Im Dialog über den Lernvorgang werden alternative Vorgehensweisen erarbeitet und mit den gesetzten Zielen in Einklang gebracht. Wenn möglich werden dabei Möglichkeiten und Ressourcen der Lernenden mitberücksichtigt.

Scaffolding ist ein wesentliches Element des Coachings. Den Lernenden wird ein Gerüst (Scaffold) für den nächsten Lernschritt angeboten (Zone der nächsten Entwicklung). Diese Interventionen dienen der Anleitung zur Selbsttätigkeit.

Fading bedeutet, dass sich die Expertin/der Experte während des Coachingprozesses immer mehr zurücknimmt, weniger Hilfestellungen leistet und die Lernenden selbstgeleitet ausprobieren lässt.

Exploration: Die Lernenden erhalten über die Lernumgebung verschiedenste Lernangebote, bei denen sie selbstgeleitet und ihrem Kompetenzniveau entsprechend üben und sich weiterentwickeln können.

Reflexion meint das individuelle und gemeinsame Nachdenken über gelungene oder misslungene Versuche von Problemlösungen bzw. über mögliche Alternativen. Dabei werden die erlebten Lernprozesse und die gewählten Verfahren reflektiert und beschrieben. Somit wird transparent, wie und unter welchen Bedingungen Wissen und Fertigkeiten verarbeitet wurden. Primäres Ziel ist es, persönliche Vorgehensweisen zu verstehen und sich eigenverantwortlich weiterzuentwickeln. Das geschieht mit Hilfe von Selbstbeobachtung, Selbstbeurteilung und Selbstreflexion. Letzteres ist eine metakognitive Tätigkeit, also Denken über das Denken und mündet in eine Vorsatzbildung mit Selbstverpflichtung: Das nehme ich mir vor!

Abbildung 23
Cognitive Apprenticeship

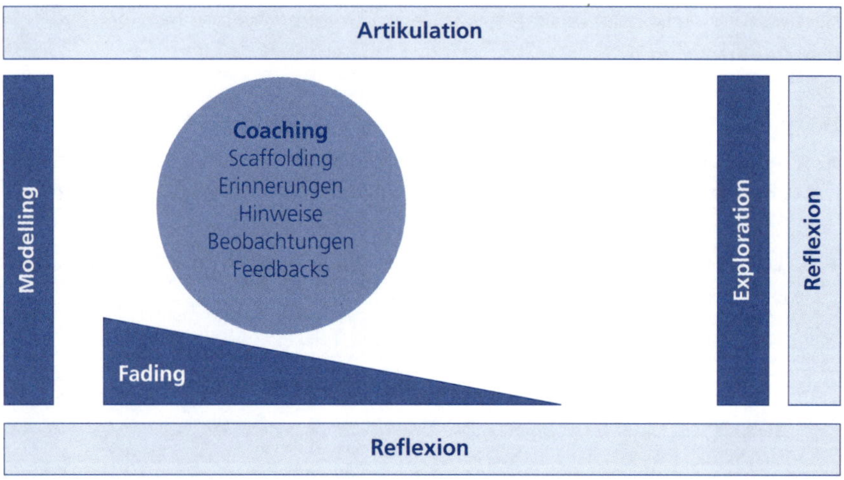

C) Sequenzierung: Lehrstoff- und Aufgabenqualität

Im Ansatz des Cognitive Apprenticeship werden zum Lernprozess drei Thesen formuliert:

- **vom Einfachen zum Komplexen:** Schwierigkeit und Komplexität der Aufgaben werden kontinuierlich erhöht.
- **Vielfalt:** Variantenreiches Angebot von unterschiedlichen Aufgaben und Kontexten
- **von der Übersicht zum Detail:** Zuerst wird ein Überblick geboten, darauf aufbauend werden Schwerpunkte vertieft und Themen intensiviert.

D) Lernumgebung: Lern- und Interaktionskultur

Bei diesem Ansatz wird das Augenmerk vor allem auf die Lernumgebung gelegt. Diese ist situationsbezogen (situiert), ermöglicht intrinsische Motivation und eine Kultur der Expertenpraxis. Darüber hinaus ermöglicht sie die Zusammenarbeit zwischen den Lernenden und den Wettbewerb zwischen Gruppen. Einige Hinweise, wie dies erreicht werden kann:

Situiertheit: Aufgaben und Problemstellungen werden dem Alltag, der Berufswelt und der zukünftigen Praxis entnommen.

Intrinsische Motivation: Durch das Lernangebot (Spielsituation, Praxissituation, eigene Lebens- und Arbeitssituation) wird das Interesse an der Lösung von Aufgaben entwickelt.

Expertenkultur: Lernende und Expertinnen/Experten interagieren, wobei Fragen, Fehler und Unsicherheit entstehen. Diese werden als normal betrachtet und als Chance wahrgenommen.

Kooperation: Das Setting ist so gestaltet, dass Lernende voneinander lernen. Sie können somit zu Expertinnen/Experten werden und entsprechende Rollen übernehmen.

Wettbewerb: Bei gleichen Aufgabenstellungen in verschiedenen Gruppen entsteht ein Wettbewerb der Lösungen. Solche kompetitiven Situationen können durchaus lernfördernd wirken, obwohl sie in Europa eher skeptisch betrachtet werden. Behält man aber mögliche Intergruppenkonflikte im Auge, sind Wettbewerbssituationen anspornend und leistungsfördernd.

7.3 Beratende Haltung in der Instruktion

Zum Alltag von Lehr-Lern-Situationen gehört, dass Lernende konkrete Fragen an Lehrende stellen. Ein Lehr-Lern-Prozess zeichnet sich gerade dadurch aus, dass sich Lernende getrauen, Fragen zu stellen. Zwei Schwierigkeiten verbergen sich tendenziell in Fragesituationen:

- Hinter den Fragen der Lernenden stehen häufig – neben rein fachlichen Inhalten – Botschaften wie Appelle «Es geht mir zu schnell», Selbstoffenbarungen «Ich bin überfordert» oder Beziehungsangelegenheiten «Ich finde das ungerecht».
- Lehrpersonen neigen aufgrund ihrer instruktionalen Rolle dazu, die Beantwortung inhaltlicher Fragen mit Ratschlägen zu verbinden. Damit erweisen sie im Hinblick auf die Förderung selbstverantworteter Lernprozesse einen schlechten Dienst.

Aufmerksames Zuhören und gezieltes Nachfragen wirken diesen beiden Tendenzen entgegen und fördern das eigenständige Lernen.

Aufmerksames und aktives Zuhören
- Konkretisierendes Zuhören: Aussagen von Lernenden fragend ergänzen
- Paraphrasieren: Gehörtes in eigenen Worten fragend reformulieren
- Verbalisieren: Ansprechen von Gefühlen, welche nicht konkret geäussert wurden
- Zusammenfassen: Aus dem Gehörten das (vermeintlich) Wesentliche herausstellen
- Ressourcenunterstützung: Motivierendes Feedback und aktive Unterstützung, wenn Lernende erprobte und erfolgreiche Strategien ansprechen

Gezieltes Nachfragen
- Wer-, Was-, Wann-, Wie- und Wodurch-Fragen statt Warum-, Wieso- und Weshalb-Fragen
- Was-Fragen: Was fühlst, willst, erwartest, vermeidest, befürchtest oder tust du?
- Fragestellung klären: Um was geht es genau? Was will jemand erreichen? Was ist sein Anliegen?
- Ressourcen klären: Was wurde bereits getan? Was hat bereits funktioniert? Welche Strategie fehlt noch?
- Vergleichbare Muster suchen: Gibt es eine vergleichbare Problemstellung? Kommt etwas bekannt vor?

8

Übung macht den Meister – Renaissance der Einzelarbeit

In Zeiten der handlungs-, erlebnis- und kompetenzorientierten Didaktik wird dem Üben zu wenig Beachtung geschenkt. Es gilt als langweilig, eintönig und unattraktiv. Aber in Sportvereinen, Musikerkreisen oder Meditationsgruppen hat das Üben nach wie vor grosse Bedeutung. Es wird als selbstverständliche Voraussetzung für das Erlangen von Könnerschaft akzeptiert und praktiziert.

Wenn wir uns an dieser Stelle für das Üben stark machen, so proklamieren wir nicht das Wiederaufleben von sinnlosem Drill, der weder situiert noch dem individuellen Lernen angepasst ist. Vielmehr legen wir dem Üben spezifische didaktische Überlegungen zugrunde.

Nicht nur manuelle Könnerschaft bedarf automatisierter Fertigkeiten, so behaupten wir, sondern auch die kognitive Könnerschaft greift in Handlungssituationen auf entlastende kognitive Fertigkeiten zu. Diese Fertigkeiten müssen ebenfalls in wiederholten Übungssequenzen automatisiert werden. Handlungskompetenz wird durch die Ressourcen Fertigkeit, Haltung und Wissen generiert. All diese Ressourcen müssen möglichst situiert gefestigt werden, damit sie in der «echten» Handlungssituation abrufbar sind.

Übung ist ein übergreifendes Element in allen vier Lernprozessphasen (RITA):

Ressourcenaufbau: Vorhandenes Wissen, erlangte Fertigkeiten, Haltungen und Erfahrungswerte werden reaktiviert und repetiert.

Informationsverarbeitung: Alle Stufen des Wissenserwerbs und der Wissensanwendung werden mittels angepasster Übungen durch Wiederholung, Variabilität und Kontextgebundenheit gefestigt.

Transfer: Selbst der Transfer ist kein einmaliger Prozess, sondern muss durch unterschiedlich situierte Aufgabenstellungen generalisiert werden.

Auswertung: Die Prüfung am Schluss einer Lernsequenz dient der Standortbestimmung und ist zugleich Ausgangspunkt für das weitere Lernen mit entsprechenden Übungen. Die Praxis und deren Reflexion aktualisiert das Können und festigt dieses sogleich.

Folgende Thesen unterstützen eine übende Ausbildungspraxis:

- «Übung macht den Meister.»
- Üben ist ein integraler Bestandteil jedes Lernprozesses (entlang RITA).
- Übungen sind der Zielsetzung und dem Lernprozess angepasst.
- Üben ist ein individueller Prozess – sozialkommunikative Prozesse können diesen unterstützen, nicht aber ersetzen.
- Das Üben macht den Hauptteil der Lernzeit aus.
- Übung führt zur Automatisierung von Fertigkeiten, ermöglicht aber auch eine Vertiefung, Verständnissicherung und den Zugang zu späteren Handlungssituationen.
- Übungen sollen variantenreich, wenn immer möglich situiert gestaltet und stets der Generalisierung zugänglich sein.

8.1 Fertigkeiten automatisieren

Fertigkeiten verstehen wir als verinnerlichte, generalisierte Automatismen, die uns in der Handlungssituation kognitiv, emotional und motorisch entlasten, weil sie sofort abruf- und ausführbar sind. Fertigkeiten können sowohl Handlungsroutinen wie auch Entscheidungs- und Gefühlsprozeduren sein. Die Routinebildung erfolgt über das wiederholte und an die zukünftige Handlung gebundene Üben.

Fertigkeiten können in ihrem Automatisierungsgrad folgende Stufe erreichen:

Stufe 1	Mit Hilfe einer Checkliste wird eine kognitive oder sensomotorische Fertigkeit eingeübt.
Stufe 2	Die Fertigkeit wird in wiederkehrenden Aufgaben unter bewusster Steuerung geübt.
Stufe 3	Die Fertigkeit wird automatisiert und ohne bewusste Steuerung ausgeführt (Verinnerlichung).

Für die Ausbildung von Kompetenzen stehen verschiedene Fertigkeiten zur Verfügung:

Fertigkeiten der Arbeitsorganisation	Memorieren von Wissen, Kapitel mit einer Mindmap zusammenfassen, Planen und Durchführen einer Sitzung
Kognitive und intellektuelle Fertigkeiten	Analyse einer Bilanz mittels Analyseberechnungen, Lösen einer quadratischen Gleichung etc.
Soziale Fertigkeiten	In Ich-Botschaften kommunizieren, das Gegenüber aussprechen lassen etc.
Emotionale Fertigkeiten	Emotionen wahrnehmen und benennen wie z. B. «Ich bin wütend», Emotionen zulassen und trotzdem situativ adäquat handeln etc.
Fertigkeiten des Selbst	Kritik auf die Sache und nicht auf die eigene Person beziehen
Manuelle Fertigkeiten	Die in handwerklichen Ausbildungen erworbenen relevanten Fertigkeiten wie z. B. das Wechseln eines Werkzeuges an der CNC-Maschine, das Anlegen eines Druckverbandes etc.

Ausgebildete Fertigkeiten entlasten uns im Alltag und Berufsleben entscheidend, weil das Handeln in wesentlichen Teilen automatisch erfolgt und wir uns auf die Einzigartigkeit der besonderen Anforderung konzentrieren können.

8.2 Übungen im Lernprozessmodell RITA

Gut abgestimmte Übungen haben im Lernprozessmodell RITA auf allen Stufen ihre spezifischen Funktionen. Sie ermöglichen und unterstützen die Aktivierung von Ressourcen, den Aufbau und die Verarbeitung von Wissen, den Transfer in die Praxis und die Auswertung des Lernprozesses und der

Lerninhalte. Vielfältige und gezielte Übungen helfen den Lernenden, ihre Situation zu reflektieren und einzuschätzen, neue Lerninhalte zu erschliessen, Verständnis und Übersicht zu gewinnen, Handlungen zu automatisieren und Kompetenzen zu erwerben.

Folgendes Raster gibt Anregungen für adäquate Übungen:

RITA	Lernprozessschritt	Übungsformen
Ressourcen aktivieren	Vorwissen reaktivieren (Wi)	◦ Repetitionsfragen in einem Partnerinterview beantworten lassen ◦ Sortieraufgabe ◦ Vortest: Was weiss ich schon? ◦ Zu Kernbegriffen das Vorwissen sammeln und anschliessend in einem Netzwerk gemeinsam legen
	Erfahrungen (Kö)	◦ Stellübung zu Erfahrungen ◦ Persönliche Kompetenzbilanz: Was habe ich über Erfahrung schon umgesetzt? ◦ Multiinterview zu Erfahrungsfragen
	Interesse (Wo)	◦ Problemspeicher eröffnen ◦ Stellübung zu Einstellungen ◦ Eigeneinschätzung: Was weiss und kann ich? Was ist mir unbekannt? Was löst bei mir Widerstand aus?
	Problemstellung (Pr)	◦ Praxisnahes Problem zur Thematik und beantworten folgender Fragen: ◦ Was weiss ich schon? ◦ Welche Hypothesen habe ich? ◦ Welche Lösungsmöglichkeiten sehe ich? ◦ Die Aufgabe wird einzeln, in Kleingruppen oder kombiniert gelöst.

RITA	Teilphase		Konkrete methodische Beispiele
Informationen verarbeiten	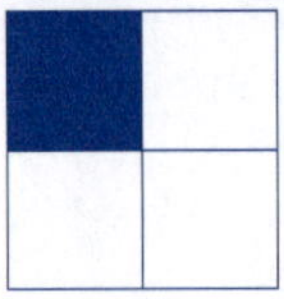	Neues Wissen aufbauen (Wi)	◦ Zusammenfassung von Texten und Vorträgen ◦ Erstellung einer Mindmap zu einem Fachtext ◦ Lernkarteikarten erstellen und memorieren ◦ Wissensjournal führen ◦ Expertenphase im Partner- und Gruppenpuzzle
		Wissen verstehen (Wo)	◦ Strukturlegeübung ◦ Netzwerkmethode ◦ Zusammenfassung in eigenen Worten (von den Kernbegriffen zu eigenen Sätzen) ◦ Lernen durch Lehren ◦ Austauschphase in Partner- und Gruppenpuzzle ◦ Erstellen von «kognitiven Maps» ◦ Beantworten von Verständnisfragen in Einzel- oder Partnerarbeit ◦ Multiinterview
	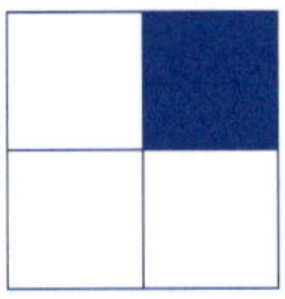	Wissen anwenden (Kö)	◦ Übungsserie mit Grundaufgaben und erweiterten Aufgaben (mit Selbstkontrolle) ◦ Leitprogramm zu Übungen ◦ Lernpfad
	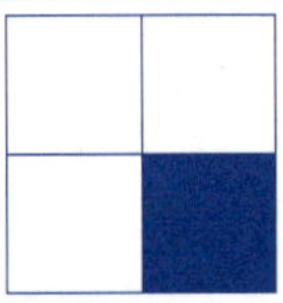	Problemlösung (Pr)	◦ Problemstellungen aus anderen Fächern oder aus der Praxis
Transfer anbahnen	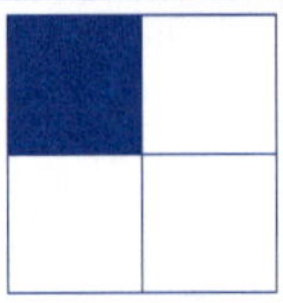	Know-how (Wi)	◦ Transferaufgaben mit Angabe von Lösungsschritten z. B. Aufgaben mit Checklisten, Verfahrenslisten etc. ◦ Transferaufgaben mit Unterstützung durch die Lehrperson oder mit Übungsmaterial hinterlegt
		Transferaufgaben (Kö)	◦ Transferaufgaben ohne Hilfestellung (situiert und variantenreich)
		Selbststeuerung (Wo)	◦ Verpflichtende Aufgaben mit Abgabetermin und Qualifikationsanforderungen ◦ Vorsatzbildung ◦ Führung Journal ◦ Unterstützungsmassnahmen durch Tandems ◦ Aufgaben mit Schwierigkeitsgrad im Sinne der «Zone der nächsten Entwicklung», d. h. anspruchsvoll, aber lösbar
	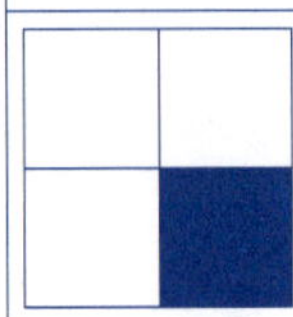	Praxis (Pr)	◦ Definierte Arbeit in bestimmtem Praxisfeld ◦ Konkrete Aufgaben, die im Praxisfeld gelöst werden

RITA	Teilphase		Konkrete methodische Beispiele
Auswerten	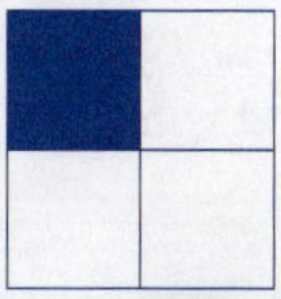	Prüfen (Wi)	◦ Lernzielkontrollen ◦ Standortbestimmung ◦ Abschlussprüfungen
	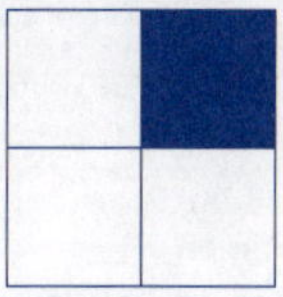	Kompetenzbilanz (Kö)	◦ Führung Lernjournal ◦ Bilanzierung der Kompetenzen nach Niveau
	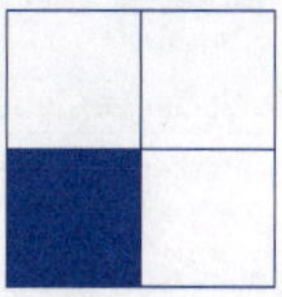	Reflexion (Wo)	◦ Führung Lernjournal ◦ Reflexionsgespräch mit Mentor ◦ Selbstreflexion
	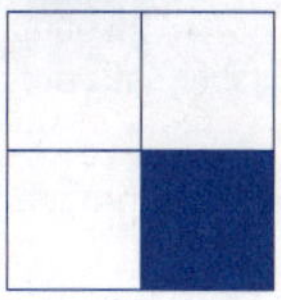	Performanz (Pr)	◦ Realprojekte ◦ Portfolio (Performanzdossier) ◦ Praktika

8.3 Individualisierung und Differenzierung

Lernende unterscheiden sich in ihrem Vorwissen, ihrem Lerntempo, ihren Lernpräferenzen und ihren kognitiven Strukturen. Übungsphasen mit individualisierten Angeboten werden diesem Umstand am ehesten gerecht. Methodische Möglichkeiten sind:

- Lerntempoduett: Die Lernenden beginnen in Einzelarbeit, tauschen ihre Ergebnisse mit Kolleginnen/Kollegen mit gleichem Lerntempo aus und vertiefen diese anschliessend.
- Werkstattunterricht: Die Lernenden treffen eine Auswahl von Aufgaben, Zielsetzungen, Reihenfolge etc. nach ihren Präferenzen. Am Schluss dokumentieren sie ihr Übungsverhalten.
- Stationenarbeit: Die Lernenden bearbeiten im eigenen Tempo eine vorgegebene Reihenfolge von Aufgaben. Die einzelnen Stationen bestehen aus Pflichtaufgaben und ergänzenden Aufgaben (Fundamentum und Additum).
- verzweigte Lernpfade: Die Lehrperson gibt ein Flussdiagramm eines Lernpfades vor. Die Verzweigungen zeigen entweder auf, welche Aufgaben noch gelöst werden müssen, wenn das Teilziel noch nicht erreicht wurde, oder ob und wie bei Erreichen des Teilziels weitergeübt werden muss.
- Leitprogramm: Vorstrukturiertes und zielorientiertes Programm, um neues Wissen aufzubauen und anzuwenden. Nächste Leitprogrammschritte können unter der Bedingung angegangen werden, dass vorhergehende Teilziele erreicht wurden.

8.4 Gut geübt ist halb gewonnen

Damit Übungen ihre Wirkung entfalten, müssen sie gewisse Qualitätskriterien erfüllen. Die folgenden Gütekriterien werden anhand von Indikatoren überprüft.

Gütekriterium	Indikatoren
Sinnhaftigkeit für die Lernenden	◦ Der Sinn der Lerninhalte und des Lernprozesses wird transparent aufgezeigt und von den Lernenden erfasst. ◦ Die Lernenden können u.a. ihre Interessen einbringen. ◦ Widerstände von Lernenden werden aufgenommen. ◦ Es sind Angebote für Lernende, ihr Entwicklungspotenzial zu erkennen und Defizite gezielt aufzuarbeiten. ◦ Übungen knüpfen an die Arbeits- und Lebenswelt der Lernenden an.
Zone der nächsten Entwicklung	◦ Die Übungen sind so angelegt, dass sie weder unter- noch überfordern. ◦ Schwierigkeitsgrade der Übungen werden definiert und deklariert, damit die Lernenden situiert und zielorientiert arbeiten können. ◦ Die Lernenden erhalten eine Auswahl von Aufgaben, aus denen sie ihrem Lernstand entsprechend wählen können.
Selbstständigkeit	◦ Es werden Möglichkeiten zum Experimentieren und Erproben eigener Lösungswege geboten. ◦ Selbstständiges und angeleitetes Lernen halten sich die Balance. In selbständigen Phasen interveniert die Lehrperson nur auf Anfrage und nimmt eine beratende Rolle ein (Fragehaltung und nicht Lösungshaltung).
Mass der Übungsaktivität	◦ Es wird zu regelmässigem Üben angeleitet. Anzahl und Umfang der Übungen sind sekundär. ◦ Abwechslung in den Übungsformen ◦ Trotz selbstständiger Arbeit die Vermittlung eines Gefühls von «aufgehoben sein» und Sicherheit (z.B. durch Auswertungen nach selbstständigen Übungsphasen)
Variabilität	◦ Unterschiedliche Lehr- und Lernmaterialien ◦ Verschiedene Aufgabentypen ◦ Verschiedene Darstellungsformen ◦ Verschiedene Sozialformen
Üben an Ort und Stelle	◦ Das Üben nicht ans Ende einer Lernsequenz legen, sondern im einzelnen Lernprozessschritt adäquat einsetzen ◦ Jeden Lernschritt mit Übungsmöglichkeiten anreichern
Scaffolding	◦ Während der Übungsphasen stehen den Lernenden hilfreiche Unterstützungsangebote zur Verfügung. Je nach Kompetenzgrad der Lernenden wird mehr oder weniger Unterstützung geboten.
Klare Aufgabenstellung	◦ Die Übungen werden klar und unmissverständlich angeleitet. ◦ Je nach Komplexität erhalten die Lernenden mündliche Anweisungen und/oder eine schriftliche Anleitung. ◦ Einzelne Übungen können zuerst gemeinsam besprochen, vorgemacht (Modelling) und durch lautes Denken begleitet werden (Artikulation).
Erfolgsorientierung	◦ Die Übungen sind so angelegt, dass kleine und schnelle Erfolge möglich sind. ◦ Der Schwierigkeitsgrad fordert heraus, ohne zu überfordern.

9

Kooperative Lernformen (Gruppenarbeitsformen)

Zum besseren Verständnis der kooperativen Lernformen und zur Veranschaulichung von Phasen und Wirkfaktoren innerhalb eines Gruppenauftrags vorab zwei Beispiele:

Fallbeispiel A

Nach dem halbstündigen Vortrag über eine neue Technologie erklärt die Lehrperson, dass es nun an der Zeit sei, mit einer Gruppenarbeit aktiv zu werden. Nach dem Abzählen auf vier ordnet sie an, vier Gruppen zu sechs Personen zu bilden. Es entsteht Unruhe, die Gruppen formieren sich, wissen aber nicht, wo sie sich treffen sollen und was zu tun ist.

Nach mehrmaliger Aufforderung zur Ruhe kann die Lehrperson den Auftrag formulieren:

«Ich werde euch einen Originaltext austeilen und möchte, dass ihr ihn in der Gruppe lest und anschliessend eine Zusammenfassung schreibt. Zusätzlich erstellt ihr eine Liste mit Nachteilen, die sich mit der Anwendung der neuen Technologie ergeben.»

Die Lehrperson teilt die Texte aus und fordert die Klasse auf, die Gruppenarbeit in Angriff zu nehmen. Es vergeht einige Zeit, bis alle Gruppen ihren Platz gefunden haben. Es wird diskutiert, wie sie vorgehen sollen und die Lehrperson wird mit Fragen konfrontiert wie:

- «Wie lange haben wir Zeit?»
- «Müssen wir die Ergebnisse vortragen?»
- «Werden die Ergebnisse bewertet?»
- «Können wir uns auf einen Teil des Textes konzentrieren oder müssen wir alles bearbeiten?»

Nach einigen Ergänzungen werden die Gruppen langsam produktiv. Die Lehrperson bewegt sich von Gruppe zu Gruppe und fragt wiederholt nach, ob noch Fragen zu klären sind. Einzelne Gruppen unterbrechen die Arbeit und befragen die Lehrperson nochmals hinsichtlich des Auftrags. Die Lehrperson orientiert umfassend und stellt Lösungsmöglichkeiten vor.

Nach mehrmaligem Aufschieben der Abschlusszeit ruft die Lehrperson alle Gruppen ins Plenum zurück. Eine Gruppe hat ihre Arbeit bereits seit längerer Zeit abgeschlossen und sich in eine rege Diskussion über die neue Prüfungsordnung verstrickt. Die Gruppen tragen ihre Ergebnisse nacheinander vor. Es vergeht immer einige Zeit, bis ein Sprecher oder eine Sprecherin aus der Gruppe bestimmt ist. Leider reicht die Zeit nicht, alle Gruppenergebnisse vorzustellen. Der zweitletzte Vortrag zieht sich über das Ende der Lektion hinweg. Der Abend wird abrupt beendet, der letzte Vortrag auf die nächste Woche verschoben.

Ein Lernender äussert sich kritisch zur Gruppenarbeit: « Sie hätten uns besser eine Zusammenfassung des Textes abgegeben oder vorgetragen und dann mit uns darüber diskutiert. Wir haben heute viel Zeit vertrödelt!»

Fallbeispiel B: Es geht auch anders

Nachdem die Lehrperson die Agenda der Abendveranstaltung präsentiert hat, führt sie während 15 Minuten in die Thematik einer neuen Technologie ein. Im Anschluss an diesen Vortrag erklärt sie, dass die Klasse in Kleingruppen von je vier Personen die Funktionsweise der neuen Technologie und die Probleme bei deren Anwendung in der Haustechnik erarbeiten werde.

Die Lehrperson verteilt den schriftlichen Gruppenarbeitsauftrag und einen Fachtext. Dem Auftrag entnehmen die Lernenden, dass nach dem individuellen Studium des Textes der Sachverhalt in der Gruppe besprochen, ein Funktionsdiagramm zur neuen Technologie erstellt und sechs Leitfragen zur Anwendungsproblematik in der Haustechnik formuliert werden müssen. Im Gruppenarbeitsauftrag wird zudem geklärt, welche Zeit zur Verfügung steht und wie die Ergebnisse dokumentiert und präsentiert werden (Funktionsdiagramm auf einem Flipchart, Leitfragen schriftlich so vorbereitet, dass sie mündlich vorgetragen werden können).

Vor dem eigentlichen Start erklärt die Lehrperson den Auftrag in der Klasse. Die Lernenden machen sich nach Bedarf zusätzliche Notizen. Die Gruppeneinteilung erfolgte bereits vor Unterrichtsbeginn nach dem Zufallsprinzip, indem die Lernenden eine Farbkarte an ihrem Platz vorfanden. Die Lehrperson informiert, dass auf der Rückseite der Farbkarte die Gruppenrolle mit einem bereits bekannten Symbol vorgegeben ist (Moderator/in, Zeitwächter/in, Schreiber/in, Vortragende/r). Sie vergewissert sich, ob noch Fragen zur Gruppeneinteilung, zu den Rollen und zum Auftrag sind. Nachdem alle Fragen geklärt sind, entlässt sie die Klasse in die Gruppenarbeit.

Die Gruppen formieren sich, lesen individuell den Fachtext und führen anschliessend die Aufträge in der Gruppe aus. Die Herangehensweise ist unterschiedlich, während einzelne Gruppen während der ganzen Zeit gemeinsam arbeiten, nehmen andere zeitweise eine Arbeitsteilung vor.

Die Lehrperson beobachtet und macht Notizen. Wenn eine Gruppe um Hilfe bittet, wendet sie sich dieser zu und gibt die nötige Hilfestellung, damit weitergearbeitet werden kann. Mit zurückhaltender Beobachtung vergewissert sich die Lehrperson des Fortschritts in den Gruppen und vergleicht mit dem Zeitplan im Arbeitsauftrag. Fünf Minuten vor Ablauf ermahnt sie jede einzelne Gruppe, bis zum vereinbarten Zeitpunkt abzuschliessen und nach Abschluss gleich die Flipcharts an die Magnetwand zu heften. Die Gruppen treffen sich zum vereinbarten Zeitpunkt im Plenum und die Lehrperson leitet zur nächsten Phase über.

Sie erklärt das weitere Vorgehen. Zuerst sollen die Funktionsdiagramme verglichen und im Anschluss daran die Leitfragen diskutiert werden. Die Lehrperson fordert eine Gruppe auf, ihr Funktionsdiagramm vorzustellen. Über ein geleitetes Klassengespräch stellen Lernende anderer Gruppen Fragen, vergleichen mit der eigenen Lösung und bringen Kritik an. Die Lehrperson ergänzt und korrigiert wo nötig. Die Ergänzungen und Korrekturen werden direkt auf den Flipcharts notiert, welche im Anschluss digital fotografiert und ins elektronische Klassenforum gestellt werden. Dann präsentieren die Gruppen ihre Leitfragen und stellen sie zur Diskussion. Anschliessend erteilt die Lehrperson den Auftrag, die Ergebnisse der Gruppenarbeit in den persönlichen Unterlagen zu protokollieren.

Die Ergebnisse der Gruppen werden wertschätzend gewürdigt und die Lehrperson fragt die Klasse, ob noch Unklarheiten im Zusammenhang mit dem Fachtext und der darin beschriebenen Technik bestehen. Im Anschluss an die Gruppenarbeit erhalten die Lernenden eine Vertiefungsaufgabe, die sie in Einzelarbeit lösen. Die Aufgabe enthält ein fehlerhaftes Funktionsdiagramm und Fehlermeldungen auf die falsch eingesetzte neue Technologie. Die Fehler im Funktionsdiagramm sollen korrigiert und Lösungen zur Behebung der gemeldeten Fehler vorgeschlagen werden. Die Lösungen der Aufgaben liegen zur Selbstkorrektur auf der Rückseite der Auftragserteilung schriftlich vor.

Die beiden Beispiele verdeutlichen, wie wichtig das überlegte und gezielte Planen, Durchführen und Auswerten von Gruppenarbeiten ist. In der Weiterentwicklung kooperativer Lehr- und Lernformen wie dem «Wechselseitigen Lehren und Lernen» (WELL, siehe 9.6) wird u.a. versucht, das Lernen im sozialen Kontext mit neuen Methoden anzureichern.

9.1 Phasen von Gruppenarbeit

Folgende Phasen zeichnen gute Gruppenarbeiten aus:

1.	Planung der Gruppenarbeit und der Gruppenbildung
2.	Erteilung Arbeitsauftrag
3.	Verständnissicherung betreffend Arbeitsauftrag
4.	Phase der Gruppenarbeit
5.	Beendigungsphase
6.	Auswertungsphase
7.	Weiterführungs- oder Vertiefungsphase

9.2 Funktion von Gruppenarbeit

Folgende Gründe und Argumente sprechen für den Einsatz von Gruppenarbeiten:

- Entwicklung der Teamfähigkeit
- Anbahnung des selbstständigen Lernens
- Förderung der Selbststeuerung
- Demokratisierung des Lernprozesses
- Förderung von Kommunikation und Lerninteraktion unter den Lernenden
- Erhöhung des Interaktionsanteils (der Einzelne meldet sich mehr in der Kleingruppe als im Plenum)
- Erhöhung des sprachlichen Anteils der einzelnen Lernenden
- Möglichkeiten der inneren Differenzierung

- Chance für Lernende, verschiedene Rollen zu erproben
- Förderung der Lernwirkung durch wechselseitiges Lehren und Lernen (vgl. WELL 9.6)

9.3 Überlegungen zur Planung von Gruppenarbeit und Gruppenbildung

- Gruppenarbeiten didaktisch planen und nicht zufällig einsetzen
- Mit einfachen Gruppenarbeiten beginnen; Lernende entsprechend anleiten
- Ein mit anderen Arbeitsformen abwechslungsreiches und in sich stimmiges Programm komponieren
- Überlegen, wo bestimmte Methoden der Gruppenarbeit erst eingeführt werden müssen, dabei langsam die Komplexität steigern und ggf. mit anderen Lehrpersonen absprechen
- Gruppenarbeiten in ein Sandwich verschiedener Methoden einbetten, z. B. Agenda – Advance Organizer – Gruppenarbeit – Einzelarbeit – Vortrag – Partnerarbeit – Advance Organizer
- Im Vorfeld genau überlegen, ob die Lernziele mit einer Gruppenarbeit erreicht werden können: Schwierigkeitsgrad und Umfang der Inhalte, zur Verfügung stehende Lernmaterialien, Möglichkeiten der Vertiefung etc. Allenfalls alternative Sozialformen prüfen, Übungen, Wiederholungen oder Lernzielkontrollen sind für Gruppenarbeiten weniger geeignet als Transfer- und Problemlöseaufgaben.
- Sinnhaftigkeit stiften, indem die Lernenden erfahren, welche Chancen eine bestimmte Gruppenarbeit hat. Damit wird der Kritik seitens der Lernenden begegnet, alles selbst erarbeiten zu müssen.
- Genügend Zeit einplanen, damit die Gruppenarbeit nicht vorzeitig abgebrochen werden muss; bei Zeitmangel eher eine einfachere Partnerarbeit einsetzen
- Gruppenunterricht und Frontalunterricht sind zwar konträre Lehr- und Lernformen, ergänzen sich im Lernprozess aber wirkungsvoll. Voraussetzung ist, dass sie gezielt und richtig eingesetzt werden.
- Vorgehen bei der Gruppeneinteilung planen, damit die Lernzeit ausgeschöpft werden kann und keine lernhemmende Unruhe entsteht
- Leistungsvermögen und Leistungswille von Lerngruppen beachten, nicht immer sind inhaltlich oder sozial anspruchsvolle Gruppenarbeiten möglich

9.3.1 Gruppengrösse

Für die meisten Gruppenarbeiten erweisen sich Gruppengrössen von drei bis vier Personen als ideal. Dadurch kann jeder Einzelne eine Rolle übernehmen (Moderator, Schreiber, Zeitwächter, Vortragender). Gruppen von mehr als vier Personen werden schnell schwerfällig und ineffizient. Solche Gruppen sollten dann formiert werden, wenn die Methodik dies verlangt, z. B. Problemlösegruppen mit einer speziellen Problemlösetechnik.

9.3.2 Arbeitsauftrag

Der Arbeitsauftrag ist der Schlüssel zur erfolgreichen Gruppenarbeit. Verständlich und präzis formulierte Arbeitsaufträge sind vor allem für unerfahrene Lernende sehr wertvoll. Bevor die Lernenden in Gruppen arbeiten, sollten alle Unklarheiten bereinigt werden. Späteres Nachfragen stört den Arbeitsfluss. Es hat sich gezeigt, dass Arbeitsaufträge, die sowohl schriftlich als auch mündlich erteilt werden, wesentlich wirkungsvoller sind.

Checkliste zum Erstellen von Gruppenarbeitsaufträgen (gemäss Nürnberger Projektgruppe, Diegritz u. a., 2001):

Grundsätzliche Überlegungen

- Welche Erfahrungen hat die Klasse mit Gruppenunterricht?
- In welcher Unterrichtsphase (Hinführung, Erarbeitung, Übung, Lernzielkontrolle, Transfer) soll die Gruppenarbeit eingesetzt werden?
- Müssen bestimmte Arbeitstechniken erst noch eingeführt werden, z. B. das Erstellen einer Mindmap, eines Struktogramms etc.?
- Wird die Gruppenarbeit bewertet?
- Werden die Ergebnisse im Plenum ausgetauscht?

Didaktische Gestaltung des Arbeitsauftrags

- Immer das Lernziel im Auge behalten; Handlungen und Ergebnisse der Gruppen danach ausrichten
- Schwierigkeitsgrad so festlegen, dass der Auftrag von der Gruppe gelöst werden kann; zu einfache oder zu schwierige Aufträge wirken demotivierend und verursachen Störungen
- Alle benötigten Arbeitsmaterialien bereitstellen
- Wo nötig Hilfestellungen (konkrete Handlungsvorschläge) geben
- Unterschiedliche Lerntempi der Gruppen beachten; Zusatzauftrag bereithalten
- Aufträge so gestalten, dass die Gruppe zur echten Zusammenarbeit aufgefordert ist

Präzision und Verständlichkeit des Arbeitsauftrags

- Klarstellen, welche Handlungen von der Gruppe erwartet werden
- Beschreiben der erforderlichen Quantität und Qualität und dabei realistisch bleiben
- Alle Arbeitsmittel benennen, die für die Bearbeitung verwendet werden sollen

- Bereits im Vorfeld beschreiben, wie die Ergebnisse in der Auswertungsphase präsentiert werden sollen (Art, Umfang, Medien etc.)
- Verfügbare Zeit sowie den Zeitpunkt des Zusammenkommens festlegen («15.20 Uhr sind wir wieder alle hier!» statt «Wir treffen uns in 20 Minuten wieder.»)
- Den Auftrag immer schriftlich und in einfachen, kurzen Sätzen formulieren
- Ungeklärte Begriffe und Fremdwörter vermeiden
- Den Auftrag anschaulich und konkret formulieren
- Den Auftrag gliedern, z. B. Allgemeines, Fragestellung, konkrete Schritte, Arbeitsmittel, Präsentation, Zeit
- Wesentliches durch Fettdruck, Grossbuchstaben, Umrahmumg etc. hervorheben

Verständnissicherung vor Beginn der Gruppenarbeit

- Überprüfen, ob der Auftrag richtig und umfassend verstanden wurde
- Fragen der Lernenden aufnehmen und beantworten; Unklarheiten beseitigen

Bei unerfahrenen Gruppen ist es sinnvoll und hilfreich, wenn die Aufträge zunächst sehr genau und relativ geschlossen formuliert werden. Mit wachsendem Erfahrungsgrad können die Aufträge offener gefasst werden, z. B. durch offenere Fragestellungen, rollende Zeitplanung, Freiheit bei der Präsentationswahl etc.

Der Arbeitsauftrag kann nach innen beliebig differenziert werden

- Bearbeitung unterschiedlicher Themen
- Fragen zur Auswahl
- Zusatzaufgaben
- Zeitliche Freiheiten
- Spezialisierung auf ein Thema
- Bearbeiten und zusammenfügen von Teilbereichen
- unterschiedliche Darstellung der Ergebnisse
- Einnahme unterschiedlicher Perspektiven

Ein Auftrag sollte folgende Elemente enthalten

- Ausgangslage
- Konkrete Formulierung des Auftrags
- Art der Zusammenarbeit
- Organisation: Zeit, Ort, Personen, Rollen
- Form der Auswertung
- Materialien

9.4 Verhalten der Lehrperson während der Gruppenarbeit

Die Lehrperson sollte sich während der Gruppenarbeit soweit möglich zurückhalten und damit den Lernenden selbstständige Arbeit ermöglichen.

Die Gruppen sollten unauffällig beobachtet werden. Ein Eingreifen ist nur dann notwendig, wenn eine Gruppe offensichtlich nicht mehr arbeitsfähig ist (z. B. bei Konflikten).

Bei Fragen seitens der Gruppen empfiehlt sich, nur so weit Auskunft zu geben, als die Gruppe wieder arbeitsfähig wird. Achtung: Lernende merken schnell, wenn Lehrpersonen gerne erklären und helfen.

Schriftlich festgehaltene Beobachtungen zum Prozess und Verhalten in den Gruppen können in der Auswertungsphase nützlich sein.

Lehrpersonen sollten rechtzeitig vor Beendigung der Gruppenphase darauf hinweisen, dass die Produkte (Flipcharts, Folien, Präsentationsnotizen etc.) bis zum definierten Zeitpunkt vorliegen müssen.

Beendigungsphase

In der Beendigungsphase sollte möglichst wenig Zeit verloren gehen. Bei gut eingespielten Gruppen und klaren Gruppenaufträgen werden sich die Lernenden zur rechten Zeit wieder im Plenum versammeln. In der Praxis bewährt sich Folgendes:

- genauen Zeitpunkt für den Start der Arbeit im Plenum bekannt geben (z. B. 16.40 Uhr)
- 5–10 Minuten vor dem Wechsel ein Zeichen zur Erinnerung geben (z. B. Glockenzeichen)
- Gruppen auffordern, ihr Material für die Auswertung vor der Plenumsphase zu installieren

- darauf bestehen, dass sich die Gruppen pünktlich im Plenum einfinden, wo auch die Auswertung erfolgt
- im Plenum vor der konkreten Auswertung einen Überblick über das weitere Vorgehen geben (Gelenkstelle, siehe 5.1.1)

9.5 Auswertungsphase

Die Auswertungsphase gilt als die schwierigste Phase. Auch hier liegt der Schlüssel zum Erfolg bereits in der Auftragserteilung. Schwierigkeiten treten vielfach in den Bereichen des Zeitmanagements und demotivierender inhaltlicher Wiederholungen auf.

Es ist nicht zwingend, dass alle Gruppenarbeitsergebnisse im Plenum präsentiert werden. Neben dem Vortrag gibt es genügend andere geeignete Darstellungsformen, wie z. B. Wandzeitung, Marktplatz, Ergebnismarkt, Plenumsdiskussionen, Streitgespräch etc. Allgemein ist darauf zu achten, dass alle Gruppen in ähnlichem Umfang zu Wort kommen. Herausragende Ergebnisse sollten von der Lehrperson in der Auswertungsphase gewürdigt werden (z. B.: «Die Gruppe A hat etwas Wichtiges entdeckt!»).Grundsätzlich erwarten Lernende, dass ihre Ergebnisse von Experten gemäss ihrer Rolle kommentiert, korrigiert, gelobt und ergänzt werden.

Hinweise

- Abwechslungsreiche Gestaltung der Auswertungen bezüglich Inhalt und Darstellung (bereits im Arbeitsauftrag beachten)
- Während den Gruppenpräsentationen die nötige Aufmerksamkeit und Konzentration der Lernenden einfordern
- Zeitliche Planung im Auge behalten
- Gruppen immer als Gruppe ansprechen
- Gruppenbeiträge im Sinne der Vernetzung, logischer Abfolge und neuer eigener Beiträge als Lehrperson koordinieren
- Bewertungskriterien zusammen mit dem Arbeitsauftrag gleich zu Beginn bekanntgeben
- Art und Weise der Ergebnissicherung festlegen (z. B. Fotoprotokolle, Mitschriften, Kopien u. a.)

9.6 Wechselseitiges Lehren und Lernen (WELL) als spezielle Form kooperativen Lernens

Auch gut geplante und moderierte Gruppenarbeiten haben Nachteile:

- Traditionelle Gruppenarbeiten enden immer in Auswertungsphasen im Plenum.
- Auch wenn die Rollen gut und abwechselnd verteilt werden, ist eine symmetrische Kooperation nicht gewährleistet. Eine Chance für «Trittbrettfahrer» bleibt bestehen.
- Lerneraktive Phasen bleiben eher verborgen.

- Im klassischen Gruppenunterricht ist der persönliche Lernzuwachs wenig erlebbar, es sei denn, im Anschluss an die Gruppenarbeit wird eine vertiefende Aufgabe erteilt.

9.6.1 Phasen des wechselseitigen Lehrens und Lernens (Wahl, 2005)

Diesen Nachteilen versucht das Prinzip des wechselseitigen Lehrens und Lernens mit drei Phasen zu begegnen.

1) Aneignungsphase (Expertenphase)

Die Lerngruppen erarbeiten in einer ersten Phase ein Teilthema. Sie erarbeiten z. B. Inhalte, generieren Lösungen etc. Diese Phase ist ebenfalls wie in der konventionellen Gruppenarbeit durch einen möglichst genauen und instruktiven Auftrag gekennzeichnet. Die Phase selbst kann weiter in Einzelarbeit und kooperative Arbeit unterteilt werden.

2) Vermittlungsphase (Puzzlephase)

In dieser Phase werden die Gruppen neu zusammengesetzt (Puzzlegruppe).

In jeder Puzzlegruppe befindet sich mindestens ein Experte/eine Expertin eines Teilthemas. Die einzelnen Experten/Expertinnen tauschen wechselseitig ihr in der Expertenphase erworbenes Wissen und ihre Ergebnisse aus. Jeder Gruppenteilnehmer/jede Gruppenteilnehmerin ist sowohl Experte/Expertin (in der lehrenden Rolle) als auch Novize/Novizin (in der lernenden Rolle) und erhält einen Überblick und Informationen über das gesamte Thema.

Diese Phase entspricht grundsätzlich der Auswertungsphase beim konventionellen Gruppenunterricht. Wesentlicher Unterschied ist, dass die Lernenden gleichzeitig lehren und lernen. Bewährt hat sich, wenn die Lernenden das neu erworbene Wissen festhalten (z. B. auf vorbereiteten Arbeitsblättern).

3) Vertiefungsphase

In der dritten Phase werden die Inhalte und Ergebnisse wiederholt, vertieft, angewandt oder transferiert.

Dazu bieten sich verschiedene Lernstrategien an, die im Lernauftrag konkret vorgeschlagen und wenn notwendig angeleitet werden. Sinnvoll in dieser Phase ist: Zusammenfassung, Mindmapping, Clustering, Netzwerktechnik, Strukturlegetechnik, Lernkartei, Struktogramm, Funktionsdiagramm, Nutzwertanalyse, Entscheidungsmatrix.

Beispiele für wechselseitiges Lehren und Lernen sind: Partnerpuzzle, Gruppenpuzzle, Partnerinterview, strukturierte Kontroverse. Diese Methoden werden im Anhang (Kapitel 12) ausführlich beschrieben.

9.7 Beurteilungskriterien für Gruppenarbeiten

Qualität des Arbeitsauftrags

Beobachtbare Indikatoren	Erfüllt	Teilweise erfüllt	Nicht erfüllt
Die Ziele und die Anforderungen sind formuliert.			
Die erwarteten Handlungen und Ergebnisse sind formuliert.			
Die Reihenfolge der auszuführenden Handlungen ist sichtbar.			
Die zu verwendenden Arbeitsmittel sind erwähnt.			
Es finden sich Anweisungen, wie die Ergebnisse in der Auswertungsphase dargestellt werden sollen.			
Alle benötigten Arbeitsmaterialien stehen bereit.			
Der Auftrag erfolgt mündlich und schriftlich (bei Arbeit in einem Raum mindestens durch eine zentrale Darstellung; bei Arbeit in mehreren Räumen per Arbeitsblatt).			
Vor Beginn der Arbeit in der Gruppe wird nochmals gefragt, ob alles klar ist.			
Bei neuen Gruppenarbeitsmethoden oder unerfahrenen Klassen werden die Vorgehensschritte visuell im Arbeitsauftrag festgehalten.			
Im Arbeitsauftrag werden Arbeitstechniken vorgeschlagen.			
Der Auftrag enthält zusätzliche Aufgabenstellungen für Gruppen, die schnell vorankommen.			
Im schriftlichen Arbeitsauftrag werden kurze, prägnante Sätze verwendet.			
Die Arbeitsgruppen werden erst aktiv, wenn alle Verständnisfragen geklärt sind.			

Bemerkung: Gruppen- und Partnerarbeiten, die weniger anspruchsvoll und/oder weniger umfangreich sind, können auch mündlich erklärt werden.

Verhalten der Lehrperson während der Gruppenarbeiten

Indikator	2	1	0
Die Lehrperson beobachtet das Arbeitsverhalten und die inhaltlichen Beiträge aus Distanz.			
Die Lehrperson notiert Beobachtungen.			
Die Lehrperson bereitet die nächste Gelenkstelle organisatorisch vor (Bereitstellung von Medien).			
Die Lehrperson interveniert durchwegs responsiv.			
Bei responsiven Interventionen wird die Hilfe ressourcenorientiert und prozessbegleitend angeboten (Hilfe zur Selbsthilfe).			
Bei disfunktionalem Verhalten der Gruppe greift die Lehrperson invasiv ein.			

Gestaltung der Gelenkstellen

Indikator	2	1	0
Es werden unmissverständliche Signale zur Umstellung von der einen in die andere Phase ausgesandt.			
Die Phasen werden verbal inhaltlich miteinander verknüpft.			
Die nächsten Arbeitsschritte werden gut verständlich, d. h. nachvollziehbar erklärt. Neue Arbeitsformen und -techniken werden modelliert.			

Auswertung von Gruppenarbeiten

Indikator	2	1	0
Es gibt eine inhaltliche Varianz der Ergebnisse (bereits bei der Planung des Arbeitsauftrags berücksichtigt).			
Es gibt eine Varianz in der Darstellung und der Symbolisierungsform (bereits bei der Planung des Arbeitsauftrags berücksichtigt).			
Der Zeitrahmen für die Auswertungsphase ist hinreichend bemessen.			
Die Gruppen werden als Gruppen angesprochen.			
Es sind alle Gruppen an der Auswertung mit ihren Beiträgen beteiligt.			
Thematische Überschneidungen werden vermieden.			
Beiträge aus den Gruppen erhalten Wertschätzung.			
Die Lehrperson ergänzt, verbindet und korrigiert die Beiträge inhaltlich.			
Die Gruppenergebnisse unterliegen immer auch einer Plenumsdiskussion.			

WELL-Phase 1: Aneignungsphase

Indikator	2	1	0
Die Lernenden beginnen sofort mit der Arbeit.			
Die vorgeschlagenen Lern- und Arbeitsstrategien werden angewandt.			
Die Informations- und Arbeitsmaterialien können in der vorgegebenen Zeit verarbeitet werden.			
Die Phase der Aneignung verläuft störungsfrei.			

WELL-Phase 2: Vermittlungsphase

Indikator	2	1	0
Die Lernenden beginnen sofort mit dem Austausch.			
Die vorgeschlagenen Lern- und Arbeitsstrategien werden angewandt.			
Die vorgesehene Zeit reicht für den wechselseitigen Austausch.			
Die Phase der Vermittlung verläuft störungsfrei.			

WELL-Phase 3: Wiederholungs- und Vertiefungsphase

Indikator	2	1	0
Die Lernenden beginnen sofort mit der Arbeit.			
Die vorgeschlagenen Lern- und Arbeitsstrategien werden angewandt.			
Die Aufgabenstellungen können in der vorgeschlagenen Zeit bewältigt werden.			
Eine Selbstkontrolle ist möglich.			
Die Wiederholungs- und Vertiefungsphase verläuft störungsfrei.			

10

Handlungsorientierte Methoden (methodische Grossformen)

Handlungsorientierte Methoden haben einen doppelten Bezug zur Handlung. Einerseits sind sie auf die handelnde Praxis durch situierte Problemstellungen bezogen. Zum anderen lösen sie durch ihr Arrangement Arbeits- und Denkhandlungen aus. Handlungsorientierte Methoden fordern von Lernenden wie Lehrenden hohe Methoden- und Selbstkompetenz und werden daher auch Komplexmethoden genannt.

Die unten beschriebenen Komplexmethoden orientieren sich an der vollständigen Handlung mit den Phasen

1. Zielsetzung
2. Planung
3. Durchführung
4. Auswertung und Bewertung.

Handlungsorientiertes Lernen kann auch als ganzheitliches Lernen betrachtet werden, das an reale Arbeitssituationen anknüpft und zu geplantem Arbeits- und Denkhandeln sowie zur Anbahnung von Handlungskompetenz verhilft.

Als handlungsorientierte Methoden werden häufig die Projektmethode, die Leittextmethode, das Rollenspiel, die Fallstudie und Simulationen inkl. Planspiel eingesetzt und daher nachfolgend ausführlich beschrieben.

10.1 Projektmethode

Die Projektmethode wird auch als Königsmethode des handlungsorientierten Unterrichts bezeichnet. In der Praxis finden drei typische Formen Anwendung, nämlich Realprojekte, lernerzentrierte Projekte und lehrerzentrierte Projekte.

	Realprojekte	Lernerzentrierte Projekte	Lehrerzentrierte Projekte
Beschreibung	◦ Aus der Praxis der Betriebe werden reale Problemstellungen aufgenommen und bearbeitet. ◦ Die Lösung von konkreten praktischen Problemstellungen steht im Vordergrund. ◦ Das Produkt dieser Projektarbeit wird im Normalfall umgesetzt, verkauft oder implementiert.	◦ Lernende bestimmen gemäss ihren Interessen und Neigungen eine eigene Problemstellung. ◦ Das Anbahnen von überfachlichen Kompetenzen (Sozialkompetenz; Methoden- und Selbstkompetenz) steht im Vordergrund.	◦ Eine didaktisierte Problemstellung steht im Zentrum. Die Projektarbeit ist curricular eingebunden.
Vorteile	◦ Hohe Situiertheit ◦ Reale Situation vom Auftrag bis zur Umsetzung ◦ Hoher Erlebnisanteil ◦ Unmittelbare Rückmeldung aus der realen Praxis	◦ Hohe Individualität bei der Problemstellung ◦ Hohe Motivation, da individuelle Themenwahl ◦ Lernprozessorientierung	◦ Curricular eingebunden ◦ Lernprozesssteuerung mit Supportmöglichkeiten ◦ Sequenzierung möglich
Nachteile	◦ Curricular begrenzt einzubinden ◦ Gefahr der reinen Produktorientierung ◦ Produktion steht vor Lernprozess ◦ Diktat des Auftraggebers	◦ Curricular schwierig einzubinden	◦ Situiertheit nur begrenzt möglich ◦ Problemstellung vorgegeben

Die Projektmethode ist nicht neu. Sie wurde von der Reformpädagogik vor allem als eine Alternative zur reinen Buchschule entwickelt. Sie hat sich aber im letzten Jahrhundert nie richtig durchgesetzt. Erst durch die Veränderungen in der Arbeitswelt – von der tayloristischen Arbeitsteilung hin zu mehr selbstverantwortlichen, abgeschlossenen Arbeitsaufträgen – wurde der Gedanke wieder aktuell und insbesondere in der berufspädagogischen Diskussion aufgenommen. So werden heute in der Arbeitswelt Arbeitsaufträge mehrheitlich als Projekte abgewickelt.

Im Ausbildungsbereich haben Projekte folgende Ausprägungen:

- Projekte orientieren sich an der konkreten Handlung und der realen Ausführung eines Produktes.
- Projekte sind fallorientiert und werden interdisziplinär angegangen. Sie orientieren sich nicht an Schulfächern.
- Projekte haben einen direkten Bezug zur Lebens- bzw. Arbeitswelt und sind somit hoch situiert.

- Projekte werden meist gemeinsam in Gruppen organisiert. Dabei können unterschiedliche Rollenzuteilungen und Arbeitsteilungen vorgenommen werden. Sie sind selbstorganisiert.
- Im Lernprozess steht nicht das Produkt, sondern der Arbeitsprozess im Vordergrund (Problemlösung, Interaktionen, Dokumentationen, Planung, Abrechnungen etc.).
- Projekte sind subjektbezogen. Das bedeutet, dass die Interessen der Lernenden so weit wie möglich berücksichtigt werden.

Die Projektmethode kann idealtypisch in folgende Phasen gegliedert werden:

1.	Projektinitiative/Kickoff/Projektstart	Flankierende Massnahmen
2.	Arbeitsphase	
3.	Meilenstein	
4.	Arbeitsphase	
5.	Projektabschluss	

- **Projektinitiative/Kickoff/Projektstart:** Je nach Projektarbeit erfolgt die Projektwahl mehr oder weniger individuell. In einer Kickoff-Veranstaltung wird in die Problemstellung eingeführt und das Vorgehen erklärt. Die Gruppeneinteilung und eine erste Grobplanung folgen.
- **Arbeitsphasen in Projektteams:** Die Arbeit erfolgt selbstorganisiert und ist bei didaktisierten Projekten auch an Schulzeiten gebunden.
- **Meilensteine:** Durch die Projektgruppen oder die Lehrgangsleitung werden fixe Zeitpunkte für einzelne Arbeitsschritte definiert. Dies entspricht nicht nur dem Projektmanagement in der Praxis, sondern unterstützt die Lernenden auch in ihrer Planung und vermeidet Fehlentwicklungen in den Subgruppen.
- **Flankierende Massnahmen (Betreuung, Rückmeldungen, Supportthemen, Spezialisierungsangebote etc.):** Die Projektgruppen werden durch zugeteilte Betreuer unterstützt, die sich responsiv verhalten. Das heisst, sie warten auf Anfragen von Gruppenmitgliedern und intervenieren nur bei offensichtlichen Fehlentwicklungen in den Gruppen.
- **Projektabschluss:** Der Höhepunkt aller Projekte ist die Präsentation des Produktes. Diese kann auch kompetitiv gestaltet werden, indem die Ergebnisse miteinander konkurrierend vorgestellt werden. Die Projekte werden selbstverständlich beurteilt, wobei nicht nur das Produkt, sondern auch der Prozess Gegenstand der Beurteilung ist.

Beispiele von Projekten in der beruflichen Aus- und Weiterbildung:

Konstruktions-aufgabe HF Maschinenbau (Realprojekt)	Die in der Maschinenindustrie tätige Lehrperson holt konkrete Aufträge und Problemstellungen aus der Praxis, die in Teams gelöst werden.
SKILLS Berufliche Grundbildung und höhere Berufsbildung (lernerzentriertes Projekt)	Lernende aus den verschiedensten Lernorten und Fachrichtungen entwickeln in einem überfachlichen Lerngefäss eine Idee und realisieren diese über ein Semester lang mehrheitlich in der unterrichtsfreien Zeit. Schule, Betriebe und überbetriebliche Zentren werden je nach Projekt als Lieferanten oder Produzenten miteinbezogen. Beispiele: – Miniaturzeppelin für Flugaufnahmen – Modellunterseeboot – Sterlingmotor – Induktionstaschenlampe
Fächerübergreifender Projektunterricht (FüP) HF Technik (lehrerzentriertes Projekt)	Eine vorgegebene Aufgabe muss mit den vorhandenen Ressourcen gelöst werden. Zum Beispiel soll ein selbstgebauter Roboter Farbklötze erkennen, greifen und geordnet ablegen. Dabei erhalten die Lernenden Unterstützung durch Teambetreuer/innen, Fachbetreuer/innen und Supportkurse (z. B. Programmierung in einer Hochsprache).

10.2 Leittextmethode

Die ursprünglich im gewerblich-technischen Bereich der Berufsbildung entwickelte Methode hat sich auch in anderen Berufsfeldern, insbesondere in der praktisch orientierten Ausbildung, etabliert. Die Leittextmethode orientiert sich an der Projektmethode und ergänzt diese mit Instruktionsanteilen. Sie ist auch unter dem Begriff «IPERKA-Methode» bekannt:

Informieren	Mit Leittexten und der Beantwortung von Leitfragen machen sich die Lernenden über die Aufgabenstellung, Problemstellung etc. kundig. Die Fragen leiten dazu an, Texte zu lesen, Erkundungen anzustellen, Befragungen durchzuführen etc.
Planen	Die nächsten Leitfragen fordern die Lernenden dazu auf, die zu bewältigende Aufgabe planend vorzubereiten (Arbeitsschritte, Arbeitsmaterial; Vorgehensplan; Schaltplan; Programm etc.). Gegebenenfalls sollen Alternativen und verschiedene Lösungsmöglichkeiten dargestellt werden.
Entscheiden	Durch Diskussion mit anderen Lernenden oder Fachexperten wird eine Entscheidung über das weitere Vorgehen getroffen.
Realisieren	In dieser Phase erfolgt die eigentliche Ausführung der geplanten Arbeitstätigkeit.
Kontrolle	Arbeitsergebnis und Arbeitsprozess werden mit Selbstbeurteilungsinstrumenten (Kontrollbögen; technische Kontrolle etc.) oder durch die Ausbilder kontrolliert.
Auswertung	In einem Fachgespräch mit dem Ausbilder/der Ausbilderin wird Schritt für Schritt reflektiert, wie das Kontrollergebnis zustande gekommen ist, wie weit das Produkt der Planung entspricht oder welche Fehler in Zukunft vermieden werden sollten.

Die Leittextmethode orientiert sich wie die Projektmethode an der vollständigen Handlung. Sie ist allerdings stark gelenkt und methodisch kleinschrittig vorbereitet. Die Ausbildenden sind in jeder Phase als Ansprech- oder Kontrollpersonen gegenwärtig. Insbesondere bei sicherheitsrelevanten Aufgabenstellungen (z. B. in der Ausbildung zum Polymechaniker) ist diese Kontrolle unabdingbar.

10.3 Rollenspiel

Für das Einüben von sozial-kommunikativen Kompetenzen ist das Rollenspiel besonders geeignet. Wie der Name vorwegnimmt, werden von den Lernenden bestimmte Rollen eingenommen. Auch wenn Rollenspiele spontan eingesetzt werden können, ist eine gezielte Planung sinnvoll. Folgende Schritte sollten vorbereitet werden:

Informationsphase	Einführung ins Thema; die Situation wird beschrieben oder mit audiovisuellem Medium vorgestellt; Problemstellung wird geschildert.
Vorbereitungsphase	Der Spielablauf wird erklärt; die Rollen werden mit Rollen- und Informationskarten zugeteilt; Beobachtungs- und Auswertungsaufträge für die Nichtspieler werden vergeben.
Rollenspiel	Die Situation wird gemäss Vereinbarung gespielt. Folgende Varianten sind möglich: – Zu Spielbeginn wird eine unbekannte Ausgangssituation präsentiert, die spontan weiterentwickelt werden muss. – Die begonnene Spielsituation wird nach einer gewissen Zeit mit einer Intervention in eine entsprechende Richtung gelenkt (Störung; Veränderung der Situation etc.). – Die Spielsequenz kann für eine nachträgliche Auswertung gefilmt werden.
Auswertungsdiskussion	Spielverlauf, Aktionen und Reaktionen sowie Beobachtungaufträge werden gemeinsam analysiert, reflektiert und ausgewertet.
Ergebniszusammenfassung	Wichtige Erkenntnisse werden zusammengefasst und gemeinsam oder individuell festgehalten.
Transfersicherung	Erkenntnisse und deren Übertragung in die Realität der Praxis werden gemeinsam oder individuell festgehalten.

Rollenspiele unterstützen folgende didaktische Absichten:

- Entwicklung von Sozialkompetenz in sozialen Situationen
- Bedingungen sozialen Handelns sichtbar machen
- sozial-kommunikative Dimensionen erlebbar und der Reflexion zugänglich machen
- Möglichkeit zur Erweiterung des Verhaltensrepertoires

Daher sind Rollenspiele u. a. in folgenden Lernfeldern zu empfehlen: Verkaufsgespräch, Reklamation, Konfliktgespräch, Beratungsgespräch, Beurteilungsgespräch, Geschäftsleitungssitzung, Projektsitzung.

Es gilt zu beachten:

- sorgfältige Planung, damit alle Lernenden ins Rollenspiel eingebunden werden können
- Das Spiel sollte dem Lernprozess dienen und nicht zu dominant sein.
- Phasen der Reflexion einbauen und Konsequenzen für die Praxis diskutieren

10.4 Fallstudie

Fallstudien sind nicht wie die ersten drei handlungsorientierten Methoden durch konkretes Handeln der Lernenden gekennzeichnet. Vielmehr bereiten sie durch authentisch dokumentierte Fallsituationen auf die komplexe Praxis vor. Das Handeln der Lernenden beschränkt sich im Wesentlichen auf ein Denkhandeln.

Den Fällen liegt gewöhnlich eine reale Problemsituation zugrunde. Sie sollten so komplex sein, dass ein gewöhnliches Lösungsmodell nicht gleich zum Erfolg führt. Gut strukturierte Fälle eignen sich daher nicht, da sie implizit die Lösung beinhalten. Anders verhält es sich mit der Realität, die in ihrer Komplexität und Unvorhersehbarkeit schlecht strukturiert ist.

Kriterien für geeignete Fallstudien sind:

- Reale Komplexität mit wesentlichen und unwesentlichen Informationen wird abgebildet.
- Der Fall ist problem- und konflikthaltig; Widersprüchlichkeiten sind erwünscht.
- Die Lernenden können einen Bezug zur Fallsituation herstellen.
- Es sind mehrere Lösungsmöglichkeiten denkbar.
- Die Problemstellung ist nicht explizit ersichtlich.
- Der Fall ist mit dem Vorwissen und den Vorerfahrungen der Lernenden lösbar.

Idealtypischer Verlauf einer Fallstudie:

Fallkonfrontation	Im Plenum beim Präsenzunterricht Auf einer Distributionsplattform beim Distanzunterricht
Klärung von Fragen	Plenum oder Forum
Subjektive Hypothesen	In Subgruppen oder individuell: – Was weiss ich dazu? – Welche Vermutungen habe ich? – Wie würde ich den Fall ohne weitere Recherche lösen? – Welche Informationen benötige ich noch?
Informations-beschaffung	In Subgruppen oder individuell: Gemäss vorhergehender Phase werden Recherchen durchgeführt und ausgewertet.
Falllösung	In Subgruppen oder im Plenum: Gemäss Auswertung der Informationen fällt die Entscheidung auf eine Lösung, die auch begründet wird.
Diskussion der verschiedenen Lösungen	Plenum: Die verschiedenen Lösungen werden vorgestellt, diskutiert und miteinander verglichen.
Praxisvergleich	Plenum: Die reale Lösung oder diejenige von Experten wird mit den Gruppen-lösungen verglichen.
Transfer	In der Gruppe oder individuell: Ergebnisse aus der Falllösung werden reflektiert und für die eigene Praxis festgehalten.

Die Bereitstellung geeigneter Fallbeispiele ist ein wesentlicher Qualitätsfaktor von Fallstudien und obliegt der gewissenhaften Expertise der Lehrenden. Diese haben während der Durchführung der Fallstudie eine prozessbegleitende Funktion.

10.5 Simulationen

Kennzeichnendes Element der beruflichen Aus- und Weiterbildung ist, dass Fertigkeiten und Fähigkeiten in der Praxis geübt, perfektioniert und reflektiert werden. Fehlende Praxisplätze oder eine auf Produktivität eingestellte Infrastruktur verunmöglichen u.U. diese Praxiserfahrung. Daher wird versucht, das Praxishandeln durch Simulation zu ersetzen. Folgende Simulationsszenarien haben in der beruflichen Aus- und Weiterbildung Einzug gefunden:

Simulation betrieblicher Praxis	Übungsfirmen, Juniorenfirma, Lernbüro, Firmengründung
Simulation mit Medien	Reale Handlungsobjekte werden virtualisiert und können beeinflusst, modifiziert und gesteuert werden.
Simulationsspiele	Situationen aus dem Alltag werden gespielt (Planspiel, Rollenspiel) und mit realitätsabgeleiteten Regelsystemen gekoppelt (Spielregeln; kybernetische Gesetzmässigkeiten; simulierte Firma mit Marktdynamik etc.).

11

Auswerten

Den Abschluss von Lernprozessen bildet die Auswertung der Lernergebnisse. Im RITA-Modell wird dieser Phase eine entscheidende Bedeutung zugemessen. Ausgehend von kompetenz-, handlungs- und damit auch ergebnisorientierten Ansätzen wird in dieser Phase das Erreichte überprüft. Die Ergebnisse der Überprüfung sind gleichzeitig Ausgangspunkte weiterer Lernprozesse. Jeder Bewertung, sei es eine Fremd- oder Selbstbeurteilung, liegt ein Wahrnehmungsprozess zugrunde.

11.1 Wahrnehmung und Bewertung

Im Alltag sind Wahrnehmungs- und Bewertungsprozesse aneinander gekoppelt. Im Prinzip bewerten Menschen dauernd. Sie finden ihre Sinneswahrnehmungen angenehm, angsterregend, fremd, bekannt, gut, schlecht, anregend etc. Grundsätzlich werden zwei Beurteilungs- resp. Bewertungsschritte unterschieden. In einer unsystematisch-vorurteilsgesteuerten Bewertung werden zunächst unbewusste und unreflektierte Beurteilungen vorgenommen. In einer systematisch-expliziten Bewertung erfolgt der Beurteilungsprozess bewusst und geplant. Die Schulbenotung ist eine systematisch-explizite Bewertung, die im Vorfeld durch unbewusste Beurteilungen bzw. Vorurteile beeinflusst sein kann. Lehrpersonen sollten sich dieser Einflussfaktoren stets bewusst sein.

Urteile über Personen sind zunächst Behauptungsurteile. Sie beruhen auf Beobachtungen und Interpretationen. Solange diese Urteile nicht mit Hilfe von systematischen diagnostischen Handlungen (z. B. Prüfungen, systematische Beobachtung) überprüft werden, haben sie den Charakter von Vorurteilen. Ursache ist die selektive menschliche Wahrnehmung, wie die folgende «Geschichte vom Hammer» (Paul Watzlawick, 1983) zeigt:

> *Ein Mann will ein Bild aufhängen. Den Nagel hat er, nicht aber den Hammer. Der Nachbar hat einen. Also beschliesst unser Mann, hinüberzugehen und ihn auszuborgen. Doch da kommt ihm ein Zweifel: Was, wenn der Nachbar mir den Hammer nicht leihen will? Gestern schon grüsste er mich nur so flüchtig. Vielleicht war er in Eile. Vielleicht hat er die Eile nur vorgeschützt, und er hat was gegen mich. Und was? Ich habe ihm nichts getan; der bildet sich da etwas ein. Wenn jemand von mir ein Werkzeug borgen wollte, ich gäbe es ihm sofort. Und warum er nicht? Wie kann man einem Mitmenschen einen so einfachen Gefallen abschlagen?*
>
> *Leute wie dieser Kerl vergiften einem das Leben. Und dann bildet er sich noch ein, ich sei auf ihn angewiesen. Bloss weil er einen Hammer hat. Jetzt reicht's mir wirklich. – Und so stürmt er hinüber, läutet, der Nachbar öffnet, doch bevor er «Guten Tag» sagen kann, schreit ihn unser Mann an: «Behalten Sie Ihren Hammer.»*

Die folgenden Kapitel beschreiben psychologische Regeln und Kriterien des Wahrnehmens und Beurteilens.

11.1.1 Kompromissbildung zwischen objektiver Tatsache und persönlich-sozialer Situation

Menschen meinen, dass das, was sie (subjektiv) sehen, auch tatsächlich (objektiv) so ist. Der Wahrnehmungsakt ist aber immer ein Kompromiss zwischen dem wahrgenommenen Objekt und der persönlichen Situation des Einzelnen. So bedingen z. B. Hungerzustände, dass die Umwelt bezüglich Nahrungsmittel anders (selektiv) wahrgenommen wird. Es scheint menschlich zu sein zu versuchen, Unterschiede zwischen persönlicher Situation und Umwelt mittels selektiver Wahrnehmung abzuschwächen. Das heisst: Wir legen uns die Welt zurecht. Dies wird deutlich, wenn zwei Menschen dieselbe Situation erleben und im Nachhinein so unterschiedlich darüber berichten, als ob es sich um zwei verschiedene Ereignisse handle.

Zusätzlich deutet vieles darauf hin, dass auch Persönlichkeitsmerkmale wie Selbstsicherheit, Ängstlichkeit u. a. die Wahrnehmung beeinflussen. So werden intelligente Beiträge von selbstsicheren Lehrpersonen ganz anders beurteilt als von eher unsicheren. Neben diesen vom Beobachter abhängigen Effekten müssen auch Faktoren der Umwelt resp. der Gesamtsituation berücksichtigt werden. So kann ein Schulleistungsurteil wesentlich von Informationen abhängen. Folgendes Beispiel verdeutlicht diesen subtilen psychologischen Prozess:

Ein Student fällt durch seine konstruktiven Beiträge im Unterricht positiv auf. Die Lehrperson kommt (durch subjektive Wahrnehmung und Bewertung) immer mehr zur Überzeugung (interne Hypothese), dass dieser Student besonders intelligent und fachlich versiert ist. Bei der Auswertung einer nachfolgenden schriftlichen Arbeit entsteht in der Lehrperson mit jeder schlecht gelösten Aufgabe eine Diskrepanz zwischen Wahrnehmungsprodukt (objektive Wahrnehmung) und Hypothese. Die Lehrperson versucht nun (unbewusst), dieses kognitive Ungleichgewicht mittels selektiver Wahrnehmung auszugleichen. Grundsätzlich wäre dies möglich, indem sie die Hypothese anpasst. Viel wahrscheinlicher ist aber, dass sie die Lösungen des Studenten besser bewertet und so die Diskrepanz (Enttäuschung) verringert. (Solche Kompromissbildung kann natürlich auch in umgekehrter Richtung erfolgen: Die guten schriftlichen Leistungen eines vermeintlich schlechten Studenten werden abgewertet.)

11.1.2 Zwanghafte Erklärung und Ursachenzuschreibung

Viele Menschen haben den Hang, alle Beobachtungen zu erklären. Sie versuchen mehr oder weniger bewusst, ihre subjektiven Wahrnehmungen ursächlich zu deuten. Solche Ursachenzuschreibung ist aber ein «schöpferischer Akt» der Wahrnehmenden und muss sich mit den tatsächlichen Ursachen nicht decken. Der Grund für dieses Verhalten liegt darin, dass dadurch eine gewisse Kontrolle über die jeweilige Situation erlangt wird.

Die Ursachenerklärung kann sich sowohl auf Objekte als auch auf Personen beziehen:

- Eine kaum leserliche Schrift in einer Prüfungsarbeit wird mit fehlendem Interesse oder Engagement der/des Lernenden in Verbindung gebracht.
- Die fehlende Teilnahme an mündlichen Diskussionen wird mit Schüchternheit, Interessenlosigkeit oder mangelnder Sprachkompetenz des/der Lernenden begründet.
- Eine persönliche Höchstleistung des/der Lernenden wird mit intensiver Vorbereitung, grosser Intelligenz, lernfördernden Umständen etc. in Verbindung gebracht.

Auch in der Art der Ursachenzuschreibung unterscheiden sich Menschen wesentlich. So argumentieren bei einem Misserfolg sogenannte Erfolgssucher ganz anders als Misserfolgsvermeider. Ein Erfolgssucher wird einen Misserfolg mit Ursachen begründen, die aus seiner Sicht verbessert und korrigiert werden sollen. Misserfolgsvermeider werden in derselben Situation vielmehr Begründungen im Bereich persönlicher Unfähigkeit oder ungünstiger Bedingungen suchen.

11.1.3 Beeinflussung durch Erwartungshaltungen

Rosenthal und Jacobson (1968) konnten zeigen, dass hohe Erwartungen der Lehrpersonen an ihre Schüler und Schülerinnen deren Leistungen steigerten und umgekehrt. Bei diesem «Rosenthaleffekt» bleibt jedoch methodisch unklar, ob sich tatsächlich die Leistungen der Lernenden oder nur die Wahrnehmungen der Lehrenden veränderten. Jegliche Information über Lernende beeinflusst die Erwartungen der Lehrenden. Diese wiederum haben Einfluss auf die persönliche Leistungswahrnehmung der Lernenden.

11.1.4 Naive Persönlichkeitstheorien

«Wer einmal lügt, dem glaubt man nicht …» Das tägliche Leben ist bestückt mit naiven Theorien darüber, wie menschliche Eigenschaften miteinander in Beziehung stehen. Solche subjektive Theorien beeinflussen die Einstellungen des Einzelnen und diese wiederum seine Wahrnehmung, welche dann wieder auf die naive Theorie zurückwirkt und sie bestärkt. Der Grund, warum sich zum Beispiel Vorurteile so hartnäckig halten können, liegt in diesem Bedingungszirkel. Naive Persönlichkeitstheorien haben die Funktion, schnell und ökonomisch ein Urteil fällen zu können. In der Leistungsbeurteilung besteht jedoch die Gefahr, dass ein Urteil stark verzerrt wird.

11.1.5 Informationsverlust durch Kodierung der Wahrnehmung

Sobald Beobachtungen in einem Bewertungsprozess niedergeschrieben werden, beginnt ein Kodierungsprozess. Je fortgeschrittener die Kodierung ist, umso mehr Informationen gehen verloren. Jede Korrektur einer Prüfung ist mit unterschiedlichen Kodierungsschritten verbunden. Zum Beispiel ergeben Worte Punkte, und gewertete Punkte Punktsummen, denen wiederum wird eine Note zugeordnet. Noten nehmen also einen beträchtlichen Informationsverlust in Kauf und haben eine stark reduzierte Aussagekraft bezüglich der tatsächlichen Leistungen von Lernenden. Das ist mitunter auch der Grund, warum Alternativen zu Notenbeurteilungen entwickelt werden.

11.1.6 Zusammenfassende Fehlertendenzen im Beurteilungsprozess

Wahrnehmung ist grundsätzlich anfällig für Fehler, Tendenzen und Täuschungen.

Durch folgende verfälschenden Tendenzen sind Urteile von Lehrpersonen in erheblichem Masse gefährdet:

- **Hintergrundeffekte:** Dabei handelt es sich um nicht ausschaltbare Einflüsse aus dem Umfeld einer Person. Lernende kleiden sich in einer bestimmten Art oder kommen aus einer bestimmten Szene (Rocker, Banker etc.).
- **Vorwissensfehler:** Unsere Wahrnehmung ist durch Kenntnisse über die zu beurteilende Person bereits beeinflusst, bevor der Kontakt zustande kommt (z. B. durch Informationen einer anderen Lehrperson).
- **Beobachtungsabfolgeeffekt:** Je nach ihrer Abfolge werden Ereignisse unterschiedlich bewertet. So hat der erste oder letzte Eindruck eine besonders nachhaltige Wirkung.
- **Nachbarschaftsfehler:** Durch benachbarte Ereignisse erfolgt eine Vermischung der Beurteilung. (Ein Ärger über Fehler von Novizen kann die Wahrnehmung der Leistung von Fortgeschrittenen beeinflussen.)
- **Schwankungseffekte:** Bei mündlichen Prüfungen wird ein periodisches Absinken und Ansteigen in der Benotung festgestellt. Bei schriftlichen Arbeiten gibt es die Tendenz, die ersten Arbeiten strenger zu benoten.
- **Wertungseffekt:** Die Wertschätzung des Beurteilers für bestimmte Ergebnisse beeinflusst ein Urteil im Sinne der sozialen Erwünschtheit. Eine als uninteressant bewertete Aufgabenstellung einer Diplomarbeit z. B. wird ein Urteil anders beeinflussen als eine als spektakulär eingeschätzte.
- **Kontrastfehler:** Ein Beurteiler ist bestrebt zu demonstrieren, dass er besser ist als der zu Beurteilende.
- **Mildeeffekt:** Der Mildeeffekt bezeichnet die Tendenz eines Beurteilers, zu gut zu bewerten. Dazu gibt es verschiedene Erklärungen:
  - Eine schlechte Beurteilung könnte der beurteilten Person schaden.
  - Die Lehrperson müsste sich für eine schlechte Beurteilung rechtfertigen.
  - Die Lehrperson ist nicht in der Lage, sich gründlich mit der Bewertungsaufgabe auseinanderzusetzen.

- **Strengeeffekt:** Die Zuschreibung einer hohen Bedeutung (z. B. in einem Lehrbereich) kann dazu führen, im Vergleich mit Fachkollegen strenger zu beurteilen.
- **Logischer Fehler:** Durch die Anwendung naiver Persönlichkeitstheorien und daraus resultierender logischer Verkettung entsteht ein falsches Urteil. Zum Beispiel kann eine einzelne Beobachtung – jemand meldet sich nicht im Unterricht – eine naive Ursachenverknüpfung auslösen: uninteressiert → unkonzentriert → lernschwach → unintelligent → ungeeignet.
- **Haloeffekt:** Dieser Effekt bezeichnet die Tendenz, Teilurteile über eine Person aufgrund des Gesamt- oder eines anderen Teileindrucks abzugeben. Dieser Effekt wird v. a. bei unpräzisen und unspezifischen Merkmalen ausgelöst. Beispiel: In einer Prüfung löst eine Kandidatin die erste Aufgabe brillant – die Brillanz wirkt beeinflussend, indem sie die anderen Leistungen überstrahlt, was zu einer Überbewertung führt.
- **Generalisierungsfehler:** Ein besonders beeindruckendes Ereignis wird hinsichtlich seiner Häufigkeit und Bedeutsamkeit auf andere Bereiche der zu beurteilenden Person übertragen.
- **Zentrale Tendenz/Polarisierungstendenz:** Beurteiler haben entweder eine Tendenz zur Mitte und meiden extreme Aussagen oder umgekehrt.
- **Laienfehler:** Fehler aufgrund fehlender Sachkompetenz.
- **Interaktionsfehler:** Lernende, die sich gemäss den erwünschten Zielen und Erwartungen (sozial erwünscht) verhalten, werden tendenziell besser beurteilt. Das kann zur Belohnung von Anpassung und Bestrafung von Kritikern führen.
- **Sympathie-/Antipathiefehler:** Durch freundliche oder unfreundliche Interaktion wird ein Urteil positiv oder negativ beeinflusst.

11.2 Beurteilung im Unterricht

Im Unterricht wird unterschiedlich systematisch beurteilt. Spontane mündliche Rückmeldungen erfolgen meist eher unsystematisch, während detailliert ausgearbeitet schriftliche Prüfungen systematische Beurteilungen ermöglichen.

Beurteilungen im Unterricht haben unterschiedliche Verbindlichkeit:

Systematisch	Art	Beispiel	Kontext
	Qualifikation	◦ Tests ◦ Selektion ◦ Übertritt/Ausschluss	◦ Prüfungen ◦ Zeugnisse ◦ Leistungsmessungen
	Standortbestimmung	◦ Gemeinsame Entwicklung von Lernstrategien ◦ Planung von Massnahmen in Verbesserungsprozessen	◦ Lernberatungen ◦ Lernbegleitungen ◦ Besprechungen
	Feedback	◦ Bestärkung oder Kritik auf Lernprozesse oder Lernergebnisse ◦ Übungsmaterial mit Lösungen zur Verfügung stellen	◦ Unterrichtsgespräche ◦ Begleitung in Lernprozessen ◦ Selbstkontrolle
Unsystematisch			

Mit mehr- oder weniger systematischen Beurteilungen werden unterschiedliche Ziele verfolgt:

- Bestätigung erfolgreich absolvierter Lernschritte
- Selektion zur Aufnahme oder für Übertritt
- Erkennen von Lerndefiziten zur Planung nächster Lernschritte
- Fremd- und Selbsteinschätzung zur Lernsteuerung
- Prognose über den weiteren Lernerfolg
- Motivation, weitere Lernschritte anzugehen

11.3 Arten von Beurteilungen

11.3.1 Formative Beurteilung

Bei einer formativen Beurteilung steht das Aufzeigen von Entwicklungsschritten im Sinne einer Prozessorientierung im Vordergrund. Die lernende Person erhält durch ein Lernsystem oder die Lehrperson kontinuierlich Rückmeldungen über den Lernfortschritt sowie Vorschläge für eine Verbesserung und Weiterentwicklung. Beispiele dafür sind:

- Beurteilungsgespräch
- Besprechung einer Aufgabe
- Führen eines Lerntagebuches
- Führen eines Portfolios
- Lösen von Kontrollaufgaben

Formative Beurteilungen erfolgen durch Selbst- oder Fremdeinschätzung. Der Rollenschwerpunkt von Lehrpersonen liegt im Bereich des Beratens.

Es empfiehlt sich, im Unterricht immer wieder formative Beurteilungen durchzuführen!

11.3.2 Summative Beurteilung

Mit der summativen Beurteilung werden Gesamt- oder Teilleistungen von Lernenden bewertet. Die Hauptfunktion besteht darin, genaue Informationen über den Leistungsstand der Lernenden zu erhalten. Die Beurteilung kann sich nach der sozialen Norm (Vergleich mit der Klassenleistung), den vorgegebenen Lernzielen oder der individuellen Situation richten.

11.3.3 Formen von Beurteilungen

Neben den konventionellen Prüfungen werden heute verschiedene andere Arten erfolgreich eingesetzt:

- schriftliche und mündliche Schlussprüfung für Bildungsabschlüsse; vorwiegend summativ
- Teilleistungstest im Schulalltag als Teilabschluss; vorwiegend summativ
- Lernerfolgskontrolle in Form von Ergebnissen oder Produkten: schriftliche Berichte; Vorträge; Lösung einer Fallstudie; Präsentation von Ergebnissen, Arbeitsprobe etc.; formativ oder summativ
- Beurteilungsgespräch: Standortbestimmung mit Fremd- und Selbsteinschätzung; formativ oder summativ
- Kompetenznachweis: dokumentierte und reflektierte Umsetzungsarbeit, in der die erworbenen Kompetenzen gezeigt werden; formativ oder summativ
- Performanzdossier: Umsetzungsarbeiten in der Praxis werden dokumentiert und reflektiert; formativ oder summativ
- Assessment: mehrschichtige realitätsnahe Prüfungssituation, in der Beobachtungen und Ergebnisse in die Beurteilung einfliessen
- Portfolio: Sammlung von Belegen zum Lernprozess und zu den erarbeiteten Kompetenzen; formativ oder summativ

11.3.4 Aufgabenkonstruktion

Der Schlüssel zur erfolgreichen formativen wie summativen Beurteilung ist die Aufgabenkonstruktion. Dabei ist folgender Fragenkatalog hilfreich:

Kriterien	Kommentar
Kann mit der Prüfung resp. den einzelnen Aufgaben das Erreichen der Lernziele überprüft werden?	Beim zielorientierten Unterricht mit entsprechender Transparenz für die Lernenden sollte die Prüfung kohärent ausgerichtet und gestaltet sein. Das schafft Klarheit, Sicherheit und fördert die Motivation.
Spiegeln die ausgewählten Aufgaben den Lernprozess und die Lerninhalte des Unterrichts wider?	Nur Wissen und Kompetenzen prüfen, die Gegenstand des Unterrichts waren. Themen, die im Unterricht viel Zeit beanspruchten, sollten auch in der Prüfung entsprechenden Raum erhalten.
Werden die zentralen und bedeutsamen Inhalte des Unterrichts geprüft?	Die Kernkompetenzen, die im Unterricht angestrebt wurden, sollten in der Prüfung entsprechend getestet werden.
Sind die Aufgaben situiert?	Die Aufgaben sollten einen Bezug zur Arbeitssituation, Lebenssituation oder Situation im Fachbereich haben.
Sind die Aufgaben transferorientiert?	Die Prüfungsaufgaben sollten den Lernenden ermöglichen, ihre Kompetenzen in unterschiedlichen und neuartigen Aufträgen unter Beweis zu stellen.
Entsprechen die Schwierigkeitsgrade der einzelnen Prüfungsaufgaben den Übungen im Unterricht?	Eine Prüfungsaufgabe auf der Stufe K3 sollte auch auf diesem Niveau vermittelt und geübt worden sein. Subjektiv nehmen die Lernenden die Prüfungsaufgaben eher als schwieriger wahr.
Sind die Aufgaben handlungsorientiert?	In Prüfungsaufgaben sollten nicht nur repetitives Wissen und repetitive Fertigkeiten getestet werden. Vielmehr sollten die Lernenden mittels handlungsorientierter Aufgaben aufgefordert werden, Probleme zu lösen. Die Aufgabenstellung ist so konstruiert, dass Planen, Durchführen und Auswerten verlangt werden.
Sind die Aufgaben offen genug?	Es empfiehlt sich, Aufgaben zu stellen, welche unkonventionelle Lösungsansätze fördern und fordern. Diese sollten auch entsprechend honoriert werden.
Sind in den einzelnen Aufgabenstellungen Information und Auftrag resp. Fragestellung deutlich voneinander getrennt?	Verschachtelte Aufgabenstellungen sind zu vermeiden, da sie weniger die erworbenen Kompetenzen abfragen als hohe Anforderungen an die Sprachkompetenz stellen.
Sind die Aufgaben klar und verständlich formuliert?	Klarheit in der Aufgabenstellung gibt den Lernenden Sicherheit. Unbekannte Begriffe erzeugen das Gefühl von Ohnmacht und Ungerechtigkeit.
Sind die Aufgaben unabhängig voneinander lösbar?	Aufgaben, die in sich geschlossen sind, ermöglichen den Lernenden, Leistungen in Teilbereichen zu zeigen und erleichtern den Prüfenden die Bewertung.
Finden sich in der Prüfung verschiedene Typen von Aufgaben?	Die Varianz von Aufgaben wirkt anregend und verhindert die Benachteiligung oder Bevorteilung einzelner Lernenden, die eine Abneigung oder Präferenz gegenüber bestimmten Aufgabentypen haben.
Enthalten die Aufgaben die notwendigen Angaben betreffend Form und Umfang?	Klare Angaben zu Form und Umfang der Lösungen schaffen Transparenz und erleichtern die Bewertung.

11.3.5 Aufgabentypen

Für die Gestaltung von Prüfungen steht eine breite Palette von vielfältigen Aufgabentypen zur Verfügung.

Typ	Beispiel	Kommentar
Geschlossene Aufgaben	Nennen Sie fünf Beispiele unterschiedlicher Aufgabentypen.	Geeignet für Wissensaufgaben der Stufe K1, höchstens aber K2; geschlossene Aufgaben sollten in Prüfungen nicht in der Überzahl sein.
Richtig-Falsch-Aussagen	Kreuzen Sie an, ob die folgenden Aussagen richtig oder falsch sind.	Wissensaufgaben bis Stufe K2; Aufgabenkonstruktion und Formulierung sind anspruchsvoll.
Multiple-Choice-Aufgaben	Welche der folgenden Aussagen treffen zu?	Wissensaufgaben bis Stufe K3; die Aufgabenkonstruktion ist sehr anspruchsvoll, wobei die Auswertung ökonomisch ist.
Problemlösungs-aufgaben	Berechnungen, Beurteilungen, generelle Lösungsentwicklungen etc.	Empfehlenswerter Aufgabentyp; Prüfungsaufgaben Stufen von K3 bis K6; anspruchsvoll bei der Beurteilung von Teilleistungen
Minifallstudie	Schilderung eines kleinen praktischen Fallbeispiels bestehend aus – Problembeschreibung – Problemlösung – Analyse eines Lösungsvorschlags – Beurteilung von Lösungen	Empfehlenswerte praxisorientierte Aufgabe auf den Stufen K3 bis K6; fördern den Transfer in die Praxis
Analyseaufgaben	Die Lernenden analysieren Daten aus der Praxis Sie erhalten Tabellen, Grafiken und müssen Zusammenhänge herstellen sowie Folgerungen ziehen.	Sehr anspruchsvolle Aufgaben auf der Stufe K4; meist praxisorientiert
Grafische Aufgaben	Auftrag zur grafischen Darstellung von Fakten und Zusammenhängen.	Aufgaben auf den Stufen K1 und K2; eine gute Alternative zu geschlossenen Aufgaben
Offene Aufgaben	Beschreiben Sie mindestens fünf Zusammenhänge zwischen Wahrnehmungstendenzen und Messfehlern bei der Beurteilung von Prüfungen. Beschreiben Sie zu jedem Zusammenhang eine Gegenstrategie zur Messfehlerreduktion. Stellen Sie die Antworten in einer dreispaltigen Tabelle dar. **Typen von offenen Aufgaben** ▷ Vergleiche anstellen (Finden Sie Ähnlichkeiten, Unterschiede …) ▷ Stellung nehmen (Begründen Sie, warum …) ▷ Zusammenfassen ▷ Verallgemeinern (Formulieren Sie Prinzipien, erklären Sie folgende Ereignisse ...) ▷ Schlussfolgerungen ziehen (Was wird wohl geschehen?) ▷ Klassifizieren (Gruppieren Sie …) ▷ Eigene Ideen entwickeln (Listen Sie mindestens sechs mögliche Vorgehensweisen auf …) ▷ Analysieren (Welche Überlegungsfehler stecken in der folgenden Begründung? …) ▷ Synthese erstellen (Beschreiben Sie einen Vorgehensplan …) ▷ Auswerten (Beschreiben Sie je fünf Stärken und Schwächen von xy …)	Verbreiteter Aufgabentyp; Erwartungen müssen in der Aufgabe klar deklariert sein (fünf Zusammenhänge und je eine Gegenstrategie); es können auch Ansprüche an die Form gestellt werden (Darstellung in einer Tabelle).

Fortsetzung der Tabelle von Seite 149

Typ	Beispiel	Kommentar
Vervollständigungs-aufgaben	Lückentexte, unvollständige Skizze (Ergänzung von Text, Zusammenhangspfeilen etc.)	Wissensaufgaben bis Stufe K2
Kompetenz-nachweis	Mittels einer Aufgabenstellung werden die Kompetenzen in einer schriftlichen Arbeit dokumentiert.	Einzelne Kompetenzen können überprüft werden. Die Schriftlichkeit schränkt allerdings die Güte ein.
Praxisaufgabe	Lernende werden in der Praxis beobachtet und beurteilt.	Die Performanz wird geprüft, wobei nicht sicher auf die vorhandenen Ressourcen geschlossen werden kann.
Perfomanzdossier	Die Lernenden dokumentieren die Umsetzung in der Praxis und reflektieren diese mit Hilfe der vorgegebenen Ressourcen (Theorien, Modelle etc.).	Umfassende Prüfungsform, die Performanz, Kompetenzen und Ressourcen überprüft. Mit einem Fachgespräch kann zudem die Leistung validiert werden.

11.4 Schulische Leistungsbeurteilung als Messvorgang

Da es sich bei der Korrektur, Punkteverteilung und Benotung von Prüfungen um eine Leistungsmessung handelt, ist es notwendig, sich genauer mit dem Messvorgang auseinanderzusetzen. Messen im weiteren Sinne ist die Zuordnung von Kategorien zu Objekteigenschaften. Messen im engeren Sinne bedeutet die Zuordnung von Zahlen zu Objekteigenschaften. Zuordnungen können auf vier verschiedenen Skalenniveaus stattfinden:

- **Nominalskala:** Wenn ein Merkmal in seiner Ausprägung zwar unterschieden, nicht aber in eine Rangfolge gebracht werden kann, spricht man von einem nominalen Merkmal. Beispiele dafür sind männlich/weiblich, blond/rot/braun. Den Merkmalen werden häufig die Zahlen 0 und 1 zugeordnet.
- **Rangskala oder Ordinalskala:** Dieses Niveau liegt vor, wenn einer Objekteigenschaft Zahlen zugeordnet werden, die eine Rangfolge zum Ausdruck bringen sollen. Eine Rangliste mit entsprechenden Nummern ist ein Beispiel dafür. In der Alltagssprache wird oft auf dieses Skalenniveau zurückgegriffen (Notenskala).
- Eine **Intervallskala** liegt dann vor, wenn den Objekteigenschaften Zahlenwerte zugeordnet werden, die auch etwas über deren Abstände aussagen. Gleich grossen Abständen in den gemessenen Eigenschaften entsprechen gleiche Messwerte. Eine Aufgabe mit zehn Teilleistungen, die zehn Punkte ergibt, die gemäss beobachteten Leistungen verteilt werden, misst auf dem Niveau der Intervallskala.
- Das **Verhältnisskalenniveau** liegt vor, wenn für die zugeordneten Messwerte ein Nullpunkt definiert ist. Damit besteht die Möglichkeit, Aussagen über ein Verhältnis zu machen. So kann die Zeit, die ein Kandidat oder eine Kandidation für die Lösung einer Aufgabe braucht, im Vergleich mit anderen gemessen werden, so dass sich Aussagen wie «Er war doppelt so schnell» ergeben. Allerdings sind Leistungen im Ausbildungskontext im Normalfall nicht auf diesem Niveau abbildbar.

Die meisten Notensysteme basieren auf einem Rangskalenniveau und nicht, wie häufig angenommen, auf einem Verhältnisskalenniveau. Werden Schulleistungen mit Punkten versehen (z. B. bei Teilleistungen) und in Notenwerte übertragen, so kann bestenfalls von einem Intervallskalenniveau gesprochen werden.

11.4.1 Messqualität

Messungen müssen bestimmten Anforderungen genügen, damit die Ergebnisse sinnvoll verwertet werden können. Dazu gibt es drei sogenannte Gütekriterien: Objektivität, Zuverlässigkeit und Gültigkeit.

Objektivität

Die Objektivität einer Messung bezeichnet den Grad der Unabhängigkeit von der messenden Person. Bezüglich der schulischen Leistungsbeurteilung kann die Frage gestellt werden, inwiefern die Ergebnisse einer Prüfung unabhängig von der Lehrperson zustande gekommen sind. Dabei gilt es drei Aspekte der Objektivität zu beachten:

- Die **Durchführungsobjektivität** bezieht sich auf die Reglementierung und Vereinheitlichung des Messvorgangs. Durch konstante Rahmenbedingungen (Zeitpunkt, Aufgabenstellung, Hilfsmittel etc.) wird die Objektivität erhöht.
- Die **Auswertungsobjektivität** bezieht sich auf die Erfassung von Prüfungsleistungen, bei der richtige von falschen Lösungen unterschieden und Einzelschritte bzw. fehlende Teile registriert werden. Eine detailliert ausgearbeitete Musterlösung erhöht die Auswertungsobjektivität.
- Die **Interpretationsobjektivität** bezieht sich auf die Bewertung der Leistungen in Noten, Prädikaten etc.

Zuverlässigkeit (Reliabilität)

Die Reliabilität bedeutet die Zuverlässigkeit einer Messung, ihre Genauigkeit und Treffsicherheit. Auf die Schulleistungsmessung bezogen lautet die Frage, inwieweit sichergestellt ist, dass ein Messergebnis den wahren Ausprägungsgrad der Leistung repräsentiert und nicht über Gebühr von Messfehlern verfälscht ist. Die Zuverlässigkeit einer Leistungsmessung wird wesentlich durch die Art und Anzahl der Aufgaben und das Vorgehen bei der Korrektur beeinträchtigt. Eine 100 %ige Zuverlässigkeit ist nicht zu erreichen. Sie kann allenfalls maximiert werden, indem z. B. (unvermeidliche) Fehler gleich verteilt sind.

Gültigkeit (Validität)

Die Gültigkeit oder Validität einer Messung ist von verschiedenen Faktoren abhängig. Es sind dies die Inhalts-, Prognose- und Übereinstimmungsgültigkeit sowie die Testfairness.

- **Inhaltsgültigkeit:** Wie weit stimmen die im Unterricht erworbenen und die geprüften Kompetenzen überein?
- **Prognosegültigkeit:** Wie aussagekräftig ist die Messung im Hinblick auf zukünftige Leistungen und deren Messung? Legt die Prüfung wirklich angemessenes Gewicht auf das, was für den weiteren Lernprozess bedeutsam ist?
- **Übereinstimmungsgültigkeit:** Stimmen die Prüfungsergebnisse der einzelnen Lernenden mit den Ergebnissen anderer Prüfungen in ähnlichem Kontext überein?
- **Testfairness:** Ist garantiert, dass nicht einzelne Lernende benachteiligt oder bevorzugt werden? In heterogenen Gruppen kann es vorkommen, dass Lernende bei bestimmten Aufgabenstellungen bereits Voraussetzungen mitbringen.

11.4.2 Hinweise zur Messqualität

Objektivität	Zuverlässigkeit	Gültigkeit
◦ Schriftliche Prüfungen sind objektiver als mündliche. ◦ Bewertungen sind nie absolut objektiv, sondern immer auch personenabhängig. ◦ Die präzise Beschreibung von Prozeduren und die Abstimmung zwischen Lehrpersonen erhöhen die Objektivität. ◦ Trennung von Auswertung und Interpretation ◦ Bewertungsfehler sind trotz aller Vorkehrungen kaum zu vermeiden.	◦ Die Auswahl der Aufgaben beeinflusst das Prüfungsergebnis. ◦ Extrem gute oder schlechte Noten sind aussagekräftiger als mittlere. ◦ Die Reihenfolge bei der Korrektur mehrerer Prüfungsarbeiten beeinflusst die Zuverlässigkeit. ◦ Je mehr Aufgaben desto grösser ist die Zuverlässigkeit. ◦ Je differenzierter eine Aufgabe bewertet wird und je mehr Punkte eingesetzt werden, desto grösser ist die Zuverlässigkeit. ◦ Je höher die Punktzahl einer Prüfung desto genauer ist die Messqualität. ◦ Das Wohlbefinden und die psychische Verfassung von Lernenden haben Einfluss auf die Leistung. Eine angstfreie Prüfungsgestaltung durch Transparenz und klare Bedingungen erhöht die Messqualität.	◦ Der Kontext, d. h. Schulen, Regionen, Fächer, Klasse, Schicht und äussere Formen der Prüfung beeinflussen das Ergebnis. ◦ Die Prognosegültigkeit ist oft unzulänglich. ◦ In schriftlichen Prüfungen sollte die Leistungserbringung nicht allzu sehr von der Sprachkompetenz abhängig sein. ◦ Prüfungen möglichst angstfrei gestalten ◦ Gelegentlicher Einsatz standardisierter Schulleistungstests zur Eichung ◦ Die Orientierung am Leistungsstand der Klasse sollte durch mehrere Bezugslehrpersonen erfolgen. ◦ Vermeidung von Bewertungsfehlern mit präventiven Massnahmen in Bezug auf mögliche Störfaktoren ◦ Genügend Prüfungen und Einsatz verschiedener Prüfungsformen im Hinblick auf valide Zeugnisnoten

11.4.3 Bezugsnormen der Leistungsbeurteilung

Bewertungen stehen immer in Bezug zu bestimmten Normen. Sie werden gewissermassen an Normen «justiert», von denen her definiert wird, was als gut oder schlecht zu bewerten ist. Für die Bewertung von Schulleistungen können drei Bezugsnormen herangezogen werden:

- Die **soziale oder auch kollektive Norm** beurteilt die Leistung des Einzelnen im Verhältnis zur Leistung der Gruppe. Sie gilt als gut, wenn sie der Gruppenleistung entspricht oder diese übertrifft; als schlecht, wenn sie im Vergleich abfällt.
- Die **kriteriale Norm** orientiert sich an fachlich-sachlichen Anforderungen, die unabhängig von der Gruppenleistung festgelegt sind. Gut ist eine Leistung dann, wenn sie diesen Anforderungen entspricht oder diese gar übertrifft; schlecht, wenn sie dahinter zurückbleibt. Ein zielorientierter Unterricht verlangt eine kriteriale Norm, z. B. in Form eines Lehrplans.
- Die **individuelle Norm** richtet sich nach dem persönlichen Fortschritt. Gut ist eine Leistung dann, wenn sich die persönliche Leistung verbessert oder gleich bleibende Leistungen auf hohem Niveau nachgewiesen werden. Diese Norm ist vor allem für prozessorientierte Beurteilungen von Bedeutung. Für summative Beurteilungen ist sie nach den meisten Prüfungsordnungen nicht erlaubt.

11.5 Benotungsmodelle

In der Schweiz wird im Schulbereich mit der Notenskala 6 bis 1 benotet, wobei die «6» für eine sehr gute Leistung und die «1» für eine sehr schlechte erteilt wird. Eine «4» bedeutet, dass die Leistung genügend ist. Sie markiert die Grenze zwischen dem Erreichen und Verfehlen der Lernziele. Bei der Festlegung der Notenskala muss diese Grenze insofern beachtet werden, als die geforderten Minimalleistungen bezüglich der Lernziele der Note 4 zugeordnet werden.

Im Gegensatz dazu wird in Deutschland die Note 1 für Bestleistungen verwendet, wobei genügende Leistungen ebenfalls mit der Note 4 bewertet werden. In Österreich wird wie in Deutschland die Note 1 als Bestnote gesetzt, wobei die Skala nur bis zur Note 5 reicht.

Ein Benotungsmodell ist ein Regelsystem, das gezeigten Leistungen entsprechende Bewertungen zuweist. Neben Ziffern können das auch Begriffe, Eigenschaftswörter oder Symbole sein.

Grundsätzlich müssen Benotungsmodelle folgende Anforderungen erfüllen:

- Für gleiche Leistungen innerhalb einer Bezugsgruppe sind immer auch gleiche Noten zu vergeben, wozu Notenskalen dienen.
- Die kriteriale Norm erlaubt es nicht, eine Notenskala unter dem Eindruck der tatsächlich gezeigten Leistungen einer Gurppe nachträglich abzuändern. Wenn hingegen die Prüfungsanalyse zeigt, dass einzelne Aufgaben zu schwierig oder zu wenig trennscharf waren, können diese aus der Bewertung genommen werden.

- Damit der Bewertungsprozess möglichst ökonomisch erfolgen kann, sind Entscheidungsabwägungen zu minimieren. Dazu dient eine eineindeutige Notenskala, die die Mindestanforderungen für eine «4» und eine «6» festlegt.

Meistens wird im schulischen Bereich eine lineare Notenskala verwendet. Den Benotungsmodellen wird aber in der Regel zu viel Beachtung geschenkt, entscheidender sind folgende Faktoren:
- professionelle Gestaltung der Prüfung mit ausgewählten Aufgabenstellungen zur validen Überprüfung angestrebter Kompetenzen
- möglichst hohe Punktzahl, damit auch für Teilleistungen Punkte vergeben werden können
- Definition der Mindestkompetenz für eine genügende Bewertung

11.6 Konzeption von Prüfungen

Mit dem Prüfungsergebnis erhalten die einzelnen Lernenden Informationen zum persönlichen Leistungsstand und wie dieser im Klassenvergleich einzuordnen ist. Zugleich kann sich die Lehrperson ein Bild der Klassenleistung und damit der eigenen Leistung als Lehrperson machen. Prüfungsergebnisse sollten immer auch der Optimierung des Unterrichts dienen.

Die Qualität einer Prüfung und damit der Bewertung (z. B. in Form von Noten) hängt von der sorgfältigen Planung und Prüfungskonstruktion ab. Folgende «Todsünden» sind zu vermeiden:
- Die Prüfung wird rein zufällig zusammengestellt.
- Die Bewertung der einzelnen Aufgaben ist unklar, es werden keine Punkte zugordnet.
- Das Benotungsmodell respektive die Notenskala wird erst im Nachhinein festgelegt.
- Die Aufgabenstellungen und -lösungen der Lernenden werden im Anschluss an die Prüfung keiner Analyse unterzogen.
- Aus Prüfungsanalysen werden kaum Konsequenzen für die weitere Unterrichtstätigkeit gezogen.

Für eine professionelle Prüfungserstellung, wird daher folgendes Vorgehen empfohlen:
1. Planung der Prüfung nach Inhalten, angestrebten Kompetenzen und Zielen
2. Konstruktion der Prüfung mit den einzelnen Aufgaben, Punktezuteilung zu den einzelnen Aufgaben und Bestimmung des Punktetotals
3. Festlegung der erwarteten Mindestkompetenz
4. Wahl der Notenskala
5. Durchführung der Prüfung
6. Korrektur der Prüfung
7. Bewerten der Leistungen (z. B. Noten)
8. Prüfungs- und Aufgabenanalyse
9. eventuelle Veränderung der Bewertung
10. Ableitung von Konsequenzen für den Unterricht

11.6.1 Prüfungserstellung

Mit einer durchdachten Konzeption wird der Grundstein für eine gute Prüfung gelegt. Folgende Aspekte sind zu beachten:

- **Auswahl der Prüfungsform:** Je nachdem, ob Ressourcen ermittelt, Kompetenzen überprüft oder die Performanz bewertet werden, kommen unterschiedliche Prüfungsformen zum Einsatz.
- **Auswahl der Prüfungsinhalte:** Repräsentative Aufgaben auswählen, die den Unterricht proportional abbilden; Auswahl von Aufgaben, die für das Fach und die Ausbildung bedeutsam sind
- **Auswahl der Aufgabentypen:** Verschiedene und den Zielen entsprechende Aufgabentypen auswählen (siehe 11.3.5)
- **Festsetzen des Anforderungsniveaus:** Die Aufgaben sollten dem Niveau der Lernziele und des Unterrichts entsprechen (K-Stufen).
- **Bestimmen des Aufgaben- und Prüfungsumfangs:** Dilemma zwischen mehreren kleinen Aufgaben (zuverlässig; inhaltsvalide) und wenigen umfangreichen komplexen Aufgaben (gründlichere Erfassung der Fähigkeiten); Vermeidung einer einseitigen Praxis; nicht zu kurze Prüfungen; Abwechslung; Fazit: Mischung von kleineren und grösseren Aufgaben als Kompromiss
- **Formulierung der Aufgaben:** Gut verständliche, einfache Sprache; Vermeidung unbekannter Begriffe und komplizierter Satzstrukturen; Gliederung der Aufgaben in Informations- und Frageteil; Frageteil mit präziser Anweisung
- **Anordnung der Aufgaben:** Grundsätzlich können Lernende die Reihenfolge selbst wählen; Einstiegsaufgabe als Aufwärmaufgabe, da die vorgegebene Reihenfolge meist übernommen wird; Aufgaben beliebig anordnen und dies den Lernenden auch kommunizieren
- **Planung der Prüfungssituation:** Rechtzeitige Planung und Bekanntgabe der Prüfungstermine; auf die Raumqualität achten; Störungen und Unterbrechungen präventiv vermeiden; Kalkulation des Arbeitstempos; erlaubte Hilfsmittel wie bei Übungen im Unterricht
- **Ausarbeiten einer Musterlösung:** Mit der Ausarbeitung einer Musterlösung lassen sich Fehler in der Prüfung im Voraus erkennen und beheben, Punkte präzis zuordnen und Mindestkompetenzen einfacher bestimmen.

11.6.2 Punktezuteilung

Untersuchungen zur Objektivität, Zuverlässigkeit und Gültigkeit von Benotungssystemen sprechen mehrheitlich für eine hohe Punktzahl bei Prüfungen. Für die Punktezuteilung gilt: Jede isolierbare Einzelleistung gleicher Grösse ist gleich zu gewichten. Je nach Auswertungsrichtung ist dafür ein Punkt zu vergeben oder ein Fehler zu zählen. Gewichtungen über die Punktevergabe sind zu vermeiden. Vielmehr empfiehlt es sich, mit der gezielten Auswahl von Aufgaben, d. h. mit deren Art und Umfang zu steuern. Bedeutungsvolle und im Unterricht entsprechend intensiv geübte Aufgaben sollten in der Prüfung entsprechend berücksichtigt werden. Eine detaillierte Musterlösung unterstützt die Punktezuteilung wesentlich.

11.6.3 Festlegung der Mindestkompetenz

Das Festlegen der Mindestkompetenz ist eine der schwierigsten Aufgaben. Im Hinblick auf die Lernziele und die zu erreichenden Kompetenzen werden diejenigen Anteile von Aufgaben bestimmt, die gelöst werden müssen. Die Anzahl der Punkte dieser Aufgaben ergibt die Mindestpunktzahl für die Note 4. Diese Bestimmung der Mindestkompetenz funktioniert nur, wenn genügend einfache und mittelschwere Aufgaben resp. Teilaufgaben zur Verfügung stehen.

11.6.4 Wahl einer Notenskala

Die Notenskala wird im Voraus ausgewählt und dabei die Mindestpunktzahl für die Note 4 bestimmt. Die Notenskala kann in Form einer Tabelle oder Funktion sein. Weit verbreitet ist eine lineare Funktion, die die Notenzuteilung direkt proportional zur Punktzahl zwischen 1 und 6 verteilt.

$$\mathit{Note} = \frac{5}{\mathit{maximale\ Punktzahl}} \times (\mathit{erreichte\ Punktzahl}) + 1$$

11.6.5 Durchführung der Prüfung

Bei der Durchführung der Prüfung sind die Aspekte der Durchführungsobjektivität zu beachten (siehe 11.4.1).

11.6.6 Korrektur der Prüfung

Beim Korrigieren der Prüfungen sind Lehrpersonen mit dem psychologischen Phänomen der Wahrnehmungsverzerrung konfrontiert (siehe 11.1.6). Um die Beeinflussung gering zu halten, haben sich folgende Regeln bewährt:

- Orientierung an Musterlösung und definierter Punktezuteilung
- eine Aufgabe nach der anderen durchkorrigieren und bewerten; keinesfalls einzelne Arbeiten vollständig korrigieren
- Punktezuteilung nachvollziehbar notieren
- Namen der Lernenden bedeckt halten
- mit der Reihenfolge der Aufgabenkorrekturen bezüglich der Lernenden abwechseln, also vor- und rückwärts korrigieren
- regelmässige Pausen zur Erholung einlegen
- Punkte erst am Schluss zusammenzählen; keine Zwischenbilanz ziehen
- abschliessend jede Arbeit daraufhin kontrollieren, ob alle Aufgaben korrigiert wurden

11.6.7 Bewerten der Leistungen (Note)

Die Festlegung der Noten erfolgt nach der im Vorfeld von der Lehrperson erstellten Notenskala.

11.6.8 Prüfungs- und Aufgabenanalyse

Die Eignung der Aufgaben zeigt sich bei der Korrektur der Arbeiten. Schlecht gelöste Aufgaben müssen einer Analyse unterzogen werden. Jede Prüfung hat daher auch für die Lehrperson einen Lerneffekt und festigt ihre Frage- und Prüfungskompetenz.

Sollten sich Aufgaben im Nachhinein als ungeeignet herausstellen, werden sie aus der Bewertung genommen und die Noten entsprechend korrigiert.

11.7 Kompetenzorientiertes Prüfen

Kompetenzorientiertes Prüfen ist nicht vollkommen neu, alle vorangehenden Hinweise zum Prüfen haben auch hier ihre Gültigkeit. Kompetenzorientierte Prüfungen enthalten zusätzlich zu ressourcenorientierten Wissensprüfungen Aufgaben zur Feststellung der in Kompetenzen zusammgefügten Fertigkeiten, Haltungen und Fähigkeiten. Das Feststellen und Bewerten der Kompetenzen erfolgt sowohl mittels Fremd- als auch Selbsteinschätzung. In Zukunft werden Einstufungen nach Kompetenzniveaus an Bedeutung gewinnen (siehe Kapitel 3). Mit der Prüfung der Performanz zeigen wir, ob die erlangten Kompetenzen auch handlungsleitend und -wirksam sind. Mittels Dokumentation, Reflexion und Gespräch kann sichergesellt werden, dass in der Praxis zielgerichtet und theoriegeleitet gehandelt wird.

Im Lernprozessmodell RITA ist die Auswertungsphase als vierter Schritt verortet. Trotzdem sei darauf hingewiesen, dass auch die vorherigen Schritte mit formativen Prüfungen abgeschlossen werden sollten. Diese dienen der Standortbestimmung, Lernsteuerung und Motivation.

11.8 Minimalcheckliste

Zusammenfassend eine Checkliste mit den wichtigsten Punkten, die es in der Prüfungspraxis zu beachten gilt:

Organisation und Durchführung	Ja	Nein
Wurden die Prüfungstermine rechtzeitig kommuniziert?		
Sind genügend Prüfungen pro Fach vorgesehen?		
Wurde die Klasse über Art, Umfang und Gegenstand der Prüfung vorinformiert (am besten schriftlich)?		
Ist die Prüfung ohne Unterbrechungen und Änderungen durchführbar?		
Können die Ergebnisse der Prüfung in der nächsten Veranstaltung, spätestens aber nach 10 Tagen zurückgemeldet werden (Rückgabe der Prüfung)?		

Prüfungserstellungü	Ja	Nein
Entsprechen die ausgewählten Aufgaben ihren Inhalt und Umfang betreffend der entsprechenden Berücksichtigung im Unterricht?		
Sind die bedeutsamen Elemente des Unterrichts entsprechend berücksichtigt?		
Haben die Prüfungsaufgaben einen Bezug zur Praxis oder Anwendungssituation in einem anderen Fach?		
Wird mit den Prüfungsaufgaben die Überprüfung der angestrebten Kompetenzen ermöglicht?		
Fordern die Prüfungsaufgaben auch zur eigenständigen Entwicklung kreativer Lösungen auf?		
Ermöglichen die Prüfungsaufgaben das Planen, Durchführen und Auswerten; vermeiden sie das rein repetitive Abfragen von Wissen und Fertigkeiten?		
Entsprechen die Schwierigkeitsgrade der Aufgaben den Vorgaben im Lehrplan und dem Niveau im Unterricht?		
Sind Information und Fragestellung/Auftrag in den Aufgabenstellungen getrennt dargestellt?		
Werden bei den Aufgabenformulierungen neue, unbekannte Begriffe vermieden?		
Sind die Aufgaben unabhängig voneinander lösbar?		
Gibt es eine möglichst grosse Abwechslung von Aufgabentypen?		
Ist die Punktezuteilung pro Aufgabe sichtbar?		
Ist die Punkteverteilung gleichmässig (keine Aufgaben mit überproportional vielen Punkten)?		
Enthält jede Aufgabe die nötigen Angaben zur erwarteten Form und zum erwünschten Umfang?		
Wurde die nötige Zeit für eine vollständige Bearbeitung vorgängig abgeschätzt und auf dem Prüfungsblatt schriftlich vermerkt?		
Ist die Musterlösung erstellt?		
Wurden die Punkte in der Musterlösung auf alle möglichen Teillösungen ersichtlich verteilt?		
Ist die Notenskala ausgewählt?		
Bei linearer Bewertung gilt: $\mathit{Note} = \frac{5}{\mathit{maximale\ Punktzahl}} \times (\mathit{erreichte\ Punktzahl}) + 1$ Sind die Aufgaben so ausgewählt, dass 60 % der maximalen Punktzahl erreichbar sind, was der Note 4 für die Mindestkompetenz entspricht?		

Korrektur	Ja	Nein
Wurden die Aufgaben gemäss Musterlösung einzeln korrigiert?		
Ist die Punktezuteilung nachvollziehbar?		
Wurde die Gesamtbewertung erst am Schluss durchgeführt?		

Auswertung	Ja	Nein
Wurde das Prüfungsergebnis im Hinblick auf gut und schlecht gelöste Aufgaben untersucht?		
Wurde die Prüfungsbesprechung geplant und durchgeführt?		
Besteht die Möglichkeit für die Lernenden, nach Rückgabe und Besprechung der Prüfung bei der Lehrperson Einspruch zu erheben?		
Konnten aus dem Resultat der Prüfung Konsequenzen für eventuelle Nachbesserungen gezogen werden?		

Mit der Auswertung der Kompetenzen ist das Lernprozessmodell RITA vollständig erfüllt. Diese Phase kann der Ausgangspunkt für weitere Lernschritte sein. Mit der Auswertung überprüfen wir also nicht nur die Ergebnisse, sondern erhalten auch Informationen für weitere Entwicklungsschritte. Eine differenzierte Auswertung gibt den Lernenden wichtige Hinweise über ihre Zonen der nächsten Entwicklung.

Im folgenden Anhang finden Sie verschiedenste in der Praxis erprobte Methoden. Mit der Kurzbeschreibung der Methode, dem Hinweis auf mögliche Sozialformen, der Beschreibung ihrer Wirkung sowie dem Hinweis auf den Einsatz im Lernprozess (RITA) erhalten Sie wertvolle Impulse zur abwechslungsreichen und lernfördernden Gestaltung Ihres Unterrichts.

12

Methodensammlung A–Z

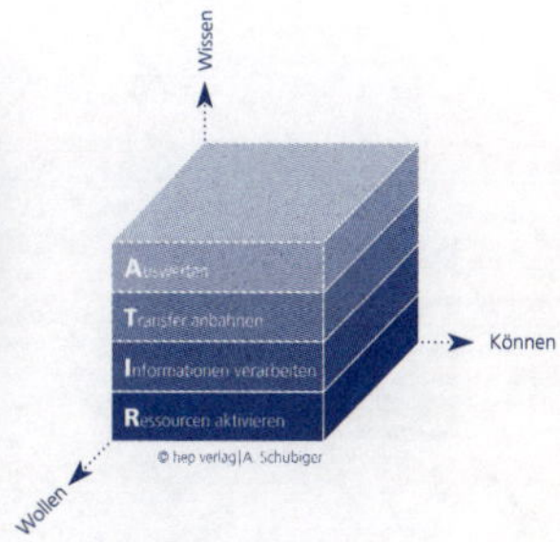

Advance Organizer

Beschreibung

Ein Advance Organizer (AO) ist eine vorausgehende Themenvernetzung mit Ankerbegriffen. Die Lehrperson bietet den Lernenden die zu vermittelnden Lerninhalte in einer logisch zusammenhängenden Struktur zu Beginn einer Lernsequenz dar.

Hierzu werden 20–40 Begriffe mit Bildern und Symbolen in einer logischen Weise miteinander verknüpft.

Ein AO ist ein Vortrag, der zwischen 5–15 Minuten dauern sollte.

Der AO ist während der ganzen Lernsequenz sichtbar (Plakat, Wandtafel, Flipchart, Kopie).

Sozialform

Plenum

Einsatzort RITA

- Zu Beginn als informierender Einstieg
- Während der Lernsequenz kann wieder auf den AO Bezug genommen werden.
- Am Ende nochmals als Zusammenfassung

Wirkung

- ▹ Der AO erleichtert die Verknüpfung von neuem mit vorhandenem Wissen. Er dient der Übersicht und der Vernetzung neuer Stoffgebiete.
- ▹ Der AO sorgt durch die logische Verknüpfung für besseres Verstehen, langfristiges Behalten und bessere Transferleistungen.

Kompetenzwürfel

	Wissen	Wollen	Können
A			
T			
I	●	●	
R	○	○	○

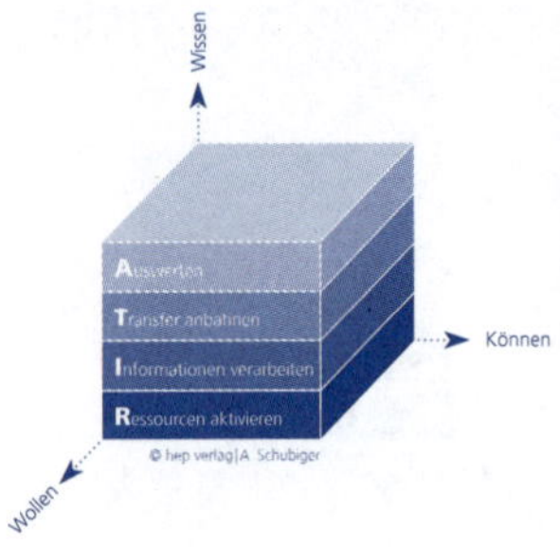

Agenda

Beschreibung	Die Agenda gibt eine Übersicht über den Ablauf einer Lernveranstaltung. Sie ist aber kein Advance Organizer. Sie sollte schriftlich präsentiert werden. Dazu eignen sich die traditionellen Medien wie Wandtafel, Flipchart, Pinnwand etc. Wird die Agenda mit Overheadfolie oder Beamer präsentiert, sollte sie den Lernenden als Kopie zur Verfügung gestellt werden (v. a. bei grösseren Veranstaltungen). Die Agenda sollte die gesamte Veranstaltung über sichtbar sein.
Sozialform	Plenum
Einsatzort RITA	– Zu Beginn als Überblick – Während der Lernveranstaltung kann wieder auf die Agenda Bezug genommen werden (Wo stehen wir? Wie geht es weiter? etc.). – Am Ende für die Reflexion der Lernsequenz
Wirkung	▷ Die Agenda schafft Transparenz. ▷ Die Lernenden können klare Erwartungen an die Lernveranstaltung aufbauen. ▷ Die Lernenden können eventuell eigene Beiträge einbringen. ▷ Der Verlauf der Lernveranstaltung kann immer mitverfolgt werden.

Kompetenzwürfel

	Wissen	Wollen	Können
A			
T			
I	○		
R		○	

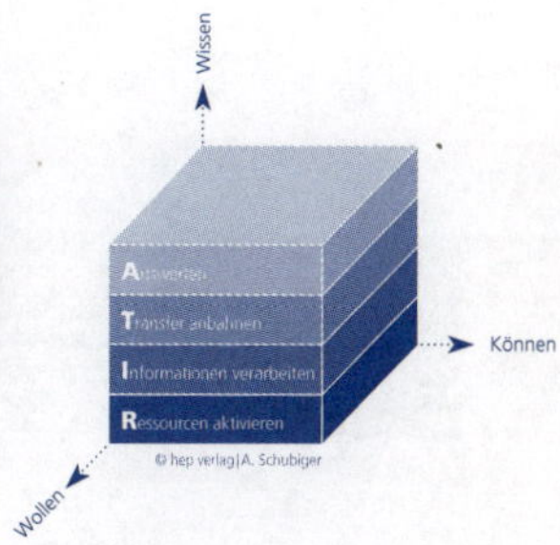

Ampelmethode

Beschreibung

Alle Lernenden erhalten entsprechend einer Verkehrsampel drei Karten in den Farben Rot, Grün und Gelb. Jede Farbe steht für eine Antwort bzw. eine Lösungsmöglichkeit.

Die Lehrperson präsentiert nun eine Frage und drei Lösungsmöglichkeiten, die mit den Farben Grün, Gelb und Rot gekennzeichnet sind.

Nach einer kurzen Vergewisserung, ob die Frage verstanden wurde, halten möglichst alle Lernenden gleichzeitig diejenige Karte hoch, von der sie meinen, dass sie die Farbe der richtigen Antwort ist.

Neben Wissensfragen können Schätzfragen, Zielerreichungsfragen, Einstellungen u.a. gestellt werden.

Die gewählten Antworten werden anschliessend besprochen.

Sozialform

Plenum

Einsatzort RITA

- Zu Beginn zur Einschätzung von Vorwissen
- Zur Einschätzung von Einstellungen
- Am Schluss als Ergebnissicherung

Wirkung

- ▷ Die Ampelmethode zeigt auf spielerische Weise den Kenntnisstand einer Gruppe bzw. welche Lösungsmöglichkeiten bevorzugt werden.
- ▷ Die Lernenden agieren im sicheren Plenum und antworten verhältnismässig anonymisiert.

Kompetenzwürfel

	Wissen	Wollen	Können
A	○		○
T			
I			
R	○	○	○

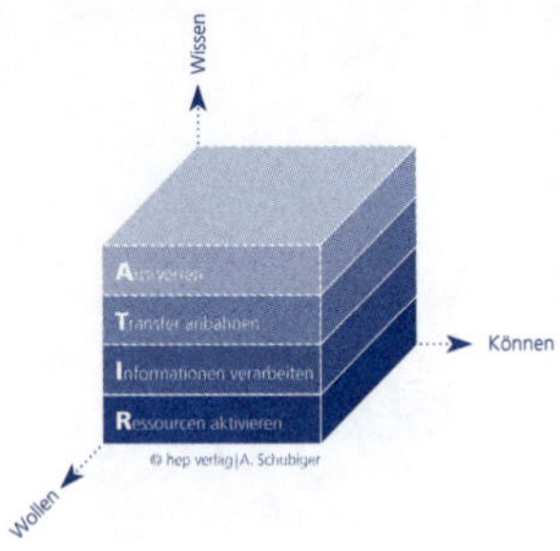

Aquarium

Beschreibung

Einige Lernende sitzen im Innenkreis, um dort stellvertretend für das Plenum über einen Sachverhalt zu diskutieren und auch abzustimmen. Alternativ können auch Dinge vorgemacht werden, z. B. eine neue Methode. Die Kursleitung kann eine moderierende Funktion übernehmen, indem sie Impulse oder Fragestellungen in die Innenrunde wirft.

Die anderen Lernenden sitzen aussen und beobachten (eventuell erhalten sie einen expliziten Beobachtungsauftrag). In der Regel gibt es ein bis zwei freie Stühle im Innenkreis, auf die sich die Aussenstehenden setzen können, um einen Diskussionsbeitrag einzubringen. Danach kehren sie wieder in den Aussenkreis zurück.

Im Anschluss an das Aquarium geben die Aussenstehenden den Personen des Innenkreises eine Rückmeldung bezüglich ihres Beobachtungsauftrages.

Sozialform

Plenum

Einsatzort RITA

- Wenn das Plenum für eine Diskussion zu gross ist
- Geeignet für den Austausch von Argumenten zwischen Vertretern von Meinungsgruppen
- Geeignet für das Vormachen von Methoden

Wirkung

▷ Durch die überschaubare Grösse ist eine flüssige Diskussion möglich.
▷ Lernen durch Beobachten

Kompetenzwürfel

	Wissen	Wollen	Können
A			
T			
I		○	○
R			

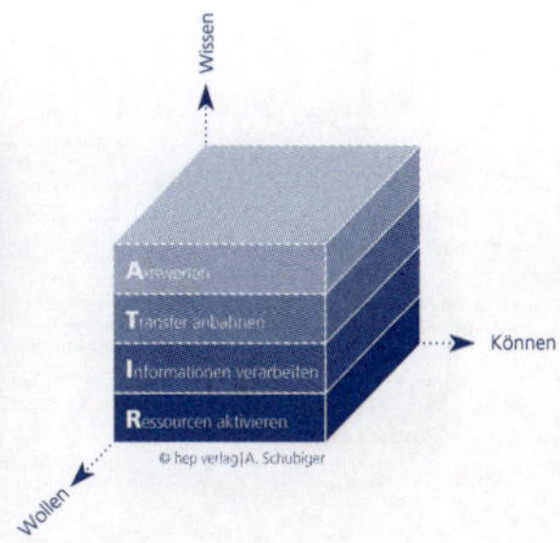

Beutebuch

Beschreibung

Jeder Lernende erhält zu Beginn einer Lernveranstaltung ein leeres Schreibheft, das Beutebuch. Es hat die Funktion, dass die Lernenden vor, während und nach einer Veranstaltung wichtige Erkenntnisse, Beispiele und Anwendungsmöglichkeiten notieren und dokumentieren. Während der Präsenzveranstaltungen werden die Lernenden auch immer wieder angeregt, Beute-Einträge in ihr Buch zu machen.

Es ist sinnvoll, die Idee mit einem Projekt, einer Transferaufgabe oder einer Abschlussarbeit zu koppeln. Das Erbeuten wird darauf fokussiert.

Das Beutebuch bleibt im Besitz der Lernenden und wird nicht vom Lehrenden eingesehen.

Ein Beutebuch kann übrigens auch für den Alltag äusserst nützlich sein, um Ideen, Beispiele, Best Practices etc. festzuhalten.

Sozialform

Einzelarbeit

Einsatzort RITA

Individualisierte Wissensverarbeitung und Nutzung für nachfolgenden Transfer

Wirkung

- Wissen und Erkenntnisse werden zwischengespeichert und für eine weitere Verarbeitung zur Verfügung gestellt.

Kompetenzwürfel

	Wissen	Wollen	Können
A		○	○
T		○	○
I			○
R	○	○	○

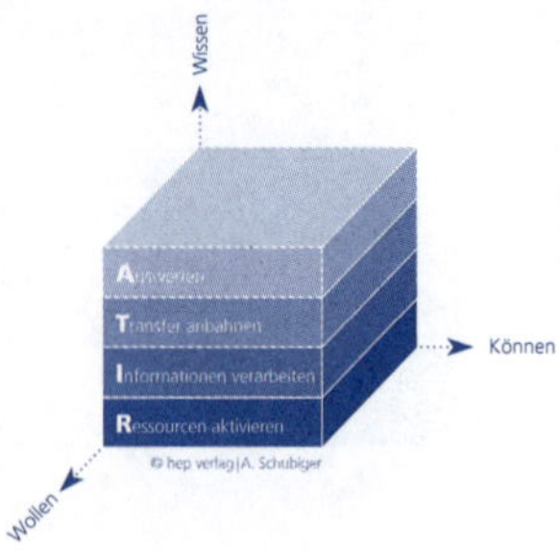

Bienenkorb

Beschreibung	In Kleingruppen wird zu Fragestellungen (Wünsche, Vorkenntnisse, Widerstände, Ängste etc.) diskutiert. Die Wünsche, Fragen, Erwartungen etc. werden auf Karten geschrieben. Alle Karten werden eingesammelt und gemischt. Mit der ganzen Kursgruppe werden die Karten sortiert und auf dem Boden nach Nähe und Distanz gelegt (Klumpen). So entstehen Schwerpunkte, Widersprüche und Tendenzen.
Sozialform	Gruppenarbeit – Plenum
Einsatzort RITA	– Als Einstieg – Insbesondere wenn die Lernenden sich auf die Präsenzstunde vorbereitet haben, können mit dieser Methode Fragen und Widerstände aufgenommen werden.
Wirkung	▷ Erwartungen, Befürchtungen, Widerstände können anonym gesammelt werden. ▷ Schwerpunkte werden sichtbar und können nicht mehr auf das Individuum zurückverfolgt werden. Die Lernenden fühlen sich ernst genommen. Widerstände und Interessen werden aktualisiert. ▷ Sprechängste werden in der Kleingruppe minimiert.

Kompetenzwürfel

	Wissen	Wollen	Können
A			
T			
I			
R	○	●	○

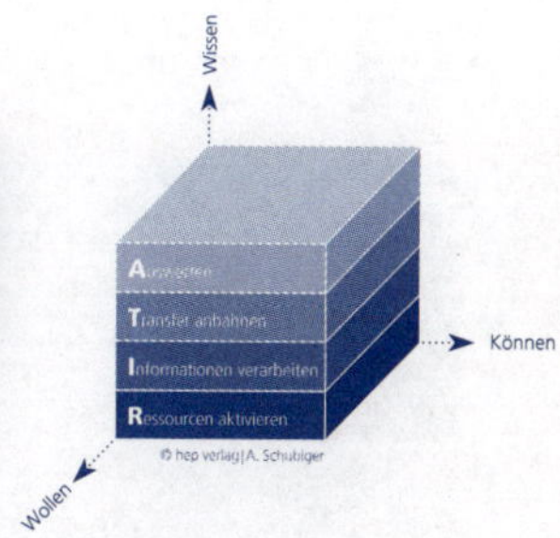

Blinde Kuh

Beschreibung

Neue Begriffe werden durch die Lehrperson auf den Rücken der Lernenden geklebt. Frei herumlaufend versuchen die Lernenden sich gegenseitig die Begriffe zu umschreiben, ohne sie zu nennen. Errät ein Lernender einen Begriff, so wird dieser auf die Brust geklebt.

Einschränkende Regel: Pro Kontakt darf nur eine Umschreibung genannt werden.

Die Methode kann mit einem Multiinterview und einem Netzwerk weitergeführt werden.

Sozialform

Ganze Klasse oder Untergruppen

Einsatzort RITA

Begriffe werden semantisch erweitert, indem sie umschrieben werden. Durch Weiterführung mit Multiinterview und Netzwerkmethode wird das Verständnis gefestigt.

Wirkung

- Hohe Aktivität
- Spielerisches Verhalten
- Mehrperspektivisches Abspeichern von Begriffen

Kompetenzwürfel

	Wissen	Wollen	Können
A	○		
T			
I		●	
R	○	○	

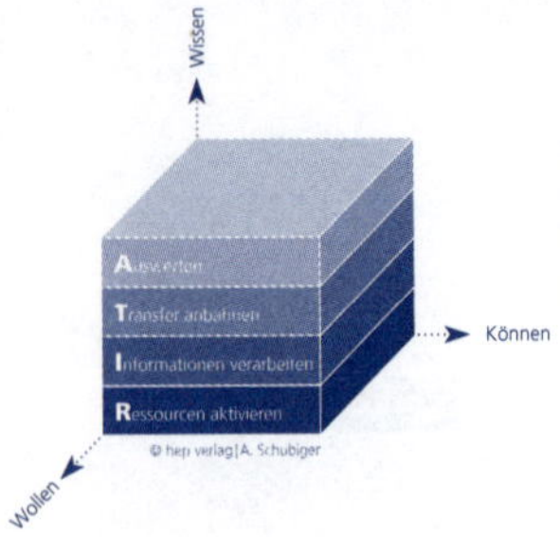

Blitzlicht

Beschreibung

Reihum geben alle Lernenden ihre Meinung oder Antwort zu einer persönlichen oder inhaltlichen Frage. Die Regel lautet: Wer keine Aussagen machen möchte, gibt das Wort weiter. Zwischen den einzelnen Aussagen wird nicht diskutiert. Jede Stellungnahme bleibt unkommentiert stehen.

Ein Sprechstein oder Ähnliches macht deutlich, wer gerade an der Reihe ist.

Nach dem Blitzlicht können wichtige Aussagen aufgegriffen und zur Diskussion gestellt werden.

Es bietet sich an, dem Blitzlicht eine Vergewisserungsphase (Einzelarbeit oder Murmelphase bei Partnerarbeit) vorausgehen zu lassen.

Sozialform

Plenum

Einsatzort RITA

- Zu Beginn, um Vorwissen, Erfahrungen, Befindlichkeiten, Erwartungen und Interessen festzustellen
- Während Lernveranstaltungen, um eine Zwischenbilanz zu ziehen oder Probleme und offene Fragen festzustellen
- Am Ende als Rückmeldemöglichkeit

Wirkung

- ▷ Alle Meinungen werden eingeholt. Zurückhaltende kommen eher zu Wort. Vielredner werden durch Zeiteinschränkungen diszipliniert.
- ▷ Das Verbot zu diskutieren lässt alle Beiträge gleichberechtigt nebeneinander stehen.

Kompetenzwürfel

	Wissen	Wollen	Können
A	○	○	○
T			
I		○	
R	○	○	○

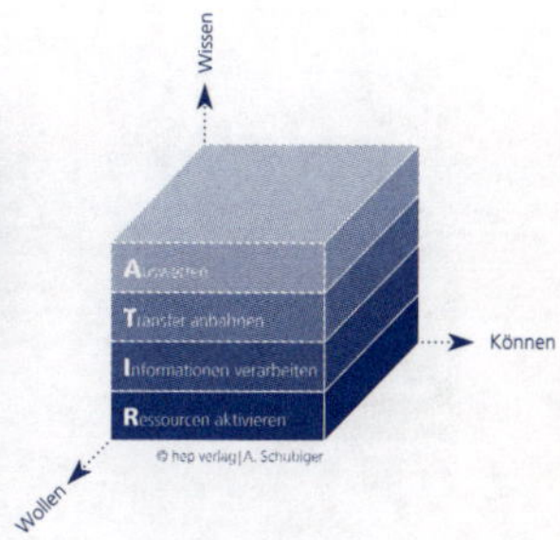

Brainstorming

Beschreibung

Diese Methode stammt aus der Moderationstechnik und Kreativitätstechnik. Sie dient der Aktivierung von Wissen und Ideen.

Beispielfragen wie «Wenn Sie ‹zum Bespiel› hören, was fällt Ihnen dazu ein?», «Was wissen Sie schon über …?», «Wenn Sie in der Rolle von … wären, was würden Sie tun?».

Die Stichworte werden auf Moderationskarten notiert, gesammelt und in einem weiteren Schritt strukturiert.

Um eine gegenseitige Beeinflussung zu vermeiden, kann auch ein Brainwriting durchgeführt werden. Die Lernenden schreiben die Antworten auf einen grossen Papierbogen und geben diesen nach einer bestimmten Anzahl von Notizen weiter.

Sozialform

Plenum oder Untergruppen

Einsatzort RITA

- Zu Beginn eines Themas
- Als Start eines Kreativitätsprozesses
- Als Teil eines Problemlöseprozesses

Wirkung

- ▷ Vorwissen wird aktiviert.
- ▷ Kollektives Wissen wird sichtbar gemacht.
- ▷ Wissen wird erweitert.
- ▷ Lösungsmöglichkeiten werden gemeinsam generiert.

Kompetenzwürfel

	Wissen	Wollen	Können
A			
T			
I	○		○
R	○	○	○

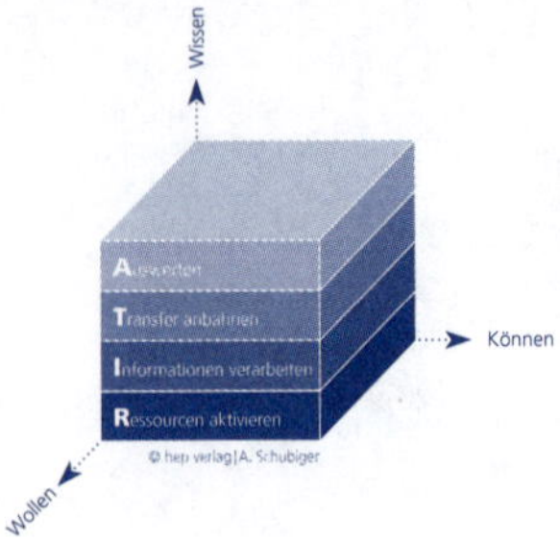

Das Ende am Anfang

Beschreibung

Die Lernenden werden gebeten, sich in die Situation zu versetzen, als wären sie bereits am Ende der Lernveranstaltung. In der Vergangenheitsform sollen die Lernenden ihr fiktives Feedback zum Unterricht abgeben. Was habe ich dazugelernt? Wie leicht ist mir das Lernen gefallen? Was habe ich geschätzt? Was hätte ich mir noch gewünscht?

Beispiel: Ich fand den Unterricht sehr abwechslungsreich – die Lehrperson hat uns mit unseren Vorerfahrungen ernst genommen. Schade fand ich, dass wir uns nicht mehr in Kleingruppen austauschen konnten …

Sozialform

Plenum, Einzelarbeit

Einsatzort RITA

Einstieg in den Kurs oder grössere Unterrichtseinheiten

Wirkung

- Durch eine paradoxe Situation werden Widerstände und die Artikulation von Erwartungen provoziert. Die Lernenden werden sehr konkret über Erwartungshaltungen befragt.
- Die Aufgabenstellung muss sehr klar formuliert sein – am besten beginnt die Lehrperson mit ihrer eigenen Erwartung und der Beschreibung «Das Ende am Anfang» aus Sicht der Lehrperson.

Kompetenzwürfel

	Wissen	Wollen	Können
A			○
T			
I			
R		○	

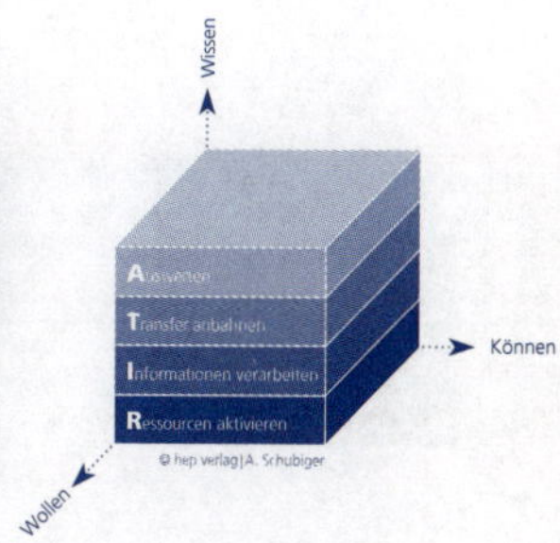

Domino

Beschreibung

Auf Karten werden je eine Antwort und eine Frage oder Gegensatzpaare (Regel – Beispiel) geschrieben.

Antwort	**Frage**
Regel	**Beispiel**

Die Lernenden fügen nun die Dominokarten so aneinander, dass Fragen und Antworten übereinstimmen. Die letzte Frage müsste, wenn alles richtig gelegt wurde, mit der Antwort der ersten Karte übereinstimmen.

Die Fragen und Antworten müssen so gewählt werden, dass die Zuordnungen eindeutig sind. Es sollten also Fragen vermieden werden, die unterschiedliche Antworten zulassen. Die Anzahl der Karten soll weder zu klein noch zu gross sein. 15–25 Karten haben sich als ideal erwiesen.

Lernende, die bereits fertig sind, können als Experten für die Überprüfung bei anderen eingesetzt werden.

Sozialform

Einzelarbeit – Partnerarbeit – Gruppenarbeit

Einsatzort RITA

Spielerische Form zur Verständnissicherung in der Informationsverarbeitungsphase

Wirkung

- ▷ Hohe Aktivität
- ▷ Belebende spielerische Form

Kompetenzwürfel

	Wissen	Wollen	Können
A	○		
T			
I		○	○
R			

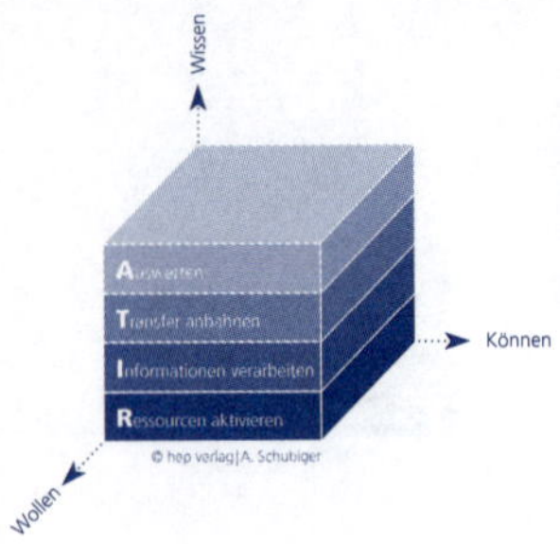

Einschätzbogen

Beschreibung

Die Kursziele oder zu erreichenden Kompetenzen werden so formuliert, dass sich die Lernenden mit Hilfe von Fragestellungen selbst einschätzen können. Die Fragen rufen Vorkenntnisse und Vorerfahrungen auf.

In einer zweiten Phase können die Selbsteinschätzungen in einer Partnerarbeit ausgetauscht werden.

Der Einschätzbogen kann auch zur Kompetenzbilanz und Reflexion eingesetzt werden. Es können sowohl Ressourcen wie auch Kompetenzniveaus abgefragt werden.

Sozialform

Einzelarbeit – Partnerarbeit

Einsatzort RITA

Zur Aktivierung von Vorkenntnissen und Erfahrungen und zwecks Selbsteinschätzungen sowohl in der Phase des Ressourcenaufbaus wie in der Auswertungsphase

Wirkung

- ▷ Vorkenntnisse können aktiviert werden.
- ▷ In der Partnerarbeit werden die Vorkenntnisse verbalisiert und dadurch zugänglich.
- ▷ Die Lernenden setzen sich aktiv und reflexiv mit den Lernzielen der folgenden Lernsequenz auseinander und können mit den gleichen Fragestellungen zur Reflexion des Lernprozesses und -ergebnisses angeregt werden.

Kompetenzwürfel

	Wissen	Wollen	Können
A	○	○	○
T			
I			
R	○	○	○

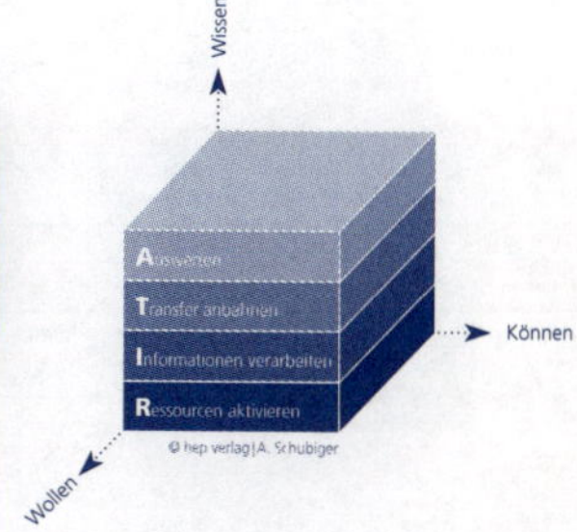

Elaborationsmühle

Beschreibung

Die Elaborationsmühle ist eine Kombination aus Stationenlernen, Moderation und Strukturlegetechnik.

Eine gewisse Anzahl von Auftragskarten (Karten mit Begriffserklärung, Aufgabe, Problemstellung etc.) wird auf dem Boden kreisförmig deponiert. Die Lernenden verteilen sich gleichmässig auf die Karten.

1. Phase: Lernende sammeln Begriffskarten zur Aufgabenstellung und legen sie ungeordnet hin. Zwei bis drei Mal rotieren die Gruppen im Uhrzeigersinn zur nächsten Aufgabe und ergänzen die bereits vorhandenen Begriffskarten.
2. Phase: Die Gruppen legen mit den vorhandenen Karten eine gute Struktur. Auch dies kann nach Rochade wiederholt werden.
3. Phase: Die Gruppe löst mit der vorhandenen Struktur die Aufgabe (Formulierung der Antwort, Problemlösung etc).
4. Phase: Vorstellung der Ergebnisse (stummer Marktplatz; Vorstellung mit anschliessender neuer Aufgabe etc.).

Variante:
Die Gruppen können zwischendurch mit zusätzlichen Informationen versehen werden (Input, Text, Lösungsideen etc.).

Sozialform

Gruppenarbeit

Einsatzort RITA

- Alle Lernprozessphasen
- Für Fortgeschrittene mit vielen Ressourcen

Wirkung

- ▷ Hohe Aktivität
- ▷ Eigene Konstruktion von Lösungen möglich
- ▷ Hohe Selbstwirksamkeitsüberzeugung

Kompetenzwürfel

	Wissen	Wollen	Können
A	○		
T	○	○	○
I	○	○	○
R	○	○	○

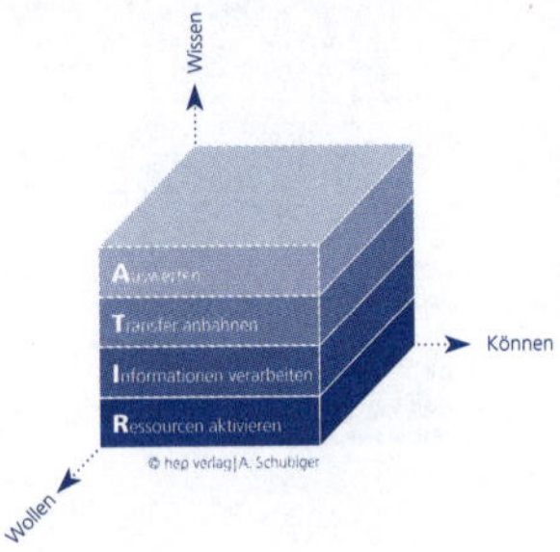

Expertengespräch

Beschreibung

Zu einem Thema wird ein Experte/eine Expertin eingeladen, der/die zur Einführung ein Referat hält. Die Lernenden bereiten sich im Voraus mit Fragen an den Experten/die Expertin vor. Diese Fragen können dem Experten/der Expertin auch im Voraus zugestellt werden. Sie werden von ihm im Laufe der Veranstaltung beantwortet.

Sozialform

Vorbereitung in Einzelarbeit oder Gruppenarbeit,
Plenum

Einsatzort RITA

- Verständnisfragen werden durch Experten/Expertinnen beantwortet.
- Der Vortrag wird bereits fragengeleitet rezipiert.

Wirkung

- ▷ Aktive Auseinandersetzung mit Expertenwissen
- ▷ Expertenwissen wird verfügbar gemacht.
- ▷ Die Lernenden aktivieren im Voraus ihr Interesse und antizipieren den bevorstehenden Informationsinput.

Kompetenzwürfel

	Wissen	Wollen	Können
A			
T			
I	○	○	
R	○	○	○

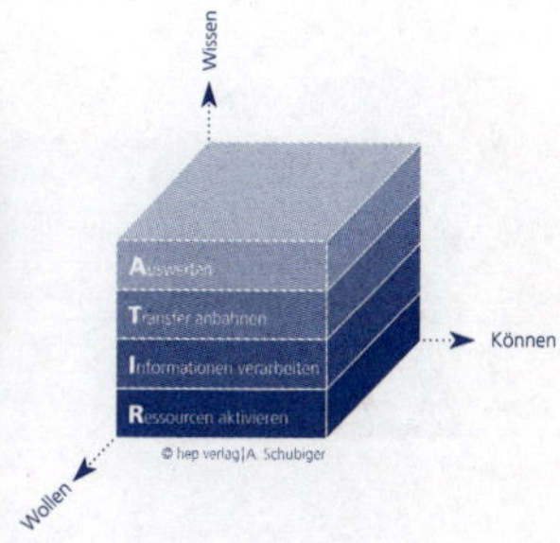

Fallstudie

Beschreibung

In einem ersten Schritt wird ein möglichst authentischer Fall präsentiert. Dann erfolgt die Problemanalyse (Worum geht es?, Was ist die Fragestellung?).

In einem zweiten Schritt werden Falldokumentationen mit Daten aus der Praxis zum Studium zur Verfügung gestellt. Die Lernenden bearbeiten nun den Fall, indem sie die Fragen und Problemstellungen gemäss der Anfangsanalyse lösen.

Das Vorgehen muss unter Umständen zuerst modellartig eingeübt werden.

Die Lösungen der Fälle werden im Plenum diskutiert und besprochen.

Varianten:

1) Fallstudien didaktisch verkürzen, indem nur eine Problemanalyse oder eine Dokumentensichtung durchgeführt wird.
2) Alles bis auf die Lösung stellvertretend präsentieren. Die Lösung muss erarbeitet werden.

Sozialform

Einzelarbeit, Partnerarbeit, Gruppenarbeit und Plenum

Einsatzort RITA

- Einsatz bei Fortgeschrittenen
- Praxisorientierte Ausbildung

Wirkung

- ▷ Üben und Prüfen von praxisorientierten Skills
- ▷ Grosse Nähe zur Praxis
- ▷ Möglichkeit für situiertes Lernen

Kompetenzwürfel

	Wissen	Wollen	Können
A	○	○	○
T	○	○	○
I			○
R			

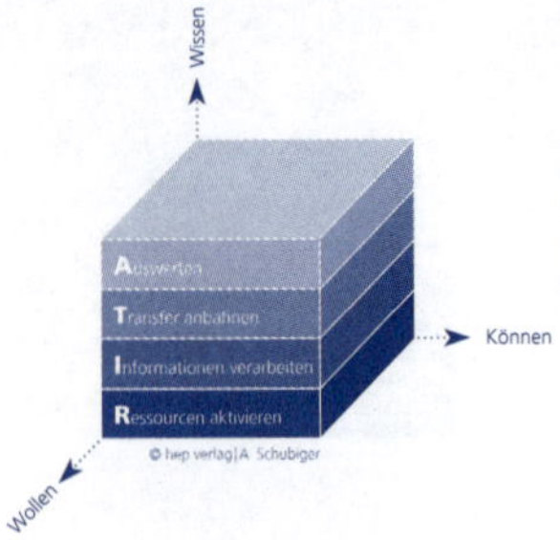

Graffiti

Beschreibung	Im Raum werden Plakate mit verschiedenen unvollständigen Sätzen aufgehängt. Die Lernenden wandern von Plakat zu Plakat und vervollständigen die Sätze. Die Arbeit kann auch in Tandems durchgeführt werden. Dadurch wird die Diskussion über die Stellungnahmen angeregt. Beispiele: – Ich erwarte vom Kurs, dass … – Ich hoffe, dass wir nicht … – Ich werde enttäuscht sein, wenn …
Sozialform	Plenum, Gruppenarbeit, Partnerarbeit
Einsatzort RITA	– Zu Beginn einer Ausbildung oder neuen Thematik – Zur Aktualisierung einer neuen Thematik – Zur Bestimmung von Vorkenntnissen, Vorerfahrungen, Vorurteilen und Widerständen
Wirkung	▹ Aktivierend ▹ Lernende werden ernst genommen. ▹ Widerstände werden sichtbar, können konstruktiv angegangen werden und bleiben nicht unterschwellig wirksam. ▹ Die Planung kann angepasst werden.

Kompetenzwürfel

	Wissen	Wollen	Können
A			
T			
I			
R	○	●	○

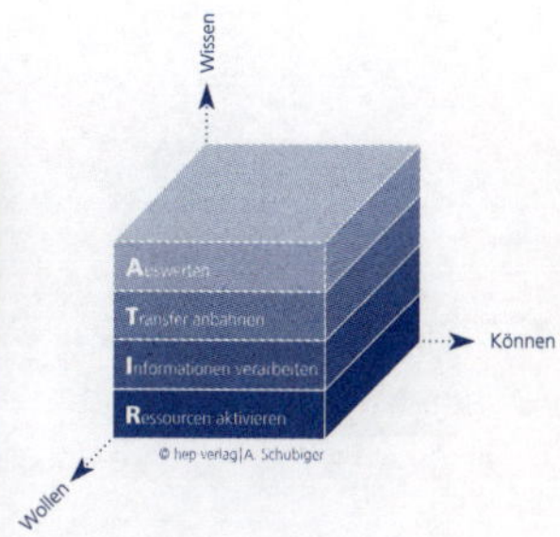

Gruppenpuzzle

Beschreibung

Unterteilung des Lernstoffs in mehrere gleich grosse Teile (A, B, C etc.)

1) Aneignungsphase (Expertenphase):
Expertengruppen (AAA, BBB, CCC) eignen sich Wissen mit vorgeschlagenen Lern- und Arbeitsstrategien an.

2) Vermittlungsphase (Puzzlephase):
Das angeeignete Wissen wird wechselseitig in der Puzzlegruppe (ABC) vermittelt und ausgetauscht, d. h., die Experten aus A, B und C geben einander ihr Wissen weiter.

3) Vertiefungsphase (Einzel- oder Gruppenarbeit):
Mit zusätzlichen Vertiefungs- und Anwendungsaufgaben wird das neue Wissen verankert und ggf. transferiert.

Sozialform

Gruppenarbeit, 3–5 Lernende

Einsatzort RITA

- Erarbeitung umfangreicher Themen, die sich unterteilen lassen
- Geeignet für das Einüben von praktischen Fertigkeiten
- Lehren und Lernen wird ermöglicht.

Wirkung

▷ Hohe Mitarbeit (Verminderung von Trittbrettfahrertendenz)
▷ Aktive Wiedergabe angeeigneten Wissens
▷ Erhöhtes Wirksamkeitsempfinden, erhöhte Motivation

Kompetenzwürfel

	Wissen	Wollen	Können
A			
T			
I	○	○	○
R			

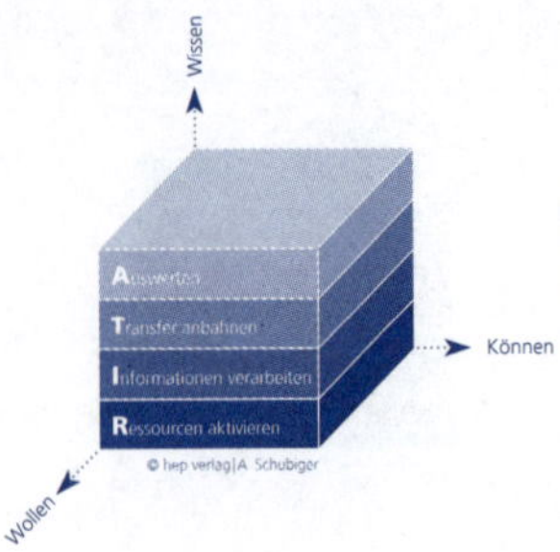

Hitparade

Beschreibung

Ausgewählte Themen und Begriffe werden von der Lehrperson an einer Wand (Wandtafel, Pinnwand, Flipchart) festgehalten. Die Lernenden haben die Möglichkeit, ihre Präferenzen durch Vergabe von Punkten anzuzeigen.

Nach dem Zählen der Punkte werden die einzelnen Themen vom Leiter in eine Rangfolge gebracht und den Lernenden vorgestellt. Gemeinsam wird besprochen, welche Konsequenzen sich daraus für den weiteren Verlauf ergeben.

Sozialform

Plenum

Einsatzort RITA

- Zu Beginn, um Erwartungen, Interessen und Vorkenntnisse festzustellen
- Während der Lernveranstaltung, um festzustellen, welche Wünsche hinsichtlich des weiteren Verlaufs bestehen
- Am Ende einer Lernsequenz, um herauszufinden, welche Aspekte wiederholt und nochmals erklärt werden müssen

Wirkung

▷ Jeder Lernende kann auf den weiteren Verlauf einer Lernveranstaltung Einfluss nehmen.

Kompetenzwürfel

	Wissen	Wollen	Können
A	○	○	○
T			
I			
R	○	○	○

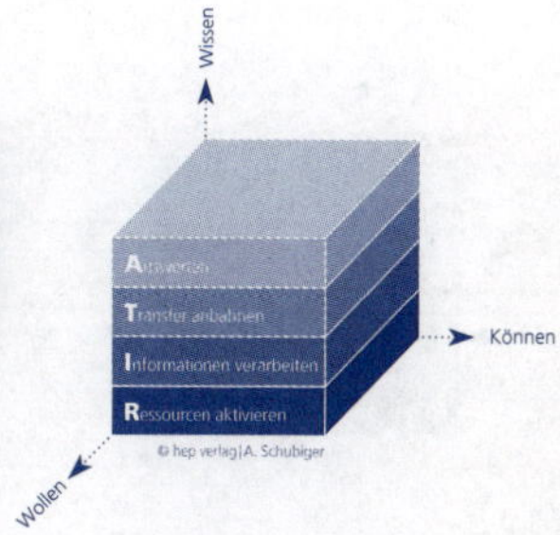

Kernbegriffe

Beschreibung

Auf Karten werden Kernbegriffe der Ausbildungssequenz geschrieben. Die Lernenden wählen entweder einen Begriff aus oder er wird ihnen zugewiesen. Sie notieren Vorkenntnisse, Assoziationen, Fragen, Beispiele etc. zu den Begriffen.

Die Ergebnisse werden im Plenum ausgetauscht, die Karten eventuell in einer Netzwerkmethode nach Nähe/Distanz auf dem Boden ausgelegt.

Sozialform

Einzelarbeit – Plenum

Einsatzort RITA

- Einstieg in ein Thema: Vorkenntnisse werden abgerufen und sichtbar gemacht.
- Während der Informationsverarbeitung werden neue Inhalte verständlich gemacht und in semantischen Netzwerken miteinander verknüpft.
- Kann auch als Abschluss in Form einer formativen Lernzielkontrolle eingesetzt werden

Wirkung

- ▷ Aktivierung der Vorkenntnisse
- ▷ Austausch der Vorkenntnisse
- ▷ Lernende werden mit ihren Vorerfahrungen und Vorkenntnissen ernst genommen.
- ▷ Neue Begriffe werden mit anderen Begriffen in Beziehung gesetzt (semantische Netzwerke).

Kompetenzwürfel

	Wissen	Wollen	Können
A	○		
T			
I	○	○	
R	○		

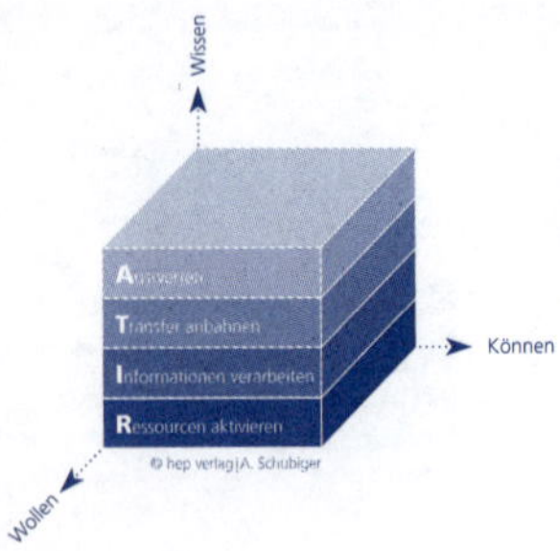

Kollegiale Beratung

Beschreibung

In kollegialen Untergruppen werden Transferaufgaben oder Praxissituationen mittels Moderation und eines Problemlösezyklus gelöst. Folgende Phasen werden durchlaufen:

- Fallschilderung bzw. Aufgabenschilderung
- Verständnisfragen
- Hypothesenbildungen durch die Gruppe
- Zielformulierung durch den Fallschildernden: Wie hätte ich es gerne?
- Generierung von Lösungsmöglichkeiten durch die Gruppe
- Auswahl von geeigneten Lösungen durch den Fallschildernden
- Die weiteren Schritte (z. B. zur Umsetzung in die Praxis) werden bestimmt und wo notwendig begleitet.

Sozialform

Gruppenarbeit mit 6–8 Personen

Einsatzort RITA

Kann als flankierende Massnahme zur Umsetzung der Lehrinhalte in die Praxis eingesetzt werden. Als Methode muss sie zuerst sorgfältig eingeführt werden.

Wirkung

▷ Emotionaler, inhaltlicher und sozialer Support bei der Umsetzung in die Praxis
▷ Die Praxisumsetzung wird verbindlicher.

Kompetenzwürfel

	Wissen	Wollen	Können
A			
T			
I	○	○	○
R			

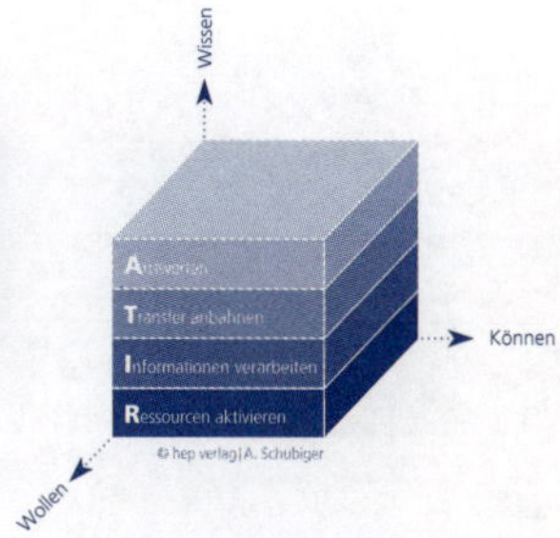

Kollegiale Tipps (Best Practice)

Beschreibung

Im Anschluss an Übungsphasen erarbeiten die Lernenden in Gruppen Tipps und Tricks. Dies können Lösungsstrategien, Nachschlagestrategien oder Lernstrategien sein.

Die Tipps werden vorgestellt und gemeinsam diskutiert. Geeignete Tipps werden von der Lerngruppe aufgenommen und in einer Tippsammlung oder dem Beutebuch aufgenommen. Diese Methode wird auch als Best Practice bezeichnet.

Sozialform

Gruppenarbeit – Plenum – Einzelarbeit

Einsatzort RITA

Prozeduren und gute Erfahrungen beim Üben werden allen zugänglich gemacht und können sich auf Informationsverarbeitung oder Transfer beziehen.

Wirkung

- ▷ Erfahrungen werden generalisiert und zur Verfügung gestellt.
- ▷ Kollegiale Tipps werden von Mitlernenden gut angenommen.

Kompetenzwürfel

	Wissen	Wollen	Können
A			
T	○		
I			○
R			

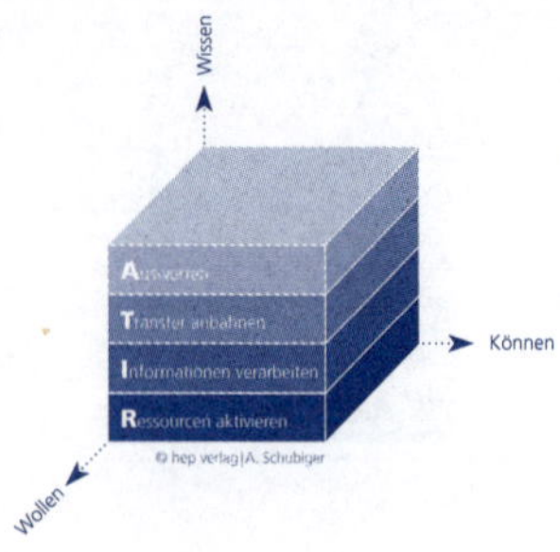

Kompetenzbilanz

Beschreibung

Am Ende einer Lernveranstaltung werden die gemäss Lehrplan erwarteten Kompetenzen per Selbsteinschätzung beurteilt. Jede Kompetenz wird wie anhand von folgendem Raster bewertet:

- Beherrsche ich nicht
- Kann ich unter Anleitung oder mit Checkliste ausführen
- Kann ich selbstständig in ähnlichen Aufgaben durchführen
- Kann ich selbstständig in unterschiedlichen Aufgaben durchführen

Zusätzlich wird beantwortet:

1. In welchen Situationen kann ich diese Kompetenz zur Anwendung bringen?
2. Was fehlt mir noch zur Optimierung dieser Kompetenz?
3. Welches sind meine nächsten Schritte?

Die Ergebnisse werden in Partnerarbeit ausgetauscht. Für Lehrpersonen sind solche Kompetenzbilanzen zunächst individuelle Standortbestimmungen. Zusammengefasst ergeben sie aber auch den Gesamtkompetenzgrad einer Klasse.

Sozialform

Einzelarbeit

Einsatzort RITA

Individuelle Auswertung der persönlichen Kompetenzen

Wirkung

- ▷ Reflexion der eigenen Kompetenzen
- ▷ Anregung zur Weiterarbeit an bestimmten Kompetenzen

Kompetenzwürfel

	Wissen	Wollen	Können
A		○	○
T			
I			
R			○

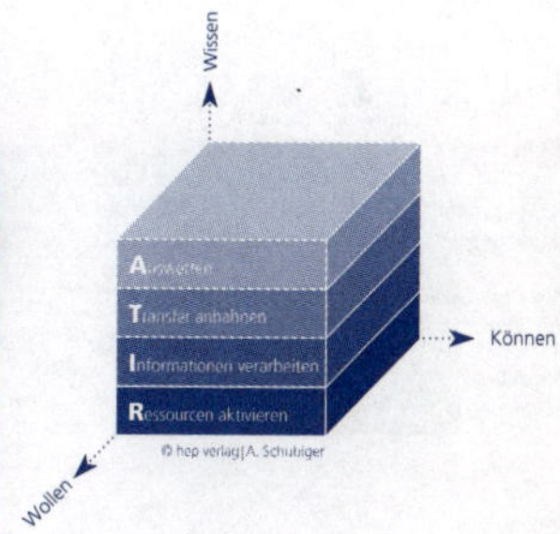

Kugellager

Beschreibung

Es wird ein Innenkreis und ein Aussenkreis gebildet (stehend oder auf Stühlen). Je zwei Lernende stehen oder sitzen sich gegenüber.

Sie unterhalten sich über eine Leitfrage in einem durch die Lehrperson vorgegebenem Zeitraum. Mit einer nächsten Frage verschiebt sich der Aussenkreis um eine Person, z. B. im Gegenuhrzeigersinn, und eine neue Fragestellung oder neuer Impuls bestimmt das Gesprächsthema zwischen den gegenübersitzenden Lernenden.

Sozialform

Plenum oder Halbgruppe bei grosser Zahl an Teilnehmenden

Einsatzort RITA

- Zu Beginn: Anknüpfen an Vorwissen und Erfahrungen, Kontaktaufnahme
- Am Ende: zur Wiederholung

Wirkung

- ▷ Überwindung der Redeschwelle
- ▷ Hohe Aktivität
- ▷ Orientierung bei der Meinungsbildung

Kompetenzwürfel

	Wissen	Wollen	Können
A	○	○	○
T			
I			
R	○	○	○

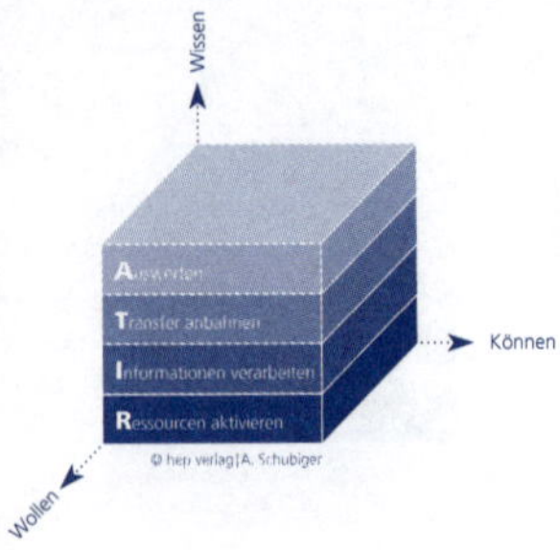

Lehrgespräch/Unterrichtsgespräch

Beschreibung

Die Lehrperson entwickelt das Thema durch geschickte Fragestellungen mit den Lernenden zusammen. Die Fragen haben Impuls-Charakter, sind anregend und mehrheitlich offene Fragen, die als W-Fragen (siehe Kapitel 6.2) formuliert sind. Das Unterrichtsgespräch lässt offen, ob die Lernenden selbst Fragen stellen. Diese Methode wird auch häufig als fragend-entwickelnder Unterricht bezeichnet.

Das Unterrichtsgespräch sollte nicht unmittelbar nach einem Vortrag erfolgen oder gar mit diesem vermischt werden.

Sozialform

Plenum

Einsatzort RITA

- Aufbau von Wissen unter Einbezug des Vorwissens und der Erfahrungen
- Erarbeitung von neuem Wissen
- Gemeinsame Problemlösung

Wirkung

- ▷ Wissen wird kollektiv entwickelt.
- ▷ Die Lehrperson wirkt als «Hebamme» (Mäeutik).

Kompetenzwürfel

	Wissen	Wollen	Können
A			
T			
I	○	○	○
R	○	○	○

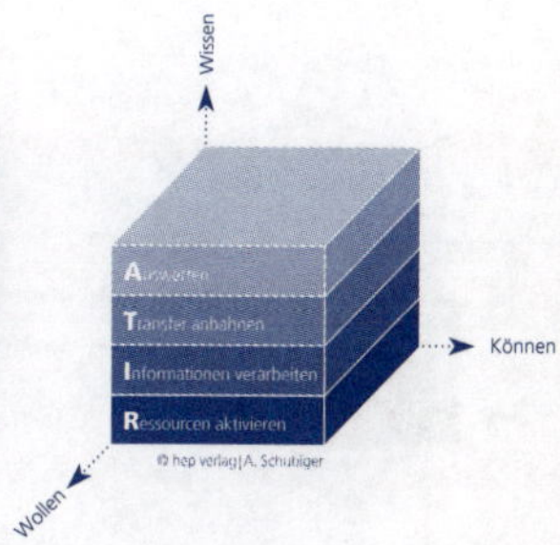

Leitprogramm

Beschreibung

Ein Leitprogramm enthält Informationen über die Arbeitsorganisation, das Vorgehen und die Ziele, schriftliches Material zur Sachinformation und andere Medien, verschiedenartige Vertiefungsaufgaben mit Lösungen, kapitelweise Lernzielkontrollen und jeweils abschliessende Prüfungen, die durch die Lehrpersonen kontrolliert werden.

Die Lernenden werden in die Arbeitsweise eingeführt. Die Unterlagen sollten aber wenn möglich selbsterklärend sein und ein selbstständiges, schrittweises Arbeiten ermöglichen. Die Lehrperson beobachtet und steht beratend zur Seite. Es ist sinnvoll, Leitprogramme in den Unterricht einzubetten. Leitprogramme können auch als Miniprogramme von ca. einer Stunde gestaltet werden.

Sozialform

Einzelarbeit, Partnerarbeit

Einsatzort RITA

- Stark strukturiertes selbstgesteuertes Lernen
- Zur Individualisierung des Übens
- Lernzielorientierter Unterricht
- Selbststudium

Wirkung

- ▷ Zeitunabhängiges Lernen
- ▷ Mastery Learning – ein Weitergehen im Lernprozess ist nur nach erfolgreichem Abschluss der Vorsequenz möglich
- ▷ Entlastung der beratenden Funktionen einer Lehrperson

Kompetenzwürfel

	Wissen	Wollen	Können
A	○		
T	○	○	
I	○	○	○
R			

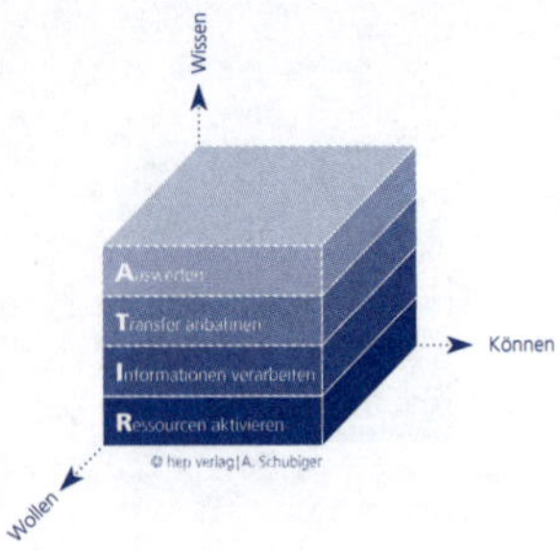

Leittextmethode

Beschreibung	Die Lernenden werden mit einer praktischen Aufgabenstellung konfrontiert. Mit Lesetexten und Leitfragen bereiten sich die Lernenden vor und beantworten die Lernfragen. Die Kenntnisse werden mittels Lernzielkontrolle überprüft. Zur Lösung der praktischen Aufgabe erstellen die Lernenden einen Plan, der durch den Ausbilder kontrolliert wird. Danach wird der Plan ausgeführt und das Ergebnis bzw. Produkt beurteilt. Die Leittextmethode kann auch für theoretische Fragestellungen eingesetzt werden.
Sozialform	Einzelarbeit, Partnerarbeit oder Gruppenarbeit
Einsatzort RITA	– Zur Wissensaneignung – Zur Handlungsvorbereitung – Besonders geeignet in der beruflichen praktischen Ausbildung – Zum Selbststudium
Wirkung	▹ Hoher selbstgesteuerter Anteil mit klaren Vorgaben ▹ Ermöglicht bei durchschnittlichen und schwächeren Lernenden ein gutes Ergebnis

Kompetenzwürfel

	Wissen	Wollen	Können
A	○	○	○
T	○	○	○
I	○	○	○
R			

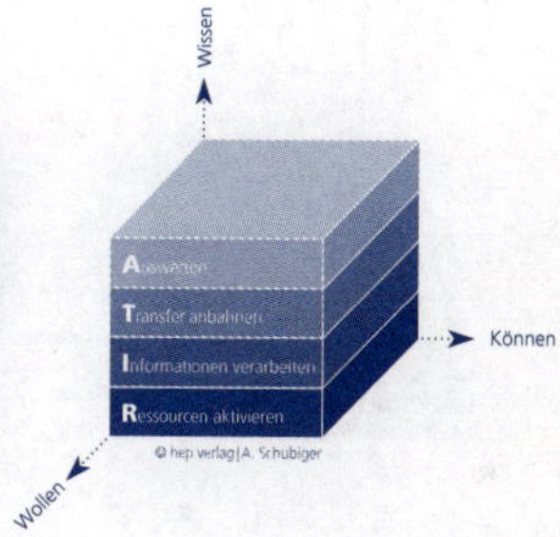

Lernen durch Lesen

Beschreibung

Die Lernenden erhalten einen Leseauftrag mit konkreter Lesestrategie. Zum Beispiel:

- **Überblick verschaffen:** Inhaltsverzeichnis, Überschriften
- **Fragen an den Text stellen:** Was will ich erfahren? Was macht mich neugierig?
- **Auswählen:** Welche Teile des Textes will ich lesen? Manchmal muss ich auch alles lesen.
- **Lesen:** Genaues Lesen mittels Anstreichen der wichtigen Stellen, die meine Fragen beantworten; eventuell Bemerkungen am Rand notieren oder Zeichen setzen
- **Antwort formulieren:** Wie lautet die Antwort auf meine Fragen?
- **Zusammenfassen:** den Text einzeln oder mit einem Lernpartner zusammenfassen

Sozialform

Einzelarbeit – Partnerarbeit

Einsatzort RITA

- Aufbau von Wissen
- Anwendung von Lesestrategien

Wirkung

▷ Neben dem Aufbau von Wissen werden Lesestrategien eingeübt.

Kompetenzwürfel

	Wissen	Wollen	Können
A			
T			
I	○	○	○
R			

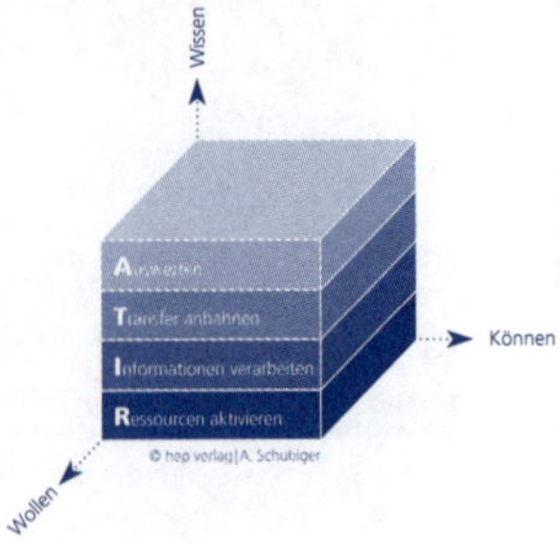

Lernjournal

Beschreibung	Ein Lernjournal ist eine schriftliche Dokumentation des eigenen Lernprozesses. Es reflektiert die eigenen Erkenntnisse und ihre Umsetzung in die Praxis, aber auch das eigene Lernen. Ein Lernjournal bezieht sich auf die Phasen vor und während der Präsenzveranstaltung, auf die Phase der Nachbereitung sowie Umsetzung in die eigene Praxis. Das Lernjournal kann mit Fragestellungen und Anregungen von den Lehrpersonen unterstützt und vorstrukturiert werden. Diese beziehen sich z. B. auf: – vorhandene Ressourcen vor der Veranstaltung – die Vorbereitung zur Präsenzveranstaltung – den Erkenntnisgewinn während der Präsenzveranstaltung – die Kompetenzeinschätzung – die Umsetzung in eigenen Praxissituationen – das eigene Lernverhalten
Sozialform	Einzelarbeit
Einsatzort RITA	Sinnvollerweise wird ein Lernjournal über den ganzen Lernprozess angelegt. Es kann aber auch gezielt in einzelnen Phasen angewandt werden. Lernjournale werden curricular über ein Gesamtkonzept implementiert.
Wirkung	▹ Reflexion des eigenen Lernens ▹ Übernahme von Selbstverantwortung

Kompetenzwürfel

	Wissen	Wollen	Können
A		○	○
T		○	
I		○	
R	○	○	○

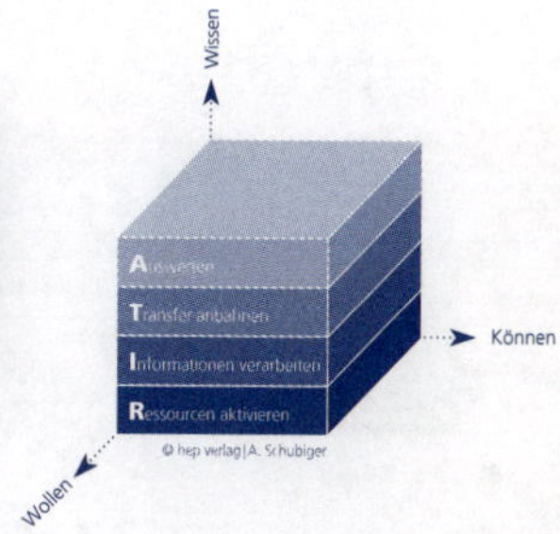

Lernkartei

Beschreibung

Eine Lernkartei ist eine wirkungsvolle individuelle Methode für das Memorieren von Fakten, Prozeduren und Prinzipien. Dazu wird der Wissensauftrag auf der einen Seite der Lernkarteikarte notiert. Auf die Rückseite wird die Antwort geschrieben. Die Kartei eignet sich zum Erarbeiten von

- Begriffen mit Erklärungen
- Fragen und Antworten
- Regeln mit Formeln
- Gesetzmässigkeiten mit Beispielen
- Prinzipien mit Zeichnungen etc.

Durch mehrmaliges Abfragen werden die Inhalte memoriert. Das heisst, dass zum Beispiel nach dreimaligem Erfolg die Karte in den «ewigen Speicher» abgelegt werden kann. Wird eine Aufgabe nicht richtig gelöst, kommt die Karte wieder auf den Anfangsstapel.

Mit den Lernkarteikarten kann jederzeit und überall memoriert werden, auch in Zwischenphasen des Unterrichts. Zur Erstellung von Lernkarten empfiehlt sich eine Einführung durch die Lehrperson. Es können zum Beispiel exemplarische Lernkarten gemeinsam erstellt werden.

Sozialform

Einzelarbeit oder auch Partnerarbeit

Einsatzort RITA

Zur Speicherung von Wissen im Langzeitgedächtnis

Wirkung

▷ Förderung der Integration in die eigenen kognitiven Strukturen

Kompetenzwürfel

	Wissen	Wollen	Können
A			
T			
I	○	○	
R			

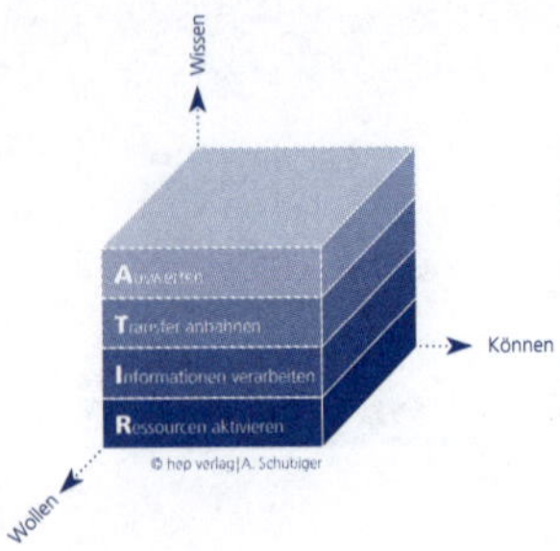

Lerntempoduett

Beschreibung

Die Lernenden erhalten in einem ersten Auftrag eine Aufgabe, die sie in Einzelarbeit erledigen sollen. Nach deren Beendigung begibt sich der Lernende an einen festgelegten Treffpunkt (z. B. die Mitte des Kursraumes, eigens aufgestellte Stühle). Die dort sukzessiv aufeinandertreffenden Lernenden tauschen sich aus und erhalten einen zweiten Auftrag, an dem sie dann ggf. in einer neuen Sozialform weiterarbeiten.

Sozialform

Einzelarbeit – Partnerarbeit – Gruppenarbeit

Einsatzort RITA

- In allen selbstständigen Phasen, in denen mit einem unterschiedlichen Lern- und Arbeitstempo gerechnet werden muss.
- Übungen
- Erarbeitungsphasen
- Sicherung

Wirkung

▹ Die Lernenden sind immer aktiv.
▹ Das eigene Lerntempo wird berücksichtigt.
▹ Gruppeneinteilung nach Arbeitstempo

Kompetenzwürfel

	Wissen	Wollen	Können
A	○	○	○
T		○	○
I	○	○	○
R	○	○	○

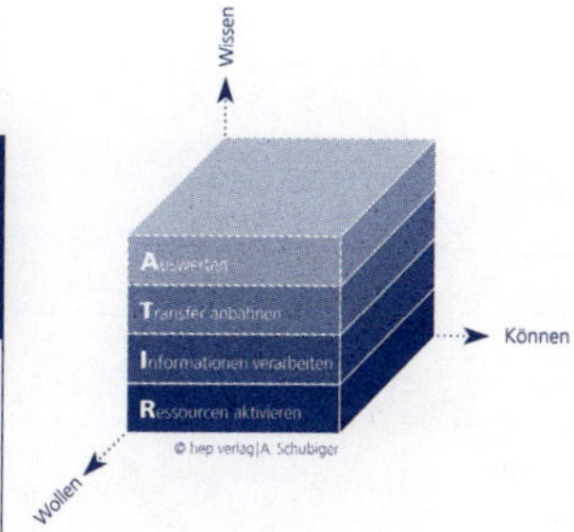

Leitfragen

Beschreibung

Zu Beginn des Unterrichts werden Leitfragen gestellt, die im Laufe der Lernveranstaltung beantwortet werden sollen. Die Lernenden setzen sich mit den Leitfragen auseinander und aktivieren ihr anschliessbares Wissen und ihre Vorerfahrungen dazu.

Die Fragen werden zu gegebener Zeit wieder aufgenommen, ergänzt und spätestens am Ende der Lehrveranstaltung beantwortet.

Sozialform

Einzelarbeit oder Partnerarbeit

Einsatzort RITA

Zu Beginn oder am Ende eines neuen Themas

Wirkung

- ▷ Vorwissen wird aktualisiert.
- ▷ Mit den Leitfragen werden Struktur und Schwerpunkte eines Experten sichtbar.
- ▷ Das zukünftige Lernen wird fokussiert – Fragen lenken den Erkenntniszuwachs.

Kompetenzwürfel

	Wissen	Wollen	Können
A	○		
T			
I	○	○	
R	○	○	○

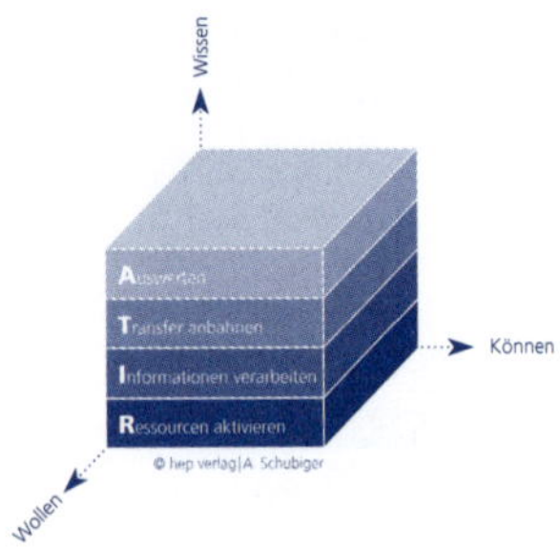

Marktplatz

Beschreibung

Die Ergebnisse von Gruppenarbeiten werden auf einem Flipchart zusammengefasst und im Raum verteilt aufgehängt.

- Lauter Marktplatz:
  Pro Gruppe bleibt ein Gruppenmitglied beim Plakat, erläutert und verteidigt das jeweilige Ergebnis. Die restlichen Personen wandern von Plakat zu Plakat und beteiligen sich aktiv an der Diskussion der Ergebnisse. Die Gruppenvertreter können nach einer gewissen Zeit ausgetauscht werden.
- Stummer Marktplatz:
  Es findet keine verbale Kommunikation statt. Die Kursteilnehmer wandern still von Plakat zu Plakat. Zusätzlich kann der Auftrag gegeben werden, auf die Ergebnisplakate Ergänzungen zu notieren.

Im Anschluss daran werden offene Fragen aufgenommen und es wird ein Feedback von der Kursleitung an die Gruppen gegeben.

Sozialform

Gruppenarbeit – Plenum

Einsatzort RITA

Alternative Auswertungsform von Gruppenarbeiten

Wirkung

- ▷ Hohe Eigenaktivität
- ▷ Die Auswertung erfolgt individuell gesteuert.
- ▷ Gleiche Wertschätzung von Gruppenarbeitsergebnissen

Kompetenzwürfel

	Wissen	Wollen	Können
A	○	○	
T			
I		○	
R			

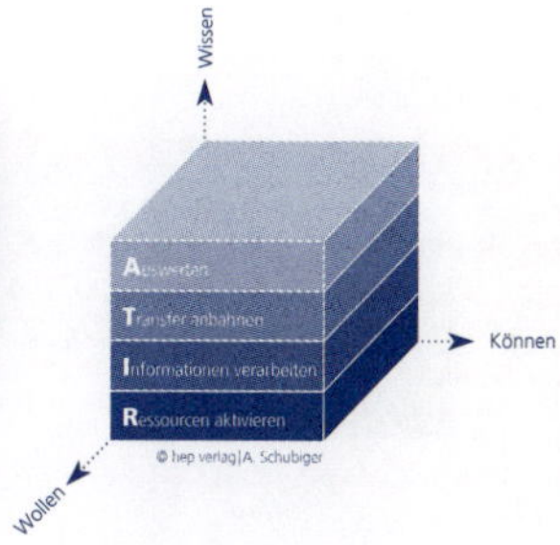

Multi-Interview

Beschreibung	Jeder Lernende erhält in einem ersten Schritt eine Fragestellung oder einen Begriff auf einem Kärtchen. Indem er die Frage beantwortet bzw. den Begriff klärt, wird er zum Experten. In einem zweiten Schritt bewegen sich die Lernenden im Raum und stellen sich gegenseitig ihre Fragen. Dabei bilden sie immer wieder neue Paare. Der Experte unterstützt seinen Interviewpartner jeweils beim Beantworten der Frage.
Sozialform	Einzelarbeit – Partnerarbeit – Plenum
Einsatzort RITA	– Zur Wiederholung der Lerninhalte – Im Anschluss an einen Vortrag – Zum Erfassen der Vorkenntnisse und Interessen – Zur Meinungsbildung
Wirkung	▹ Hoher Sprechanteil für jeden Teilnehmenden ▹ Verminderung von Auftrittsängsten und Leistungsdruck ▹ Erklären als wichtige Elaborationstechnik (tiefe Verarbeitung)

Kompetenzwürfel

	Wissen	Wollen	Können
A	○		
T			
I	○	○	
R	○	○	○

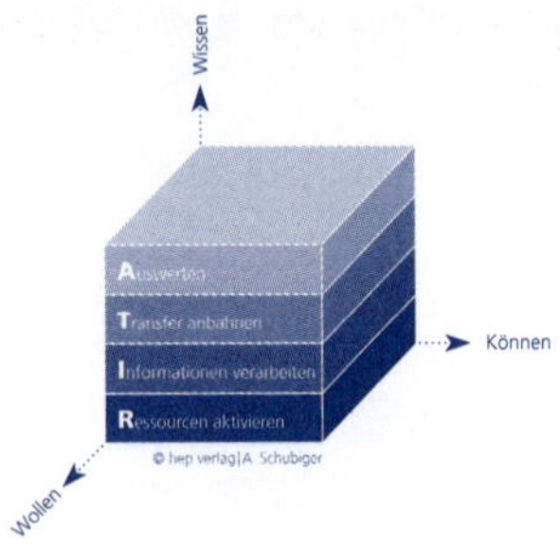

Murmelrunde

Beschreibung

Die Lernenden werden aufgefordert, eine Frage oder Problemstellung zu zweit oder dritt kurz zu diskutieren. Dadurch entsteht sofort eine intensive Diskussion. Die Antworten können dann eventuell im Plenum aufgenommen werden.

Diese Methode kann auch sehr spontan eingesetzt werden, z. B. als Einschub in lange kollektive Phasen oder als Gelenkstelle.

Sozialform

Partnerarbeit

Einsatzort RITA

- Als Einschub oder Gelenkstelle
- Zur Rhythmisierung
- Zur Aktivierung des eigenen Wissens und der eigenen Ressourcen

Wirkung

- ▷ Geringe Redehemmung
- ▷ Individuelle Auseinandersetzung
- ▷ Auflockerung
- ▷ Beiträge in einem folgenden Unterrichtsgespräch erhöhen sich.

Kompetenzwürfel

	Wissen	Wollen	Können
A			
T			
I		○	○
R	○	○	○

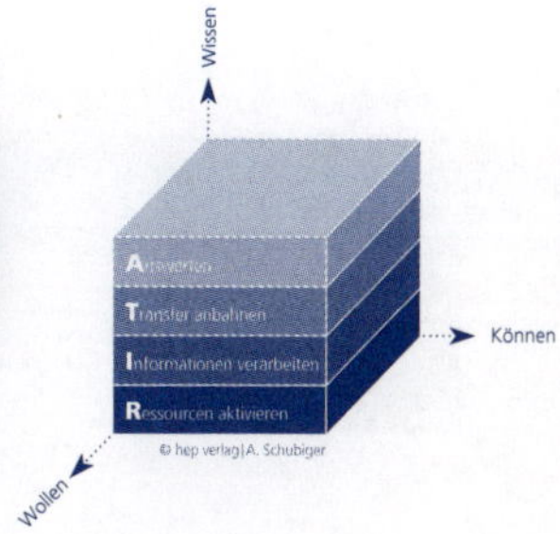

Namenfänger

Beschreibung	Die Teilnehmenden schreiben ihre Namen auf Karten und zeichnen ein Symbol auf die Rückseite, das typisch für ihre Situation als Lernende ist. In einem Multiinterview werden die Namen und die Bedeutungen der Symbole ausgetauscht. In einer zweiten Runde werden nur die Symbole gezeigt und die Lernenden gehen auf Namenfang. In einer dritten Runde kann die Karte weggelassen werden.
Sozialform	Plenum
Einsatzort RITA	Kennenlernen in Verbindung mit Assoziationen zum aktuellen Zustand der Lernenden
Wirkung	▹ Spielerisches Kennenlernen ▹ Namen und Assoziation ▹ Auflockerung

Kompetenzwürfel

	Wissen	Wollen	Können
A			
T			
I			
R		○	

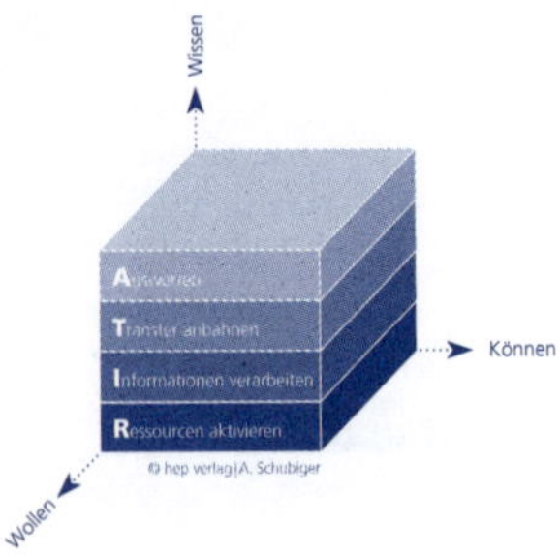

Netzwerk

Beschreibung	Jeder Lernende erhält Kärtchen mit zentralen Begriffen und macht sich in Einzelarbeit zum Experten (Vorwissen, Erfahrungen, persönlicher Bezug) für seine Begriffe. **Netzwerk:** Eine beliebige Person beginnt mit dem Erklären ihres Begriffs. Jene Person, die glaubt, ihr Begriff passe am besten zum vorherigen, fährt mit dem Erklären ihres Begriffes fort und knüpft sprachlich an einen bereits gelegten Begriff an. Die Karten werden nach Nähe und Distanz auf den Boden gelegt.
Sozialform	Partnerarbeit, Gruppenarbeit, Plenum
Einsatzort RITA	– Zu Beginn: Vorwissen erfassen – Während der Informationsverarbeitung: Wiederholung und gedankliche Ordnung des erworbenen Wissens – Vorbereitung für Strukturlegetechnik
Wirkung	▷ Wissen wird hör- und sichtbar gemacht. ▷ Aufzeigen vielfältiger inhaltlicher Verknüpfungen ▷ Bildung von semantischen Netzwerken ▷ Motivierend durch spielerische Form

Kompetenzwürfel

	Wissen	Wollen	Können
A	○		
T			
I	○	○	
R	○	○	○

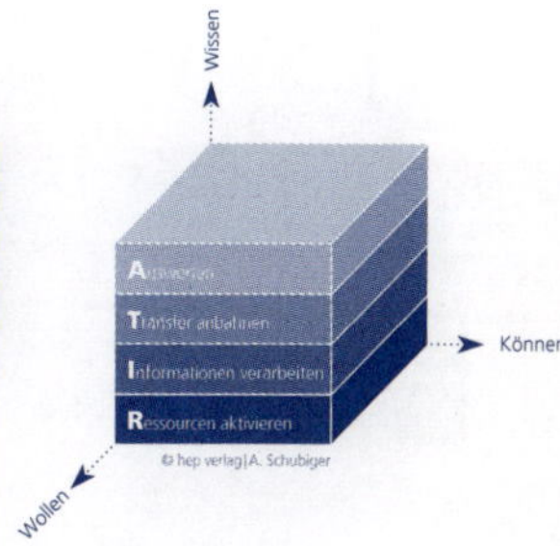

Partnerinterview

Beschreibung

Jeder Lernende bekommt Fragen zu einem Teil des Lernstoffs (A oder B).

1) Expertenphase:
Jeder Lernende beantwortet seine Fragen und macht sich zum Experten.

2) Puzzlephase:
Lernende aus A und B treffen sich zum Interview. In Mischpaaren werden die Fragen gegenseitig gestellt, beantwortet und bearbeitet. Der jeweilige fachkundige Lernende unterstützt seinen Interviewpartner beim Beantworten der Frage.

Sozialform

Einzelarbeit – Partnerarbeit

Einsatzort RITA

- Zur Wiederholung der Lerninhalte
- Im Anschluss an einen Vortrag
- Zum Erfassen der Vorkenntnisse und Interessen
- Zum Kennenlernen
- Zur Meinungsbildung

Wirkung

- ▷ Hoher Sprechanteil
- ▷ Verminderung von Auftrittsängsten und Leistungsdruck
- ▷ Erklären als wichtige Elaborationstechnik (tiefe Verarbeitung)

Kompetenzwürfel

	Wissen	Wollen	Können
A	○	○	○
T			
I	○	○	
R	○	○	○

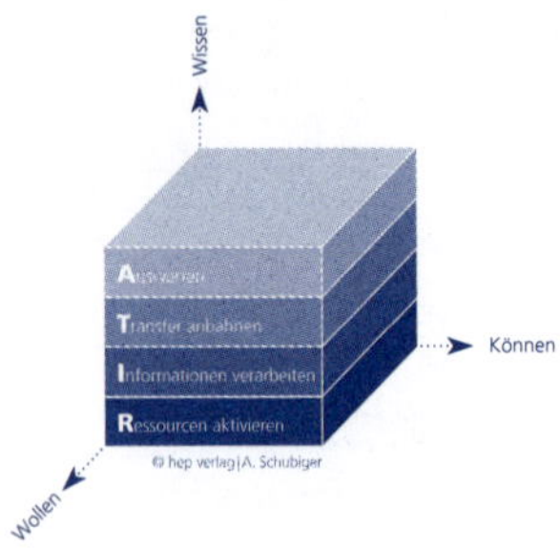

Partnerpuzzle

Beschreibung

Unterteilung des Lernstoffs in zwei gleich grosse Teile (A und B)

1) Aneignungsphase (Expertenphase):
Expertenpaare AA oder BB eignen sich mittels vorgeschlagener Lern- und Arbeitsstrategien Wissen oder Fertigkeiten an.

2) Vermittlungsphase (Puzzlephase):
Im Puzzlepaar AB wird das angeeignete Wissen wechselseitig vermittelt. Experten A und B geben einander gegenseitig ihr Wissen weiter.

3) Vertiefungsphase (Einzel- oder Gruppenarbeit):
Mit zusätzlichen Vertiefungs- und Anwendungsaufgaben wird das neue Wissen verankert und ggf. transferiert.

Sozialform

Partnerarbeit

Einsatzort RITA

- Erarbeitung von Themen, die sich in zwei Teile unterteilen lassen
- Geeignet für in Gruppenarbeit Unerfahrene
- Geeignet für das Einüben von praktischen Fertigkeiten

Wirkung

▷ Hohe Mitarbeit
▷ Aktive Wiedergabe des angeeigneten Wissens
▷ Erhöhtes Wirksamkeitsempfinden, erhöhte Motivation

Kompetenzwürfel

	Wissen	Wollen	Können
A			
T			
I	○	○	○
R			

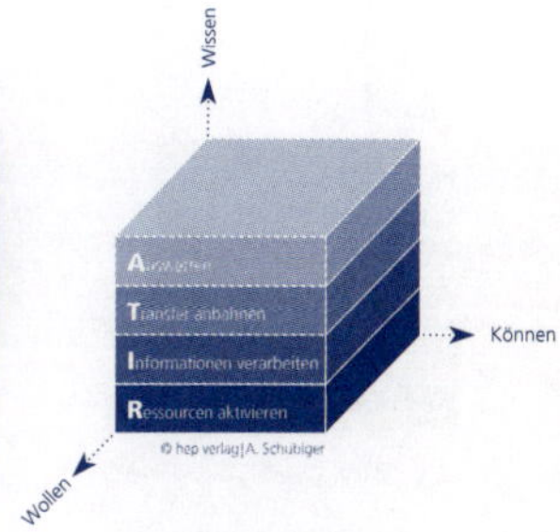

Portfolio (Performanzdossier)

Beschreibung

Ein Portfolio kann sowohl als formatives wie auch als summatives Prüfungsverfahren eingesetzt werden. Konkrete Praxisaufträge werden laufend dokumentiert und reflektiert. Es ist hilfreich, die Beurteilungskriterien gleich zu Beginn bekannt zu geben. Folgende Vorgaben sind für ein Portfolio wesentlich:

- konkreter Praxisauftrag
- fachliche Hilfestellung beim Vorgehen, insbesondere für Anfänger
- Bezug zum Inhalt der Ausbildung
- Beurteilungskriterien und ggf. -indikatoren
- Begrenzung des Umfangs

Die Verfasser sind im Normalfall in der Gestaltung des Portfolios frei. Mit den aktuellen elektronischen Lernplattformen werden Distribution und Beurteilung entscheidend vereinfacht. Zukunftsszenarios sind personifizierte Portfolios, die über die ganze Lebenszeit elektronisch zur Verfügung stehen (Arbeiten, Abschlüsse, Arbeitszeugnisse, Arbeitsbestätigungen, Performanzdossiers).

Sozialform

Einzelarbeit

Einsatzort RITA

- Wirkungsvolles Instrument zur Transferanbahnung
- Zur Überprüfung der Performanz

Wirkung

▷ Hohe Individualität und Praxisrelevanz
▷ Unmittelbares Erkennen von Nutzen für die eigene Praxis

Kompetenzwürfel

	Wissen	Wollen	Können
A	○	○	○
T	○	○	○
I			
R			

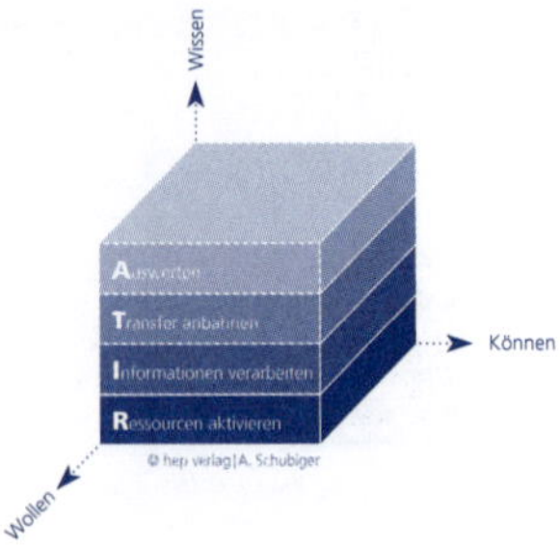

Proaktives Lernen

Beschreibung

Die Lernenden bereiten sich mit Unterlagen auf den Unterricht vor. Das können Lehrbücher, Leittexte, Filmsequenzen oder E-Learning-Pakete sein. Die Lehrperson formuliert mit Hilfe von Leitfragen oder Problemstellungen konkrete Aufgaben. Bei Lernungeübten erfolgt ein Hinweis zur Lese- oder Lerntechnik, die in die Aufgabenstellung integriert angewandt wird.

Der folgende Unterricht knüpft an diese Vorbereitung und das erarbeitete Vorwissen an, vertieft und reflektiert das Erarbeitete und setzt es in die Praxis um.

Sozialform

Einzelarbeit oder Gruppenarbeit

Einsatzort RITA

- Als Vorbereitung in ein neues Stoffgebiet
- Vorbereitung auf ein Seminar

Wirkung

- ▷ Das selbstgesteuerte Lernen wird gefordert und gefördert.
- ▷ Lerntechniken werden situiert angewandt.
- ▷ Im Unterricht kann an Vorwissen angeknüpft werden, was das langfristige Lernen fördert.
- ▷ Es findet eine Nivellierung des Vorwissens statt.

Kompetenzwürfel

	Wissen	Wollen	Können
A			
T			
I	○	○	
R	○	○	○

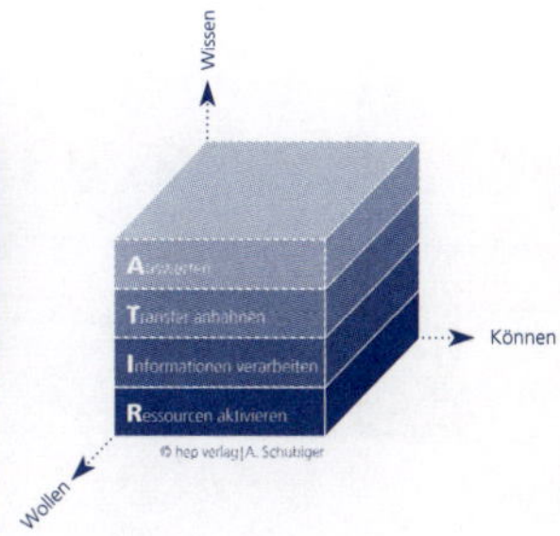

Problemlösemethode in 7 Schritten

Beschreibung

Das Lernen erfolgt an praxisnahen aufbereiteten Problemstellungen und durchläuft nach der Problemdarstellung sieben Schritte:

1. Klärung der Begriffe
2. Was ist das Problem?
3. Was wissen wir schon? (Vorwissen)
4. Ordnung des Wissens und Formulierung von möglichen Hypothesen
5. Bestimmung der Wissensdefizite und des Wissensbedarfs mit entsprechenden zu beantwortenden Lernfragen
6. Selbststudium: Die Lernfragen werden im Selbststudium erarbeitet und beantwortet.
7. Die Ergebnisse werden diskutiert und auf die Lösung des Problemfalls angewandt. Der eigene Lernprozess wird ebenfalls reflektiert

Die Stufen 1–5 und die Stufe 7 werden von der Lehrperson moderiert und begleitet.

Sozialform

Gruppenarbeit – Partnerarbeit – Einzelarbeit – Plenum

Einsatzort RITA

Die Wissenserarbeitung erfolgt problem-, ressourcen- und lernerorientiert.

Wirkung

- Situiertes Erarbeiten von Wissen
- Erwerb überfachlicher Lernkompetenzen
- Anknüpfen an vorhandene Ressourcen
- Nachhaltigkeit des neuen Wissens

Kompetenzwürfel

	Wissen	Wollen	Können
A			
T			
I	○	○	○
R	○	○	○

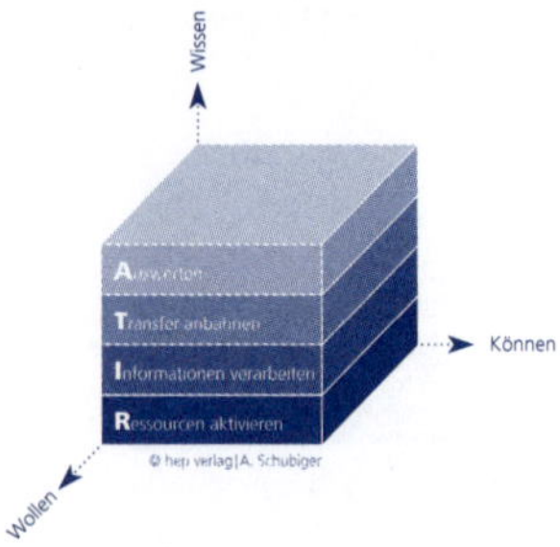

Problemlösetechnik

Beschreibung	Die Problemlösetechnik wird dann angewandt, wenn das nötige Wissen aufgebaut und eingeübt wurde. Eine Problemstellung wird in einer Gruppe mit folgenden Schritten bearbeitet: 1. Problempräsentation durch einen Teilnehmer der Gruppe 2. Verständnisfragen zur Problemstellung: Was müssen wir noch wissen? 3. Ordnung des Wissens: Was wissen wir schon? 4. Aufstellen von Hypothesen: Welche Zusammenhänge werden vermutet? 5. Generierung von Lösungsmöglichkeiten, z. B. mittels Brainstorming 6. Entscheidung für eine Lösung 7. Durcharbeitung der präferierten Lösung 8. Bewertung
Sozialform	Gruppenarbeit
Einsatzort RITA	Durchläuft alle Lernprozessstufen
Wirkung	▹ Anwendung in praktischen Problemstellungen ▹ Einüben von überfachlichen Problemlöseheuristiken

Kompetenzwürfel

	Wissen	Wollen	Können
A	○	○	○
T	○	○	○
I	○	○	○
R	○	○	○

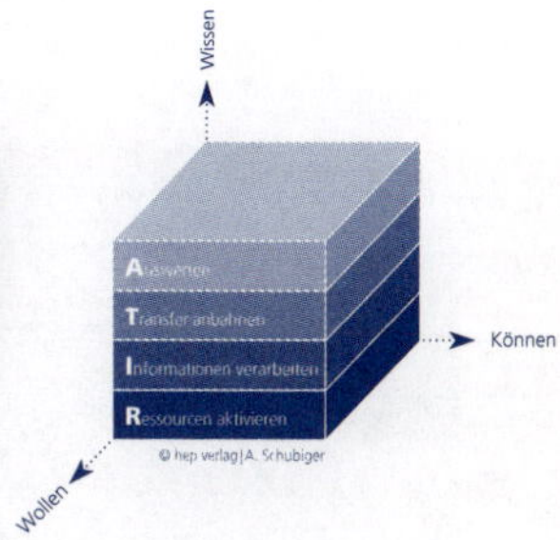

Problemspeicher

Beschreibung

Zu Beginn einer Ausbildungseinheit werden mit Moderationskarten Fragen, Probleme, Widerstände und Unsicherheiten gesammelt. Die Beiträge werden an einer Pinnwand zusammengetragen und thematisch geordnet, wobei Doppelnennungen entfernt werden.

In einer fortgeschrittenen Form werden die Beiträge mit Hilfe eines Farbcodes nach Dringlichkeiten unterschieden (Rot: sehr dringend; Gelb: mittlere Dringlichkeit; grün: «Schön, wenn wir es spätestens am Schluss beantwortet haben»).

Dringende Fragen werden sofort beantwortet. Die restlichen Fragen werden bei Gelegenheit situativ miteinbezogen und beantwortet. Am Schluss wird zur Sicherheit nochmals alles kontrolliert.

Der Problemspeicher kann während der Veranstaltung auch wieder neu mit Karten gefüllt werden.

Sozialform

Einzelarbeit – Plenum

Einsatzort RITA

Zu Beginn und während der gesamten Lernveranstaltung

Wirkung

- Widerstände und Fragen werden sichtbar.
- Widerstände werden nicht zu verdeckten Themen.
- Die Lernveranstaltung kann adaptiv gestaltet werden.
- Die Lernenden fühlen sich mit ihren Fragestellungen ernst genommen.

Kompetenzwürfel

	Wissen	Wollen	Können
A			
T			
I		○	
R	○	○	○

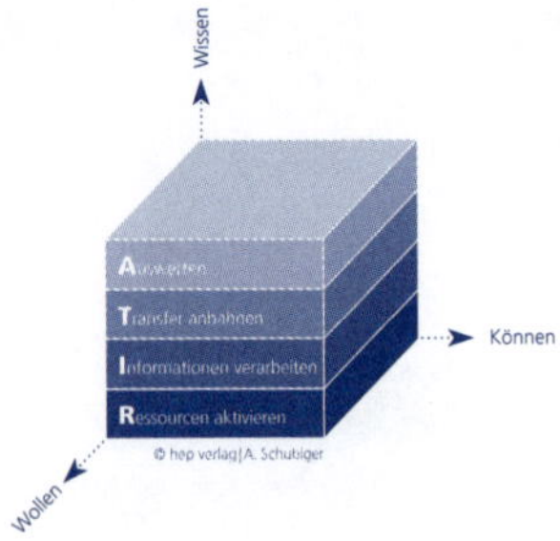

Projektmethode

Beschreibung

Die Projektmethode verläuft in folgenden Phasen:
Projektstart: Es wird ein Realprojekt, lerner- oder lehrerzentriertes Projekt gewählt und man bildet Teams.

- Arbeitsphase: Arbeit am Projekt
- Meilensteine: zeitlich geplante Zwischenstopps mit Kontrolle und Austausch
- Arbeitsphase: Arbeit am Projekt
- Projektabschluss: Präsentation, Auswertung

Flankierende Massnahmen wie Beratung, Supportfächer und Zwischenpräsentationen haben sich für die Aufrechterhaltung des Prozesses bewährt.

Sozialform

Gruppenarbeit oder Partnerarbeit, selten als Einzelarbeit

Einsatzort RITA

- Im handlungs- und transferorientierten Unterricht
- Zur Anbahnung des Transfers
- Für praxisorientiertes Prüfungsverfahren

Wirkung

- ▹ Hohe Situiertheit
- ▹ Hohe Motivation von Seiten der Lernenden
- ▹ Förderung überfachlicher Kompetenzen

Kompetenzwürfel

	Wissen	Wollen	Können
A	○	○	○
T	○	○	○
I	○	○	○
R	○	○	○

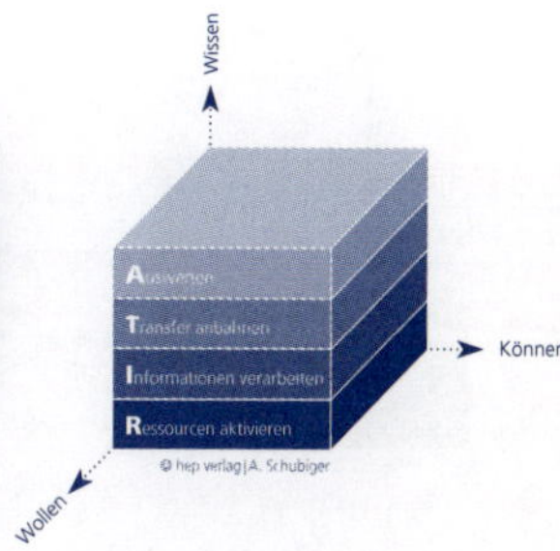

Ressourceninventur

Beschreibung

Nach der Einleitung in eine neue Thematik sammeln die Teilnehmer in Untergruppen möglichst viel Wissen über das Thema.

Varianten:

- Sammlung von Wissen auf Karten, die anschliessend in einer Bodenmoderation zu Haufen zusammengelegt werden
- Jeder erstellt eine eigene Mindmap, kognitive Landkarte oder ein Cluster von seinem bereits vorhandenen Wissen. Anschliessend werden die kognitiven Strukturen ausgetauscht.
- Als Anreiz wird eine Mindestzahl von Begriffen verlangt.
- Als spielerische Ergänzung werden die Begriffe dem ABC zugeordnet, das auf einem Flipchart vorbereitet wurde.

Damit das gesammelte Wissen weiterverknüpft werden kann, wird folgende Weiterarbeit empfohlen.

- Lernende verfassen aus den Begriffen einen zusammenhängenden Text.
- In einem Multiinterview werden die Vorwissensstrukturen ausgetauscht.
- In einem Netzwerkgespräch wird das Vorwissen gemeinsam semantisch verknüpft.

Sozialform

Einzelarbeit – Partnerarbeit – Gruppenarbeit – Plenum

Einsatzort RITA

Eine umfangreiche Methode zur Reaktivierung des Vorwissens.

Wirkung

▷ Reaktivieren von Vorkenntnissen
▷ Vermittelt Selbstwirksamkeitsgefühl

Kompetenzwürfel

	Wissen	Wollen	Können
A			
T			
I		○	
R	○	○	○

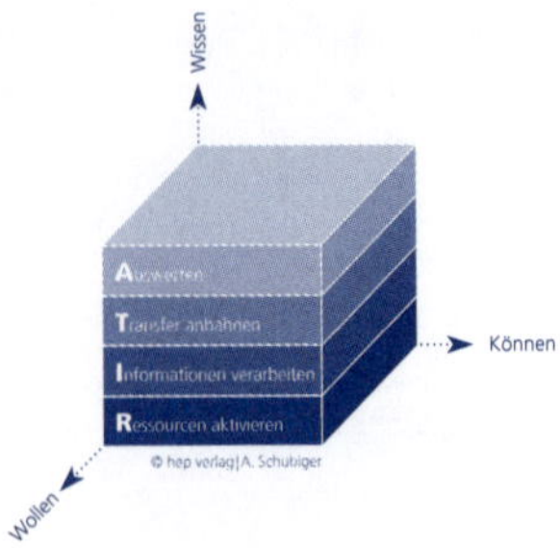

Rollenspiel

Beschreibung

In spielerischer Form nehmen Lernende bestimmte Rollen ein. Folgende Phasen durchläuft das Rollenspiel:

1) Die Lernenden werden informiert, um was es geht.
2) Die Rollen und Beobachtungsaufträge werden vorbereitet.
3) In der Spielphase nehmen die Lernenden ihre Rolle ein und die anderen beobachten nach bestimmten Kriterien.
4) Die Ergebnisse und Schwierigkeiten werden aus allen Perspektiven ausgewertet.
5) Es wird erarbeitet, was für die Praxis von Relevanz sein könnte.

Es muss darauf geachtet werden, dass die Spielsituation Echtheitscharakter hat, damit nicht der Spielcharakter dominiert und der Lerngegenstand in den Hintergrund gerät.

Varianten:
Die Spielphase kann nach einem Plan durchgeführt oder angespielt und dann weitergeführt oder durch Interventionen in eine andere Richtung geleitet werden. Mit Letzterem wird die Unvorhersehbarkeit erhöht.

Sozialform

Einzelarbeit – Gruppenarbeit – Plenum

Einsatzort RITA

Für das Einüben von sozial-kommunikativen Kompetenzen Entwicklung und Beurteilung überfachlicher Kompetenzen und Verhaltensweisen

Wirkung

▷ Hohe Praxisrelevanz

Kompetenzwürfel

	Wissen	Wollen	Können
A	○	○	○
T	○	○	○
I			○
R			

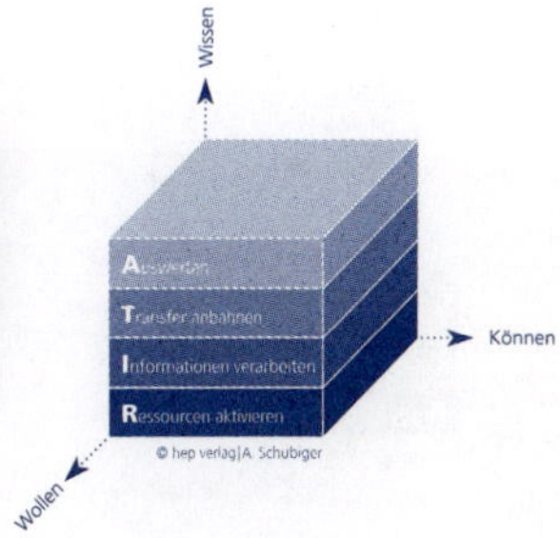

Schlüsselfragen, -aufgaben oder -probleme

Beschreibung

Die wesentlichen Ziele der Lernveranstaltung werden in Schlüsselfragen umformuliert. Diese werden zu Beginn oder im Zusammenhang mit einem Leseauftrag bereits vor der Präsenzveranstaltung präsentiert. Die Lernenden versuchen, diese Schlüsselfragen mit den vorhandenen Ressourcen so weit wie möglich zu beantworten.

Die Schlüsselfragen liegen während der ganzen Lernveranstaltung auf und werden
- zwischendurch einzeln beantwortet oder
- am Ende der Lernveranstaltung individuell oder gemeinsam beantwortet oder
- als Hausaufgabe im Nachhinein gelöst und in der folgenden Veranstaltung kontrolliert.

Anstatt Schlüsselfragen können auch typische Aufgaben oder Problemstellungen, deren Lösung angestrebt wird, präsentiert werden.

Sozialform

Einzelarbeit – Partner- oder Gruppenarbeit – Plenum

Einsatzort RITA

Die Schlüsselfragen durchlaufen alle Lernprozessphasen und werden entsprechend eingesetzt.

Wirkung

- ▷ Konzentration auf die wesentlichen Fragen
- ▷ Erleben von Wirksamkeit: Anfänglich unbeantwortete Fragen können am Ende gelöst werden.

Kompetenzwürfel

	Wissen	Wollen	Können
A	○	○	○
T		○	
I	○	○	○
R	○	○	○

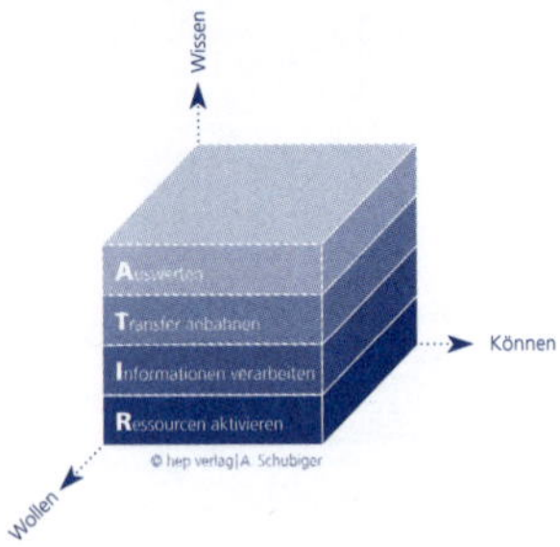

Sortieraufgabe

Beschreibung

Zentrale Begriffe werden auf Karten geschrieben. Begriffskärtchen werden nach 2 Kriterien sortiert (Einzel- oder Partnerarbeit):
- Stapel 1: Begriffe, die man erklären kann
- Stapel 2: Begriffe, die man nicht erklären kann

Anschliessend werden die Wissenslücken mit Hilfe von Lernenden oder der Lehrperson geschlossen.

Sozialform

Einzelarbeit – Partnerarbeit – Gruppenarbeit – Plenum

Einsatzort RITA

- Ermittlung des aktuellen Wissensstandes
- Zu Beginn: Vorwissen aktivieren
- Am Ende: Füllen von Wissenslücken
- Als Vorbereitung der Strukturlegetechnik

Wirkung

- ▷ Geeignete Methode zur Identifikation von Wissenslücken
- ▷ Zum individuellen Schliessen von Wissenslücken
- ▷ Als Diagnoseinstrument für Lehrpersonen

Kompetenzwürfel

	Wissen	Wollen	Können
A	○		
T			
I	○	○	
R	○	○	

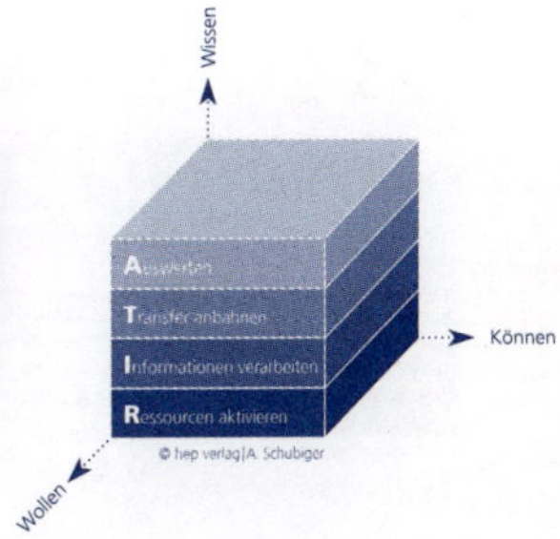

Stafette

Beschreibung

Die Grossgruppe wird in mehrere Kleingruppen unterteilt. Sie erhalten eine Arbeit, die in irgendeiner Weise weiterverarbeitet werden kann (Sammeln von Fakten, Leitfragen beantworten, zusammenfassen).

Die Arbeitsergebnisse werden auf Karten geschrieben und weitergegeben. Danach wird die Aufgabe mit einem neuen Auftrag weiterverarbeitet, z. B. strukturieren, ergänzende Beantwortung der Fragen, Entscheidungen treffen etc.

Das Ganze kann beliebig weitergeführt werden.

Sozialform

Partnerarbeit oder Kleingruppen

Einsatzort RITA

- Zur Erarbeitung
- Zur Verarbeitung
- Für Wiederholungsübungen

Wirkung

▹ Die Arbeiten werden immer wieder mit den Vorergebnissen neu angereichert.
▹ Die Lernenden müssen sich immer wieder auf neue Situationen einlassen.

Kompetenzwürfel

	Wissen	Wollen	Können
A			
T			
I	○	○	○
R			

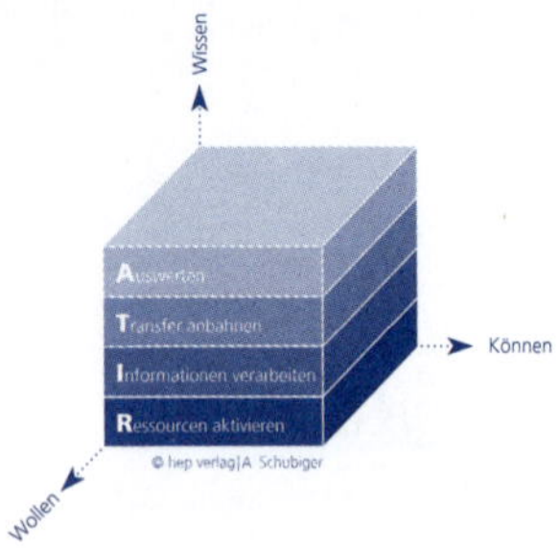

Stationenlernen

Beschreibung

An unterschiedlichen Orten werden unterschiedliche Aufgaben für die Lernenden bereitgestellt. Dies können Materialien zum Lesen, Gruppenarbeiten, Experimente, Filme mit Auftrag, Rollenspiele etc. sein. Nun wandern die Lernenden nach einem vereinbarten Plan in unterschiedlicher Reihenfolge von Station zu Station. In einem Logbuch werden die Ergebnisse protokolliert.

Sozialform

Einzelarbeit oder Gruppenarbeit

Einsatzort RITA

- Zur Erarbeitung von neuem Wissen
- Zur Verständnissicherung
- Zur Vertiefung
- Zur Übung
- Zur Abschlusskontrolle über ein grösseres Gebiet

Wirkung

- ▹ Selbstständige Tätigkeit wird gefordert und gefördert.
- ▹ Abwechslung
- ▹ Üben in individuellem Tempo ist möglich.
- ▹ Individuelle Betreuung wird ermöglicht.

Kompetenzwürfel

	Wissen	Wollen	Können
A	○	○	○
T	○	○	○
I	○	○	○
R			

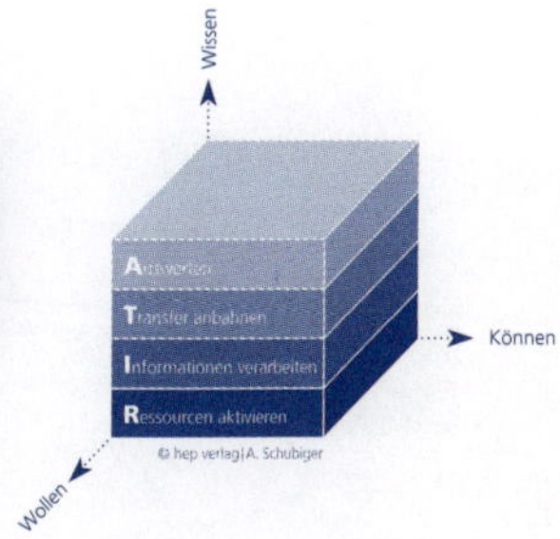

Stellübung

Beschreibung

Die Lernenden stellen sich in der Mitte des Kursraumes auf. Mittels vorgegebener Fragen und entsprechender Antworten werden Gruppen und Untergruppen gebildet.

Beispielfragen:

- In welcher Branche arbeitest du? Produktion, Dienstleistung etc.
- Wie viele Mitarbeiter hat dein Betrieb? Die Lernenden formieren sich zu einem Kontinuum von unter 10 bis 1000.
- Neben Fragen der Kursleitung können auch die Lernenden Fragen einbringen, die sie interessieren.

Sozialform

Plenum

Einsatzort RITA

- Einstellungen, Vorerfahrungen etc. können schnell veranschaulicht werden.
- In der Auswertungsphase kann mittels der Stellübung der Kompetenzgrad erfragt werden.
- Kennenlernphase
- Sichtbarmachen von Stellungnahmen

Wirkung

- ▷ Auflockernde und dynamische Methode
- ▷ Nonverbales Verhalten kann gut beobachtet werden.
- ▷ In kurzer Zeit kann ein Bild der Gruppe mit den individuellen Stellungnahmen sichtbar gemacht werden.

Kompetenzwürfel

	Wissen	Wollen	Können
A	○	○	○
T			
I			
R	○	○	○

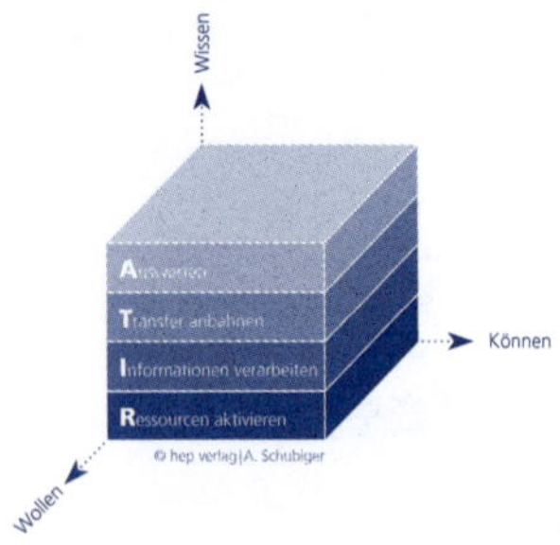

Strukturierte Kontroverse

Beschreibung

Kontroverse Fragestellungen können analytisch und diskursiv beantwortet werden. Dazu wird die Fragestellung in Pro und Kontra unterteilt:

1) **Expertenphase:**
   Lernendenpaare AA oder BB erarbeiten Pro- bzw. Kontra-Argumente und bereiten sich auf eine Auseinandersetzung vor.
2) **Puzzlephase** (Wechselseitige Argumentationsrunde):
   Lernende von A und B versuchen sich gegenseitig in Puzzlepaaren AB mit ihren Argumenten zu überzeugen.
   Variante:
   Es wird Gegenpartei ergriffen und eine weitere, neu durchmischte Argumentationsrunde gespielt.
3) **Vertiefungsphase** (Einzel- oder Gruppenarbeit):
   Die Vielfalt der Argumente wird aufgearbeitet und ein Resümee sowie eine Schlussbeurteilung verfasst.

Der Vertiefungsfrage und der Konklusion muss besondere Beachtung geschenkt werden, damit die Methode nicht zum blossen Schlagabtausch verkommt.

Sozialform

Partnerarbeit – Plenum

Einsatzort RITA

Es wird die Argumentationsfähigkeit unter Einbezug von vorhandenem Wissen geübt.

Wirkung

- Hohe Aktivität in der Austauschphase
- Erhöhen der Argumentationsfähigkeit
- Anwendung des vorhandenen Wissens auf eine konkrete Fragestellung

Kompetenzwürfel

	Wissen	Wollen	Können
A			
T			
I		○	○
R			

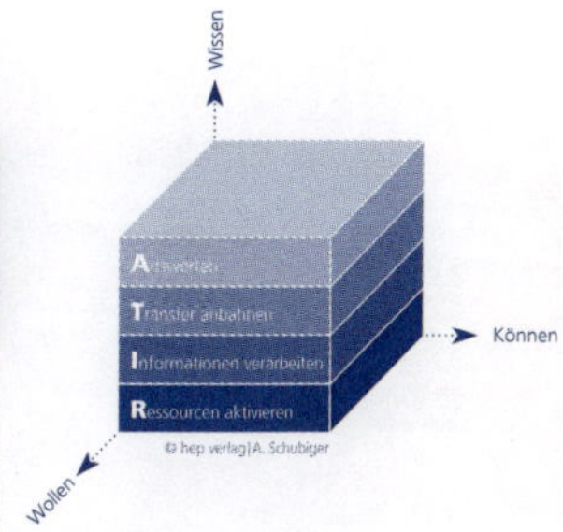

Strukturlegetechnik

Beschreibung	Von der Lehrperson werden zu einem Thema zentrale Begriffe vorbereitet und auf Kärtchen geschrieben. Diese Kärtchen werden dann von den Lernenden in eine sinnvolle subjektive Struktur gelegt. Danach können diese Strukturen präsentiert, ausgetauscht oder verglichen werden. Zuvor kann mit den Kärtchen eine Sortierübung durchgeführt werden. Im Anschluss kann auch gemeinsam mit denselben Karten ein Netzwerk gelegt werden.
Sozialform	Einzel-, Partner- oder Gruppenarbeit
Einsatzort RITA	– Zu Beginn, um Vorwissen zu aktivieren und Zusammenhänge zu visualisieren – Während der Informationsverarbeitung: zur Wiederholung und Integration in subjektive Strukturen
Wirkung	▹ Entwickeln von inhaltlichen Zusammenhängen zwischen Begriffen ▹ Sichtbarmachen von Wissen ▹ Unterstützen der Speicherung von Lerninhalten über individuelle logische Strukturen ▹ Flexibilisierung beim Austausch

Kompetenzwürfel

	Wissen	Wollen	Können
A	○		
T			
I	○	○	
R	○		

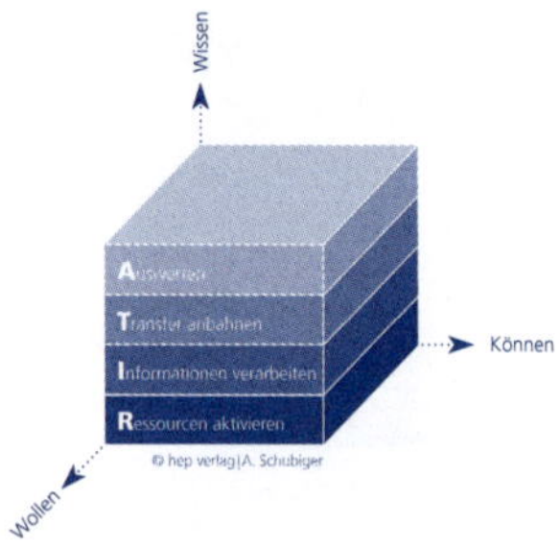

Szene Stopp

Beschreibung

Eine Problemsituation aus der Praxis wird mittels Filmsequenz, Rollenspiel oder Schilderung dargestellt. Die Szene wird in einer schwierigen Situation, in der eine bestimmte Reaktion eines Interaktionspartners erwartet wird, gestoppt. Die Lernenden werden aufgefordert, in folgenden Varianten sofort zu reagieren:

- Die Situation wird in einem Rollenspiel fortgesetzt. Anschliessend werden Gedanken und Gefühle, die während der Interaktion aufkamen, niedergeschrieben und ausgetauscht.
- Dem Banknachbar wird geschildert, wie man reagieren würde.
- Die Reaktion wird aufgeschrieben und anschliessend ausgetauscht.

Sozialform

Einzelarbeit – Partnerarbeit – Gruppenarbeit – Plenum

Einsatzort RITA

Es werden verdeckte Handlungsroutinen und subjektive Theorien sichtbar. Anschliessend können Handlungsalternativen entwickelt werden.

Wirkung

▷ Bearbeitbarmachen von Handlungsroutinen
▷ Begleitende Gefühle und Gedanken werden bewusst.

Kompetenzwürfel

	Wissen	Wollen	Können
A			
T			
I			
R	○	○	○

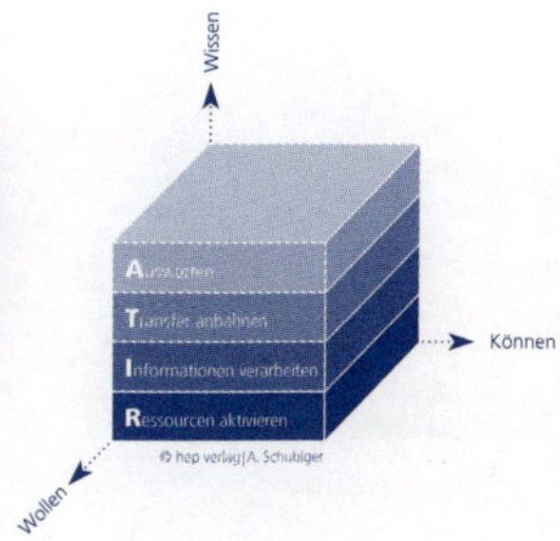

Verzweigte Lernpfade

Beschreibung	Verzweigte Lernpfade werden vor allem für die Übungsphasen eingesetzt. Die Lehrperson strukturiert die Übungen in einem Flussdiagramm mit folgenden Bestimmungen: – einzelne Übungspakete, die in einer bestimmten Reihenfolge gelöst werden müssen – Selbstkorrekturanleitungen – Verzweigungen, die den nächsten Schritt erläutern, nachdem das Zwischenziel erreicht wurde oder nicht – Zusatzaufgaben und Hilfestellungen für Lernende, die das Zwischenziel nicht erreicht haben – Unterteilung in Pflicht- und Zusatzaufgaben Der Lernpfad wird nach folgenden Prinzipien aufgebaut: – Lernprozessstufen: Wissen verstehen – anwenden – Probleme lösen – Aufbau: Grundlagen – Anwendung – Weiterführung – Schweregrad: vom Einfachen zum Schwierigen – Komplexität: von der Aufgabe zur Problemlösung
Sozialform	Einzelarbeit
Einsatzort RITA	Klassische Übungsunterstützung während der Informationsverarbeitungsphase
Wirkung	▹ Hohe Adaptivität an das Lernverhalten der Einzelnen ▹ Entlastung der Lehrperson zugunsten von Beratungsaktivitäten

Kompetenzwürfel

	Wissen	Wollen	Können
A	○	○	○
T	○	○	○
I		○	○
R			

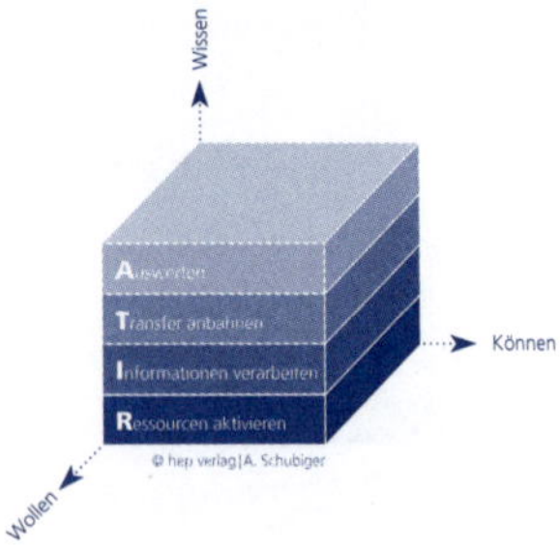

Vier Ecken

Beschreibung

Zu einem Thema, bei dem es verschiedene Sichtweisen gibt, wird in jeder Ecke des Raumes ein Plakat mit einer Aussage befestigt.

Zu allen Positionen werden Stellvertreter für die Anschlussdiskussion im Plenum oder in einem Aquarium gewählt.

Statt eines kontroversen Themas können auch vier Teilaufgaben gestellt werden.

Sozialform

Diskussion in Gruppen, Plenum

Einsatzort RITA

- Zur Meinungsbildung
- Erfassen von Vorkenntnissen
- Vorbereitung von Entscheidungen
- Zur Bewertung (am Schluss)

Wirkung

▷ Vereinfachung der Meinungsbildung
▷ Vielfältige Suche von Argumenten

Kompetenzwürfel

	Wissen	Wollen	Können
A	○	○	○
T			
I			
R	○	○	○

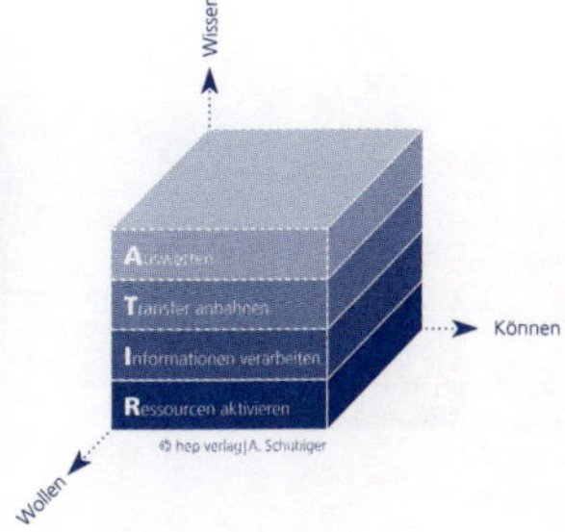

Vortest

Beschreibung	Der erwartete Output einer Lernveranstaltung wird zu Beginn mit einem Vortest abgefragt. Dabei können Wissensfragen, Verständnisfragen und Problemlöseaufgaben gestellt werden, die im Anschluss an die Veranstaltung gelöst werden. Der Zweck der Aufgaben muss vorab erläutert werden, damit bei den Lernenden nicht das Gefühl aufkommt, nichts zu können. Einfache, mittelschwere und anspruchsvollere Aufgaben sollten ausgeglichen vorkommen. Nach dem individuellen Lösen z. B. mittels Lerntempoduett erfolgt der kollegiale Austausch. Dadurch können interindividuelle Vorwissensunterschiede ausgeglichen werden. Wird derselbe Test am Ende oder zu Beginn der nächsten Veranstaltung nochmals durchgeführt, ist der Lernzuwachs sichtbar.
Sozialform	Einzelarbeit, Partnerarbeit
Einsatzort RITA	Ressourcen und die Lernergebnisse werden sinnvoll in Beziehung gesetzt.
Wirkung	▷ Erkennen von Lernzuwachs ▷ Erhöhung der Selbstwirksamkeitsüberzeugung ▷ Frühzeitiges Eingehen auf individuelle Defizite ▷ Erhöhung der Diskriminationsfähigkeit durch Fokussierung der Lerninhalte

Kompetenzwürfel

	Wissen	Wollen	Können
A	○	○	○
T		○	
I			
R	○	○	○

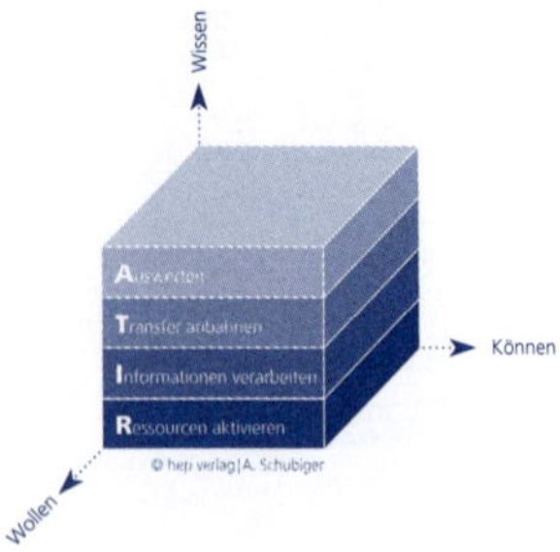

Vortrag/Informationsinput

Beschreibung

Der Vortrag ist geeignet für die kompakte, gut gegliederte Information, die für alle Lernenden gleichermassen bestimmt ist. Er wird unterstützt durch Visualisierungen.

Folgende Fragen müssen beantwortet werden:
- Welche Gliederung wähle ich?
- Wie erreiche ich den Zuhörer? (Betroffenheit)
- Welche Medien setze ich ein?
- Mit welchen sprachlichen Bildern arbeite ich?
- Wie kann ich die wesentlichen Botschaften durch Wiederholung unterstreichen?
- Fasse ich am Ende zusammen?
- Der Vortrag sollte 15–20 Minuten nicht überschreiten und klar vom Unterrichtsgespräch getrennt sein.

Sozialform

Plenum

Einsatzort RITA

- Informationsinput
- Aufbau von Wissen
- Wissen für alle

Wirkung

▷ Kurze und kollektive Vermittlung von Wissen

Kompetenzwürfel

	Wissen	Wollen	Können
A			
T			
I	○		
R			

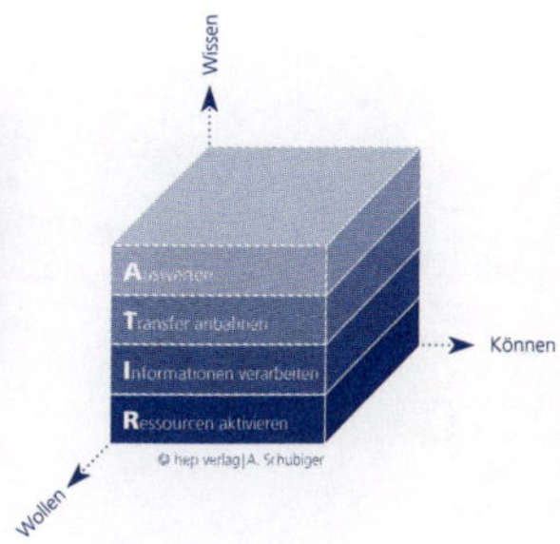

Wadenbeisser

Beschreibung	Im Anschluss an eine Lernveranstaltung oder ein Seminar formulieren die Kursteilnehmer Ziele, die sie in einer bestimmten Zeit (z. B. bis zur nächsten Präsenzveranstaltung) erreichen wollen. Die individuellen Ziele werden als SMART-Ziele formuliert. S = spezifisch M = messbar A = akzeptiert R = realistisch T = terminiert Daraufhin werden Tandempartner ausgewählt, denen diese Ziele mitgeteilt werden. In einer schriftlichen Abmachung – dem «Wadenbeisser» – wird festgehalten, was passieren soll, wenn das Ziel nicht erreicht wird (Kuchen backen, Auto waschen etc.). Die Tandempartner sind verpflichtet, die Einhaltung der Versprechen zu prüfen und gegebenenfalls die «Entschädigung» einzufordern.
Sozialform	Einzelarbeit – Partnerarbeit
Einsatzort RITA	– Kollegiale Kontrolle von Transferleistungen – Geeignet für die praktische Umsetzung
Wirkung	▹ Kombination von Selbst- und Fremdverpflichtung ▹ Erhöhung der Umsetzungskraft ▹ Kombination von Ernsthaftigkeit und Vergnügen

Kompetenzwürfel

	Wissen	Wollen	Können
A			
T		○	
I			
R			

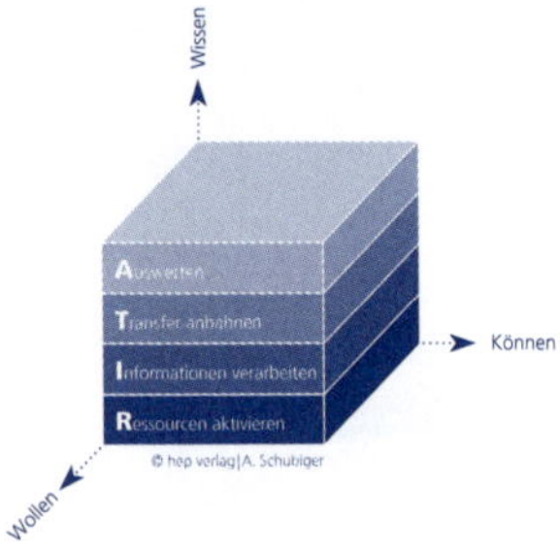

Weingartner Appraisal-Legetechnik

Beschreibung

Diese Legetechnik versucht, subjektive Theorien, eigene Handlungsroutinen und innere Glaubenssätze bewusst und bearbeitbar zu machen. Nach einer Sensibilisierungsphase werden folgende Phasen durchlaufen:

1) Die Lernenden beobachten sich retrospektiv in verschiedenen immer wiederkehrenden Praxissituationen. Sie halten diese Situationen auf Karten fest und notieren auf weiteren Karten ihr Verhalten und ihre Gedanken und Empfindungen. Alle Karten werden in Partnerarbeit ausgetauscht und diskutiert.
2) In Einzelarbeit werden die Situations- und Verhaltensreaktionskarten separat geordnet und nach Nähe und Distanz gelegt. Ähnliche Situation und Reaktionen werden mit Oberbegriffen versehen.
3) Die geordneten Karten werden auf zwei Ebenen untereinander geklebt und so miteinander verbunden, wie die entsprechenden Situationen und Reaktionen im Leben verbunden sind.
4) Die Karten für die begleitenden Gedanken und Gefühle werden hinzugefügt.
5) Mit dieser Zusammenstellung werden in einem Partnerinterview typische Verhaltensmuster, Gedankengänge, Glaubenssätze, Überzeugungen etc. herausgearbeitet.
6) Auf der Grundlage der Analyse werden Veränderungsziele und Arbeitsschwerpunkte bestimmt.

Sozialform

Einzelarbeit – Partnerarbeit

Einsatzort RITA

Die individuellen Ressourcen werden bewusst gemacht und ein Transfer wird angebahnt.

Wirkung

- Aufzeigen unbewusster Verhaltensroutinen
- Subjektive Theorien und Glaubensätze werden bearbeitbar gemacht.

Kompetenzwürfel

	Wissen	Wollen	Können
A			
T		○	
I		○	
R	○	○	○

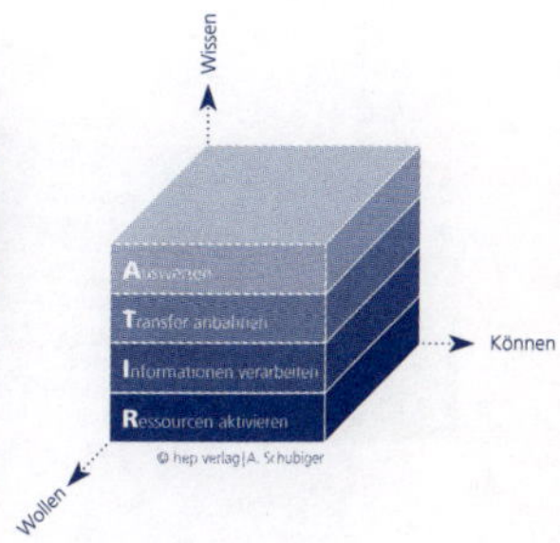

Werkstatt

Beschreibung

Die Lernenden arbeiten individuell oder in Kleingruppen an verschiedenen Arbeitsposten und folgen dabei ihrem jeweiligen Lerntempo. Die Posten sind so aufgebaut, dass selbstständiges Arbeiten möglich ist. Die Posten enthalten folgende Elemente:

- eine Bestimmung der Ziele (Worum geht es?)
- Arbeitsmaterialien zur Erkundung, Erarbeitung, Recherche, zum Experimentieren etc.
- konkrete Aufgabenstellungen zum Üben und Anwenden mit Möglichkeiten zur Selbstkorrektur

Werkstätten werden sinnvollerweise begleitet von einem Lernjournal, Logbuch (Was wurde erledigt?) und Spurenbuch (Festhalten von Ergebnissen).

Die Werkstatt kann in Pflicht- und Zusatzaufgaben strukturiert werden. Die Pflichtaufgaben müssen innerhalb einer gut bemessenen Zeit von allen gelöst werden. Schneller Lernende können Zusatzaufgaben nach ihrem Interesse lösen. Die Lehrperson begleitet und unterstützt die Lernenden individuell. Mittels neuer Medien können Werkstätten auch durch Internetlösungen ergänzt werden. Die Aufgaben sollten mehr als reine «Paper-Pencil-Arbeiten» sein. Experimente, Interaktionsspiele etc. bereichern die Arbeit.

Sozialform

Einzelarbeit – Partnerarbeit – Gruppenarbeit

Einsatzort RITA

Werkstätten sind geeignete Übungsgelegenheiten während aller Lernprozessphasen. Am meisten werden sie für die Informationsverarbeitungsphase eingesetzt. Allerdings lohnt es sich, wenn die anderen Phasen miteinbezogen werden.

Wirkung

- ▷ Hohe Eigenaktivität und Individualität
- ▷ Es können eigene Lernwege eingeschlagen werden.
- ▷ Die Beratung durch die Lernenden kann intensiviert werden.

Kompetenzwürfel

	Wissen	Wollen	Können
A	○	○	○
T	○	○	○
I	○	○	○
R			

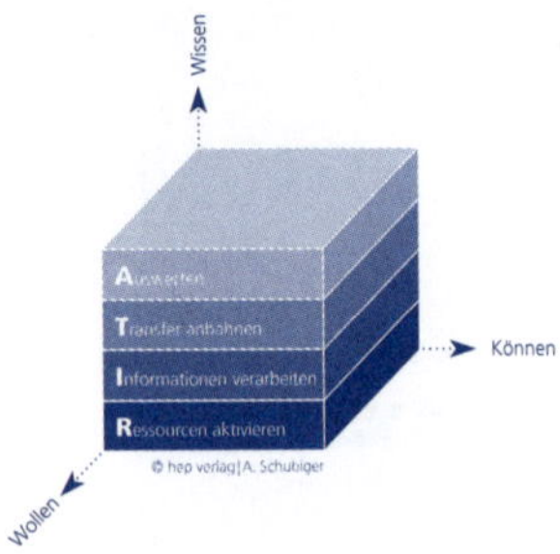

Wer wird Millionär?

Beschreibung

Diese Methode ist eine spielerische Form zur Wissenssicherung. Die Lehrperson hat eine Vielzahl von Fragen mit eindeutigen Antworten. Die Kandidaten erreichen durch richtige Antworten ein höheres Niveau. Dabei haben sie verschiedene Joker zur Verfügung (Banknachbar; Gruppe; Frage an Spielleiter; Superjoker).

Die Niveaus lauten: 100 – 200 – **500** – 1000 – 10 000 – **50 000** – 100 000 – 100 000.

Bei falschen Antworten fällt der Spieler auf ein Zwischenniveau (fette Zahl) zurück.

Das Spiel kann in unterschiedlichen Formen gespielt werden: Ein Einzelspieler spielt mit dem Rest der Klasse; zwei Gruppen spielen gegeneinander, die bei einem Fehler wechseln; Spiel in Kleingruppen.

Sozialform

Gruppenarbeit – Plenum

Einsatzort RITA

Spielerische Wissenssicherung

Wirkung

▷ Wiederholung von deklarativem Wissen

Kompetenzwürfel

	Wissen	Wollen	Können
A	○		
T			
I	○	○	
R			

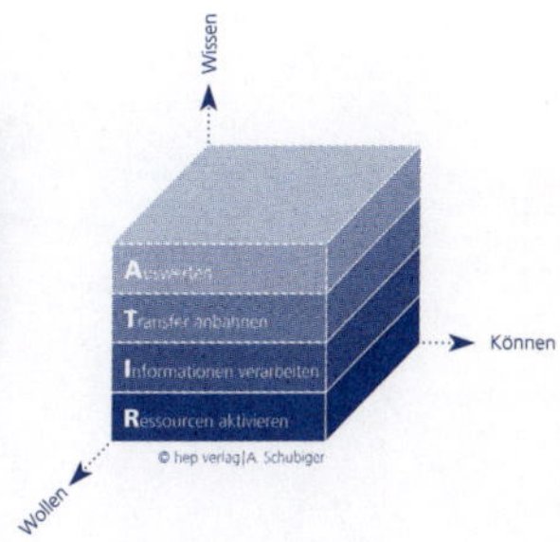

Zuordnungsaufgabe

Beschreibung

Gegensatzpaare wie Fragen und Antworten, Gesetzmässigkeiten und Beispiele etc. werden auf Karten geschrieben. Die Karten werden gemischt und den Lernenden als Zuordnungsaufgabe gestellt. Die richtige Lösung kann auf einem zusätzlichen Blatt zur Kontrolle dargeboten werden.

Anknüpfung:
Dieselben Karten können anschliessend für eine Strukturlegeordnung oder ein Netzwerk genutzt werden.

Sozialform

Einzelarbeit – Partnerarbeit

Einsatzort RITA

Kann zur Verständnissicherung oder als Wissenskontrolle eingesetzt werden

Wirkung

- Sofortige Aktivität bei den Lernenden
- Durch das Legen von Karten wird die Aktivität angeregt.

Kompetenzwürfel

	Wissen	Wollen	Können
A	○		
T			
I		○	
R			

13 Literaturverzeichnis

Aebli, H. (1997). Zwölf Grundformen des Lernens. Stuttgart: Klett Cotta.

Anderson, L. W., Krathwohl, D.R. et al. (2000). A Taxonomy for Learning, Teaching, and Assessing: A Revision of Bloom's Taxonomy of Educational Objectives. Allyn & Bacon.

Arnold, R. (2012). Wie man lehrt, ohne zu belehren. 29 Regeln für eine kluge Lehre. Das LENA-Modell. Heidelberg: Carl-Auer.

Aurin, K. (1990). Strukturelemente und Merkmale guter Schulen – Worauf beruht ihre Qualität? In: K. Aurin (Hrsg.). Gute Schulen – worauf beruht ihre Wirksamkeit? Bad Heilbrunn: Klinkhardt.

Austin, G.R. & Holowenzak, S.P. (1990). Erwartungen – Führung – Schulklima. Sichtung der Untersuchungen über beispielhafte Schulen. In: K. Aurin (Hrsg.). Gute Schulen – worauf beruht ihre Wirksamkeit. Bad Heilbrunn: Klinkhardt.

Ausubel, D.P. & Robinson, F. G. (1969). School learning. An introduction to educational psychology. New York: Holt.

Bandura, A. (1982). Self-efficacy mechanisms in human agency. American Psychologist, 37, S.227–247.

Bandura, A. (1989). Self-regulation of motivation and action through internal standards and goal systems. In: L.A. Pervin (Hrsg.). Goal concepts in personality and social psychology (19–38). Hillsdale, NJ: Erlbaum.

Beck, E., Baer, M., Guldimann, T., Bischoff, S., Brühwiler, Ch., Müller, P., Niedermann, R., Rogalla M. & Vogt, F. (2008). Adaptive Lehrkompetenz. Münster: Waxmann.

Beck, E., Guldimann, T. & Zutavern, M. (Hrsg.) (1995). Eigenständig Lernen. St.Gallen: UVK.

Beckmann, J. (1996). Entschlussbildung. In: J. Kuhl & H. Heckhausen (Hrsg.). Motivation, Volition und Handlung. Göttingen: Hogrefe. S.410–426.

Berliner, D.C. (1985). Effective Classroom Teaching. In: G. R. Austin & H. Garber (Hrsg.). Research on Exemplary School. Orlando: Academic Press.

Berliner, D.C. (1992). The nature of expertise in teaching. In: F. Oser, A. Dick & J.-L. Patry (Hrsg.). Effective und responsible teaching. San Francisco: Jossey-Bass. S.227–248

Bernard A. & Wahl D. (2004). Methodensammlung. PH Weingarten.

Bessoth, R. & Weibel, W. (2000). Unterrichtsqualität an Schweizer Schulen. Zug: Klett und Balmer.

Biggs, J.B. (1982). Student motivation and study strategies in university and college of advanced education populations. Higher Education Research and Development, 1, S.33–55.

Bönsch, M. (1998). Was ist «guter» Unterricht? In: H. Buchen, L. Horster & H.-G. Rolff (Hrsg.). Unterricht und Schulentwicklung. Berlin: RAABE, S.124–132.

Bonz, B. (2009). Methoden der Berufsbildung. Stuttgart: Hirzel Verlag.

Brandstätter, V. (1992). Der Einfluss von Vorsätzen auf die Handlungsinitiierung: Ein Beitrag zur willenspsychologischen Frage der Realisierung von Absichten. Frankfurt a.M.: Peter Lang.

Bromme, R. (1992). Der Lehrer als Experte. Zur Psychologie des professionellen Wissens. Bern, Göttingen, Toronto: Huber.
Bromme, R. (2004). Das implizite Wissen des Experten. In: B. Koch-Priewe, F.-U. Kolbe & J. Wildt (Hrsg.). Grundlagenforschung und mikrodidaktische Reformansätze zur Lehrerbildung. Bad Heilbrunn: Klinkhardt.
Burns, R. A. (1990). Designing presentations to help students remember. College science teaching, 19, S. 301–305.
Collins, A., Brown, J. S. & Newman, S. (1989). Cognitive Apprenticeship: Teaching the Craft of Reading, Writing and Mathematics. In: L. B. Resnick (Hrsg.). Cognition and Instruction: Issues and Agendas. Hillsdale, N. J.: Lawrence Earlbaum. S. 453–494.
DaRos, D. & Onwauegbuzie, A. (1999). The Effect of Advance Organizers on Achievement in Graduate-Level Research Methodology Courses. National Forum of Applied Educational Research Journal Electronic, 12, 3, S. 83–91.
Diegritz, Th. et al. (2001). Nürnberger Projektgruppen – Erfolgreicher Gruppenunterricht – Praktische Anregungen für den Schulalltag. Stuttgart: Klett.
Dörig, R. (2003). Handlungsorientierter Unterricht. Stuttgart: WiKu.
Dörner, D. (1979). Problemlösen als Informationsverarbeitung. Stuttgart: Kohlhammer.
Dörner, D. (1988). Wissen und Verhaltensregulation: Versuch einer Integration. In: H. Mandl & H. Spada (Hrsg.). Wissenspsychologie. München: Psychologie Verlagsunion.
Dörner, D. (2008). Die Logik des Misslingens. Strategisches Denken in komplexen Situationen. Hamburg: Rowohlt Taschenbuch Verlag. 7. Auflage.
Dörner, D., Kreuzig, H. W., Reither, F. & Stäudel, Th. (1983). Lohhausen. Vom Umgang mit Unbestimmtheit und Komplexität. Bern: Huber.
Dörner, D. & Stäudel, Th. (1989). Emotion und Kognition. In: Scherrer, K. (Hrsg.). Enzyklopädie der Psychologie, Bd. C/IV/3. Göttingen: Hogrefe.
Dreyfus, H. L. (1996). The Current Relevance of Merleau-Ponty's Phenomenology of Embodiment. In: The Electronic Journal of Analytic Philosophy 4.
Dreyfus, H. L. & Dreyfus, S. E. (1986). Mind over Machine. The Power of Human Intuition and Expertise in the Era of the Computer. New York: The Free Press. (Künstliche Intelligenz. Von den Grenzen der Denkmaschine und dem Wert der Intuition. Reinbek b. Hamburg: Rowohlt.)
Dubs, R. (1996). Unterrichtsvorbereitung. St. Gallen: Institut für Wirtschaftspädagogik.
Dubs, R. (2000). Unterrichtsentwicklung im Rahmen der Schulentwicklung. In: Theorie und Forschung in der Schulentwicklung. Journal für Schulentwicklung. Wien: Studienverlag.
Euler, D. & Hahn, A. (2007). Wirtschaftsdidaktik. Bern: Haupt.

Friedrich, H. F. & Mandl, H. (1992). Lern- und Denkstrategien – ein Problemaufriss. In: H. Mandl & F. H. Friedrich (Hrsg.). Lern- und Denkstrategien, Analyse und Intervention. Göttingen: Hogrefe, S. 3–54.

Gasser, P. (2001). Lehrbuch Didaktik: hep verlag.

Gerbig, C. (1997). Der Wechsel von Informationsaufnahme und aktiver Verarbeitung beim Lernen. Universität Tübingen: unveröffentlichte Dissertation.

Gerbig-Calcagni, I. (2009). Wie aufmerksam sind Studierende in Vorlesungen und wie viel können sie behalten? PH Weingarten: unveröffentlichte Dissertation.

Gick, M. & Holyoak, K. J. (1983). Schema induction and analogical transfer. Cognitive Psychology 15, S. 1–38.

Gick, M. & Holyoak, K. J. (1987). The cognitive basis of knowledge transfer. In: S. M. Cormier & J. D. Hagman (Hrsg.). Transfer of learning. San Diego: Academic Press, S. 9–47.

Gollwitzer, P. M. (1990). Action phases and mind-sets. In: E. T. Higgins & R. M. Sorrentino (Hrsg.). Handbook of Motivation and Cognition. Foundations of Social Behaviour (Bd. II, 53–92). New York: Guilford Press.

Gollwitzer, P. M. (1991). Abwägen und Planen. Göttingen: Hogrefe.

Gollwitzer, P. M. (1996). Das Rubikonmodell der Handlungsphasen. In: J. Kuhl & H. Heckhausen (Hrsg.). Motivation, Volition und Handlung. Göttingen: Hogrefe, S. 531–582.

Gollwitzer, P. M. & Malzacher, J. T. (1996). Absichten und Vorsätze. In: J. Kuhl & H. Heckhausen (Hrsg.). Motivation, Volition und Handlung. Göttingen: Hogrefe, S. 427–460.

Good, T. L. & Brophy, J. E. (1986). School Effects. In: M. C. Wittrock (Hrsg.). Handbook of Research on Teaching. New York: Macmillan.

Grawe, K. (1998). Psychologische Psychotherapie. Göttingen: Hogrefe.

Greeno, J. G. (1998). The situativity of knowing, learning, and research. American Psychologist, 53, S. 5–26.

Grell, J. & Grell, M. (1983). Unterrichtsrezepte. Weinheim, Basel: Beltz.

Groeben, N. (1986). Handeln, Tun, Verhalten als Einheiten einer verstehend-erklärenden Psychologie. Tübingen: Francke.

Groeben, N. (1988). Das Forschungsprogramm Subjektive Theorien. Eine Einführung in die Psychologie des reflexiven Subjekts. Tübingen: Francke.

Groeben, N., Wahl, D., Schlee, J. & Scheele, B. (1988). Das Forschungsprogramm Subjektive Theorien. Eine Einführung in die Psychologie des reflexiven Subjekts. Tübingen: Francke.

Grow, G. O. (1991). Teaching learners to be self-directed. Adult Education Quarterly, 41, S. 125–149.

Grow, G. O. (1993). In defense of the staged self-directed learning model. Adult Education Quarterly, 43.

Gruber, H., Mandl, H. & Renkl, A. (2000). Was lernen wir in Schule und Hochschule: Träges Wissen? In: H. Mandl & J. Gerstenmaier (Hrsg.). Die Kluft zwischen Wissen und Handeln. Göttingen: Hogrefe, S. 139–156.

Haas, A. (1998). Unterrichtsplanung im Alltag. Eine empirische Untersuchung zum Planungshandeln von Hauptschul-, Realschul- und Gymnasiallehrern. Regensburg: S. Roderer.

Haenisch, H. (1994). Gute und schlechte Schulen im Spiegel der empirischen Schulforschung. In: K.-J. Tillmann (Hrsg.). Was ist eine gute Schule? Hamburg: Bermann und Helbig, S. 32–46.

Harvey, L. & Green, D. (2000). Qualität definieren. Fünf unterschiedliche Ansätze. In: A. Helmke, W. Hornstein & E. Terhart (Hrsg.). Qualität und Qualitätssicherung im Bildungsbereich: Schule, Sozialpädagogik, Hochschule. In: Zeitschrift für Pädagogik, 41. Beiheft, S. 17–39.

Hattie, J., Biggs, J. & Purdie, N. (1996). Effects of learning skills interventions on student learning: A meta-analysis. Review of Educational Research, 31, S. 645–654.

Heckhausen, H. (1989). Motivation und Handeln. Berlin: Springer.

Heckhausen, H. & Kuhl, J. (1985). From wishes to action. The dead ends and short cuts on the long way to action. In: M. Frese & J. Sabini (Hrsg.). Goal directed behavior: the concept of action in psychology. Hillsdale, NJ: Earlbaum, S. 134–195.

Helmke, A. (2003). Unterrichtsqualität. Seelze: Kallmeyersche Verlagsbuchhandlung.

Jank, W. & Meyer, H. (2003). Didaktische Modelle. Berlin: Cornelson Scriptor.

Kaiser, H. (2005). Wirksam Wissen aufbauen. Bern: hep verlag.

Kaufhold, M. (2006). Kompetenz und Kompetenzerfassung. Wiesbaden: Verlag für Sozialwissenschaften.

Kempfert, G. & Rolff, H.-G. (2000). Pädagogische Qualitätsentwicklung. Freiburg: Beltz.

Kim, S.Y. (1990). Zur Vertiefung des Textverstehens: Elaborationseffekte von Advance Organizern und selbstgestellten Fragen. Universität Heidelberg: Dissertation.

Klauer, K.J. (1977). Lehrzielorientierte Leistungsmessung. Düsseldorf: Studienausgabe.

Kleber, W. E. (1992). Diagnostik in pädagogischen Handlungsfeldern. München: Juventa Verlag.

Klinger, E. (1996). Selbstverpflichtungs-(Commitment-)Theorien. In: J. Kuhl & H. Heckhausen (Hrsg.). Motivation, Volition und Handlung. Göttingen: Hogrefe, S. 469–483.

Konrad, K. & Traub, S. (1999). Selbstgesteuertes Lernen in Theorie und Praxis. München: Oldenburg.

Krapp, A. & Weidenmann, B. (Hrsg.) (2001). Pädagogische Psychologie. Weinheim, Basel: Beltz.

Kuhl, J. (2001). Motivation und Persönlichkeit: Interaktionen psychischer Systeme. Göttingen: Hogrefe.

Lane, D. S. et al. (1988). The Relationship of Student Interest and Advance Organizer Effectiveness. Contemporary Educational Psychology, 13 (1), S. 15–25.

Lave, J. (1988). Cognition in practice: Mind, mathematics and culture in everyday life. Cambridge: Cambridge University Press.

Lave, J. & Wenger, E. (1991). Situated learning. Legitimate peripheral participation. New York: Cambridge University Press.

Le Boterf, G. (1997). De la competence à la navigation professionelle. Paris: Les Editions d'Organisation.

Le Boterf, G. (1998). L'ingénierie des competences. Paris: Les Editions d'Organisation.

Lehner, M. (2006). Viel Stoff – wenig Zeit. Wege aus der Vollständigkeitsfalle. Bern: Haupt.

Leinhardt, G. & Greeno, J. G. (1986). The cognitive skill of teaching. Journal of Educational Psychology, 77, S. 247–271.

Leutert, H. (1998). Was ist «guter» Unterricht. In: H. Buchen, L. Horster & H.-G. Rolff (Hrsg.). Unterricht und Schulentwicklung. Berlin: RAABE, S. 133–144.

Leutner, D. & Leopold, C. (2003). Selbstreguliertes Lernen als Selbstregulation von Lernstrategien – Ein Trainingsexperiment mit Berufstätigen zum Lernen aus Sachtexten. Unterrichtswissenschaft, 31, S. 38–56.

Leutwyler, B. & Ettlin, E. (2008). Standards in der Weiterbildung – Perspektiven eines integralen Steuerungskonzeptes. Beiträge zur Lehrerbildung, 261, S. 11–22.

Lienert, G.A. & Raatz, U. (1998). Testaufbau und Testanalyse. Weinheim, Basel: Beltz Psychologie Verlags Union.

Mähler, C. & Hasselhorn, M. (2001). Lern- und Gedächtnistraining bei Kindern. In: K. J. Klauer (Hrsg.), Handbuch Kognitives Training. Göttingen: Hogrefe.

Marton, F. & Säljö, R. (1984). Approaches to learning. In: F. Marton, D. J. Hounsell, & N. J. Entwistle (Hrsg.). The experience of learning. Edinburgh: Scottish Academic Press. S. 36–55.

Mayer, R.E. & Wittrock, M.C. (1996). Problem-solving transfer. In: D.C. Berliner & R. C. Calfee (Hrsg.). Handbook of Educational Psychology, New York: Macmillan.

Meyer, H. (1987). Unterrichtsmethoden I: Theorieband. Frankfurt a. Main: Scriptor.

Meyer, H. (2004). Was ist guter Unterricht. Berlin: Cornelsen.

Meyerhoff, J. & Brühl, C. (2004). Fachwissen lebendig vermitteln. Leonberg: Rosenberger Verlag

Miller, G. A., Galanter, E. & Pribram, K. H. (1973). Strategien des Handelns. Pläne und Strukturen des Verhaltens. Stuttgart: Klett.

Mutzeck, W. (1988). Von der Absicht zum Handeln. Weinheim: Deutscher Studienverlag.

Mutzeck, W. (1992). Verwirklichung von Handlungsabsichten im Berufsalltag. Rekonstruktion subjektiver Theorien. Zeitschrift für Pädagogische Psychologie, 6, S. 1–15.

Mutzeck, W. (2008). Kooperative Beratung. Grundlagen, Methoden, Training, Effektivität. Weinheim, Basel: Beltz.

Neuweg, G. H. (2001). Könnerschaft und implizites Wissen. Münster: Waxmann.
Neuweg, G. H. (2004). Figuren der Relationierung von Lehrerwissen und Lehrerkönnen. In: B. Hackl & G. H. Neuweg (Hrsg.). Zur Professionalisierung pädagogischen Handelns.
Nickolaus, R. (2008). Vorstellungen zur Modellierung beruflicher Handlungskompetenz und erste Versuche ihrer empirischen Prüfung. In: R. Nickolaus & H. Schanz (Hrsg.). Didaktik der gewerblich-technischen Berufsbildung. Baltmannsweiler: Schneider Verlag.
Obrist, W. & Städeli, C. (2003). Wer lehrt, prüft: Aktuelle Prüfungsformen konkret. Bern: hep verlag.
Pätzold, G. & Lang, M. (2004). Förderung des selbstgesteuerten Lernens in der beruflichen Grundausbildung. Dortmund & St. Gallen: Universität Dortmund & Universität St. Gallen.
Porter, A. C. & Brophy, J. (1988). Synthesis of Research on Good Teaching: Insights from the Work of the Institute for Research on Teaching. In: Educational Leadership 45 (1987/88), May 1988, S. 74–85.
Posch, P. & Altrichter, H. (1999). Schulqualität. http://www.quis.at: Wien.
Raatz, U. (1987). Tests in der schulischen Praxis. Hagen: Fernuniversität.
Rauner, F. (1999). Entwicklungslogisch strukturierte berufliche Curricula: Vom Neuling zur reflektierten Meisterschaft. In: Zeitschrift für Berufs- und Wirtschaftspädagogik 95 (3), S. 424–446. Stuttgart: Franz Steiner.
Renkl, A. (1994). Träges Wissen: Die unerklärliche Kluft zwischen Wissen und Handeln (Forschungsbericht Nr. 41). München: Ludwig-Maximilian-Universität, Lehrstuhl für Empirische Pädagogik und Pädagogische Psychologie.
Renkl, A. (1996). Träges Wissen: Wenn Erlerntes nicht genutzt wird. Psychologische Rundschau, 47 (2), S. 78–92.
Rosenthal, R. & Jacobson, L. (1968). The urban Review, 3 (1), S. 16–20.
Sacher, W. (2001). Leistungen entwickeln, überprüfen und beurteilen. Bad Heilbrunn: Klinkhardt.
Schelten, A. (1997). Testbeurteilung und Testerstellung. Stuttgart: Franz Steiner Verlag.
Schmid, C. (2006). Lernen und Transfer: Kritik der didaktischen Steuerung. Bern: hep verlag.
Schräder-Naef, R. (2002). Lerntraining in der Schule. Weinheim, Basel: Beltz.
Schräder-Naef, R. (2003). Rationeller lernen. Weinheim, Basel: Beltz.
Schubiger, A. (2010). Methodenkompetenzentwicklung von Lehrenden und Lernenden. Ein Weg vom Wissen zum kompetenten Handeln. Saarbrücken: SVH.
Seel, N. M. (2003). Psychologie des Lernens. München: Ernst Reinhardt.
Spiess, K. (1999). Qualität und Qualitätsentwicklung – Eine Einführung. Aarau: Sauerländer.

Spiro, R.J., Feltovich, P.J., Jacobson, M.J. & Couson, R.L. (1991). Cognitive flexibility, constructivism and hypertext: Random access instruction for advanced knowledge acquisition in ill-structured domains. Educational Technology, 31 (5), S. 24–33.

Steiner, V. (2002). Erfolgreich lernen heisst … Zürich: Pendo.

Storch, M. & Krause, F. (2007). Grundlagen und Trainingsmanual für die Arbeit mit dem Zürcher Ressourcenmodell (ZRM). Bern: Hans Huber.

Terhart, E. (Hrsg.) (2000). Perspektiven der Lehrerbildung in Deutschland. Abschlussbericht der von der Kultusministerkonferenz eingesetzten Kommission. Weinheim, Basel: Beltz.

Terhart, E. (2000). Qualität und Qualitätssicherung im Schulsystem. Hintergründe – Konzepte – Probleme. In: Zeitschrift für Pädagogik. Heft: 6, S. 809–829.

Vygotsky, L.S. (1978). Mind in society: the development of higher psychological processes. Cambridge, MA: Harvard University Press.

Wahl, D. (2005). Lernumgebungen erfolgreich gestalten. Bad Heilbrunn: Klinkhardt.

Wahl, D., Wölfing, W., Rapp, G. & Heger, D. (1991). Erwachsenenbildung konkret. Mehrphasiges Dozententraining. Eine neue Form erwachsenendidaktischer Ausbildung von Referenten und Dozenten. Weinheim: Deutscher Studienverlag.

Watzlawick, P. (1983). Anleitung zum Unglücklich sein. München: Piper.

Weinert, F.E. (Hrsg.) (2002). Leistungsmessungen in Schulen. Weinheim, Basel: Beltz.

Abbildungsverzeichnis

Autor

Andreas Schubiger, Dr. phil, geb. 1962

Sekundarlehrerausbildung; Lehrerfahrung in allen Stufen der Volksschule, der Sekundarstufe II sowie der höheren Berufsbildung

Studium der Erziehungswissenschaften und Sozialen Verhaltenswissenschaften mit Schwerpunkt Berufspädagogik an der Fernuni Hagen mit dem Abschluss Magister Artium

Schulleitungsmitglied am Zentrum für Weiterbildung in St. Gallen seit 2001

Promotion in Pädagogischer Psychologie an der Pädagogischen Hochschule Weingarten bei Prof. Dr. D. Wahl über «Methodenkompetenzentwicklung bei Lehrenden und Lernenden»

Leiter des Kompetenzzentrums für angewandte Berufspädagogik am ZbW, Rektor, stv. Direktor am ZbW (ab 2013)

Schwerpunkte:
- Vom Wissen zum Handeln (Transferdidaktik)
- Kompetenzorientierung
- Berufsfelddidaktik der höheren Berufsbildung
- Train the trainer

www.zbw.ch
www.berufsbildung-ost.ch
www.schubiger-edu.ch